W0271162

Claus Nordbruch

Sind Gedanken noch frei?

Claus Nordbruch

Sind Gedanken noch frei? Zensur in Deutschland

Mit einem Nachwort von Prof. Klaus Hornung

Universitas

Solche Bücher läßt du drucken!
Teurer Freund, du bist verloren!
Willst du Geld und Ehre haben,
mußt du dich gehörig ducken.
(Heinrich Heine)

© 1998 by Universitas Verlag in
F. A. Herbig Verlagsbuchhandlung GmbH, München
Alle Rechte vorbehalten
Schutzumschlag: Atelier Bachmann, Reischach
Schutzumschlagmotiv: Adam Niclewicz, Zefa, Düsseldorf
Satz: Fotosatz Völkl, Puchheim
Druck: Jos. C. Huber KG, Dießen
Binden: R. Oldenbourg, München
Printed in Germany

ISBN 3-8004-1367-1

Meinen Kindern

Inhalt

Vorwort 11
Danksagung 17
Prolog 19

Zum Stand der Meinungsfreiheit innerhalb der deutschen Geschichte 23

Zur theoretischen Gewährleistung der Meinungsfreiheit in Deutschland seit 1945 36
Internationale Bestimmungen und Gesetze 36
Das Fundament der Bundesrepublik Deutschland ... 38

Was ist Meinung? 41
Meinungsfreiheit und Meinungsäußerungsfreiheit 44

Nationale Bestimmungen und Gesetze 46
Art. 5 Abs. 1 Satz 1 GG 48
Art. 5 Abs. 1 Satz 2 GG 53
Art. 5 Abs. 1 Satz 3 GG 55
Art. 5 Abs. 2 58
Art. 5 Abs. 3 60

Die lieben Sorgen um die Jugend 64

Grenzen und Verwirkung der Grundrechte 67
Ergo 69

Zur praktischen Umsetzung der Meinungsfreiheit in Deutschland seit 1945 70
Von jetzt an wird alles besser 70
Mit oligarchischen Mitteln zur freiheitlichen Demokratie 72

Die fünfziger und sechziger Jahre 74
Die »Bundesprüfstelle für jugendgefährdende Schriften« 75
Erfolgt die Indizierung nach Kalkül? 79
Deutsche Jugend wird trivial geweckt 83
Das Lüth-Urteil 84
Verbot der SRP 86
Verbot der KPD 87
Die SPIEGEL-Affäre 89
Notstandsgesetze 96

Die siebziger Jahre 99
Radikalenerlaß 99
Berufsverbot 102
Politische Manifeste, österliche Weihnachtsmänner und Lehrmeinungen 107
... sonst is' die Lippe dick 112

Die achtziger Jahre 115
Was haben Huren, Briefe, Kokain und Gutachten miteinander gemein? 115
Der Führer hat's täglich geschrieben, oder: Hitlers Sternstunde 117
Nur ein Streit zwischen Historikern? 118

Die neunziger Jahre 126
Der Feind steht rechts 126

Drum gebt fein acht 132
Stalin war ein guter Mensch 137
Pingpong 139
Grundlagen wofür? 142

Über Meinungsvielfalt 147
Die freien Quellen 153
Sind Journalisten Schweine? 155
Zur Ausgewogenheit der übrigen Medien 158

Der Hüter *der* Meinung 164
Die bösen Roten 165
... und die noch böseren Braunen 168
Cui bono? 174
Auf die geistig-politische Auseinandersetzung setzen 176

Seine Meinung zu äußern erfolgt auf eigene Gefahr. Parteifreunde haften nicht für ihresgleichen 181
Unabsehbare Folgen eines Faszinosums 181
Ehrlich währt doch nicht am längsten 183
Alle Menschen sind gleich schlau 185

Political Correctness 188
Lustig ist das Zigeunerleben 190
Anmaßung und Unsinn kennen keine Grenzen 191
Inkorrekt sein heißt, geächtet zu werden 194

Politische Justiz und richterliche Politik 198
Deutsche Soldaten sind Mörder 198
Von der Unumstößlichkeit von Tatsachen 201
Beleidigung muß nicht immer gleich Beleidigung sein 205
»Vertrag« ist manchmal nur ein feineres Wort für Klopapier 209

Tragikomisch in den Gesinnungsstaat 213
Herzlichen Glückwunsch zum Geburtstag 215
Auf zur fröhlichen Scherbendemo 216
Was ich tue, darfst du noch lange nicht 218
Und willst du nicht mein Bruder sein 220
Schönen Gruß vom Großen Bruder 227
Plädoyer für den Rechtsstaat 233

Metternich ist niemals gestorben 236
Censor, oris, m. [lat.]: der Sittenrichter 238
Schon vergessen? 244
Wenn Idee und Wirklichkeit
auseinanderklaffen 248

Nachwort (Prof. Dr. Klaus Hornung) 254
Anmerkungen 268
Abkürzungsverzeichnis 287
Personenregister 289
Sachregister 294
Literaturverzeichnis 296

Vorwort

Ursprünglich war es beabsichtigt gewesen, lediglich eine kritische Abhandlung zu Martin Walsers Aufsatz FREIE UND UNFREIE REDE aus dem Jahre 1994 zu verfassen. In diesem Artikel vertritt der Schriftsteller die Meinung, daß drei Motive in Deutschland nicht mögliche, d. h. tabuisierte Diskussionsthemen seien: nationalsozialistische Vergangenheit, Ausländer und Frauen. Dieser These wollte ich auf den Grund gehen. Schon bald wurde mir jedoch im Laufe der Recherchen klar, daß das Ergebnis meiner Untersuchungen den Rahmen eines Essays sprengen würde. Je tiefer ich in die Sphären der in Deutschland praktizierten Meinungsfreiheit vorstieß, desto deutlicher wurde, daß es sich hierbei um ein immens weites Feld handelt, das es zu überblicken und zu erfassen galt. Bis die Ergebnisse meiner Studien endlich vorlagen, bedurfte es einer wunderbaren Reise durch die deutsche Geschichte. Mit dieser Reise war aber auch eine desillusionierende Fahrt durch die Politik und Kultur Deutschlands verbunden.

Es ging mir in erster Linie nicht darum, lediglich die in Deutschland theoretisch, d. h. grundgesetzlich verbriefte Meinungsfreiheit darzulegen, darüber kann jeder in den Gesetzen und ihren mannigfaltigen Kommentaren nachlesen. Meine Hauptintention war die Überprüfung, inwieweit die abstrakt-juristische Garantie auch in die Tat umgesetzt wird. In welchem Maße ist Meinungsfreiheit in der Praxis realisiert und kann sie tatsächlich ausgeübt werden? Erstrangig ging ich also der Frage nach, ob die praktische Geistesfreiheit in Deutschland seit dem Zusammenbruch des Dritten Reiches Fuß fassen konnte. Es wäre, von wenigen hoffnungsvollen Lichtpunkten in der über zwei Jahrtausende währenden deutschen Geschichte einmal abgesehen, das erste Mal.

Ich habe auf der Suche nach Informationen keine Berührungsängste gekannt, sondern mir vielmehr die Freiheit genommen, Meinungen, Bekenntnisse, Ansichten und Überzeugungen jeglicher Couleur zu berücksichtigen, soweit dies überhaupt möglich ist. Ich hatte deshalb Dutzende von Institutionen – Ministerien, politische Parteien, Rundfunkanstalten, Zeitungen, Universitäten, konfessionelle und andere Organisationen, Medien und Einrichtungen – um Hilfe in Form von Stellungnahmen gebeten. Hunderte von Fachleuten und Sprechern, unter ihnen Direktoren, Minister, Politiker, Intendanten, Redakteure, Journalisten, Professoren, Soziologen, Politologen, Juristen, Germanisten und Schriftsteller, aber auch Strafgefangene, die sich selbst als politische Häftlinge bezeichnen, sind diesem Hilferuf gefolgt und haben geantwortet. Einige haben sich dabei die Seele freigeschrieben.

Ich wollte aber auch wissen, wie das gemeine Volk über die Meinungsfreiheit in Deutschland denkt, und habe mich deshalb bemüht, den Deutschen repräsentativ »aufs Maul« zu schauen. Aus diesem Grunde wurden sowohl empirische Ergebnisse seriöser Meinungsforschungsinstitute als auch »Meinungen der Straße« berücksichtigt und in die Studie mit einbezogen. Man darf somit davon ausgehen, im folgenden ein recht weites Spektrum von Meinungen abgedeckt zu sehen. Auf Tabus, sollten doch möglichst viele gesellschaftliche, kulturelle und politische Richtungen erfaßt werden, konnte ich deshalb keine Rücksicht nehmen. Altera pars audiatur.

Das hier zu behandelnde Thema ist innerhalb der deutschen Bevölkerung ein überaus brisantes. Eine repräsentative Meinungsumfrage ergab kürzlich, daß 30 % der Deutschen *Meinungs- und Redefreiheit* als das wichtigste

Grundrecht betrachten. Mit fast einem Drittel der Stimmen wurde also der Oberbegriff Meinungsfreiheit mit großem Abstand vor allen nachfolgenden Grundrechten genannt, gefolgt von *Gleichheit vor dem Gesetz* mit 18 % und *Recht auf Leben* mit 14 %. Vor allem in Mitteldeutschland rangiert das *Recht auf Arbeit* auf den höheren Plätzen, während in Westdeutschland die *Religions- und Glaubensfreiheit* noch als wichtigstes Grundrecht genannt worden ist.

Gibt es Fragen zum Begriff Mitteldeutschland? Offensichtlich, denn der Verfassungsschutzbericht 1994 sieht sich genötigt, mit einer Erklärung hilfreich unter die Arme zu greifen: »Gemeint sind die neuen Bundesländer.« Diese werden im offiziellen, meist aber auch im alltäglichen Sprachgebrauch unüberlegt und mit arroganter Ignoranz gegenüber der Historie fälschlich als »Ostdeutschland« bezeichnet. Ja, ja, ich weiß, jetzt wirft man mir das Brecht-Zitat vom noch fruchtbaren Schoß an den Kopf. Doch weit gefehlt, nicht revanchistische Ambitionen bewogen mich, den geschichtlichen und geographisch korrekten Begriff der Mitte zu gebrauchen, sondern die Erkenntnis, andernfalls die Heimat oder die Geburts- und Wirkungsstätten beispielsweise von Immanuel Kant oder Arthur Schopenhauer oder Siegfried Lenz zu verfremden. Eine solche Vermessenheit steht mir jedoch nicht zu.

Auf die ebenfalls fundamentale Frage »Was denken Sie, ist bei uns jeder Bürger vor dem Gesetz gleich, oder ist vor dem Gesetz nicht jeder gleich, werden da schon Unterschiede gemacht?« antworten 68 % der Deutschen, daß Unterschiede gemacht würden.[1] Die Tatsache, daß über zwei Drittel der Deutschen dieser Auffassung sind, ist um so bemerkenswerter, als innerhalb der vorliegenden Untersuchung der Beweis erbracht wird, daß sie mit ihrer Annahme richtig liegen.

Auch und gerade in Deutschland wurden Meinungen in gedruckter, gesprochener, gezeichneter oder gespielter

Form von jeher zensiert, indiziert, beschlagnahmt, verboten, eingestampft oder verbrannt. Und allzuoft wurden ihre Verfasser und Verleger, aber auch Buchhändler, Leser, Zuseher und Schauspieler verfolgt, totgeschwiegen und in manchen Fällen sogar totgehauen. Das Recht auf Meinungsäußerung war bereits von dem Zeitpunkt an bedroht, seit dem es Meinungen gibt, was für die Initiatoren der Meinungsunterdrückung und -manipulation freilich keine Rechtfertigung ihres Tuns sein darf.

Die Bestandsaufnahme beginnt mit einem historischen Überblick. Diesem schließt sich eine grobe theoretische Einführung über die juristischen Besonderheiten bezüglich der Meinungsfreiheit an. Dieser Teil ist im Grunde mehr für die wissenschaftlich interessierten oder akademisch ambitionierten Leser gedacht. Der Hauptteil dieses Buches befaßt sich jedoch mit der Praxis und ist in einer allgemeinverständlichen Sprache gehalten. Ich habe mich bemüht, möglichst viele Beispiele praktizierter Meinungsäußerung in Deutschland vorzustellen – aber auch darzulegen, was passieren kann, wenn man auf die theoretische Grundlage vertraut.

Den Mißmut vieler Leser, der sich immer dann einstellt, sobald bei Sachbüchern Literaturangaben und Verweise fehlen, teile ich. Ich habe aus diesem Grunde meine Überlegungen mit Anmerkungen und Fußnoten versehen. Um den Lesefluß allerdings nicht unnötig zu behindern, wurden diese den Überlegungen und Ausführungen gesondert nachgestellt. Am Ende des Buches befinden sich zudem ein Literatur- und ein Stichwortverzeichnis. Mögen diese dem Leser etwaiges Suchen von Schlüsselbegriffen erleichtern und ihn zu weiteren Forschungen anstiften.

Meine Überlegungen schließen mit einem Nachwort eines erfahrenen Publizisten ab, der sich im Laufe der vergangenen Jahre vor allem durch Veröffentlichungen zeitkritischer Bücher einen Namen gemacht hat. Prof. Dr. Klaus Hornung hat die Gefahr, der Deutschland zugetrieben wird, bzw. die Machenschaften deutscher Repräsentanten und die hieraus resultieren Folgen für uns alle in seinen bisherigen Publikationen deutlich bloßgestellt. Niemand kann nachher wieder einmal sagen, er habe von all dem nichts gewußt.

Es ist sicher richtig, zu behaupten, daß das Grundrecht auf freie Meinungsäußerung ohne die Gewährleistung anderer menschlicher Grundrechte und -bedürfnisse ohne Wert ist. Geistige Freiheit kann sich nur dort entfalten, wo der Mensch auch frei von elementarer Not, Furcht und äußerem Zwang lebt. Tatsächlich ist das Grundrecht auf Meinungs(äußerungs)freiheit, in dem Informationsfreiheit und Pressefreiheit wesentliche Aspekte bilden, aber ein Fundamentalgrundrecht, ohne das alle anderen Grundrechte illusorisch sind. Ohne Meinungs(äußerungs)freiheit kann es eine freie Willensbildung der Bevölkerung als Grundlage der Zusammensetzung der Staatsorgane nicht geben. »Die Meinungsfreiheit ist daher das höchste Gut der Bürger einer freien Gesellschaft; der Grad der Einschränkung der Meinungsfreiheit markiert den Grad der Entmündigung.«[2]

Die nun folgende Bestandsaufnahme will im Sinne eines Ende der siebziger Jahre vorgelegten Buches mit dem Namen MUT ZUR MEINUNG genau zu diesem auffordern. Insofern brechen die nachfolgenden Gedanken eine Lanze erstens für den Zweifel gegenüber gängigen, oft unüberlegten Ansichten und zweitens für die Courage, sich seines eigenen Verstandes zu bedienen. Wenn der eine oder andere Leser bei der Lektüre dieses Buches einen Denkanstoß erfährt, ist es nicht umsonst geschrieben worden. (Übrigens sind entgegen weitverbreiteter Auffassung weibliche Leser hierbei eben nicht ausgeklammert – 999 Arbeiterinnen plus 1 Arbeiter sind auch immer noch 1000 Arbeiter.) In diesem Sinne freue ich mich auf Kritik, würde dies doch meine Hoffnung bestärken, daß es noch Menschen gibt, die den Mut zur eigenen Meinung aufbringen.

Das vorliegende Buch möchte nicht zuletzt eine Lanze für wirklich praktizierte Meinungsäußerungsfreiheit im Sinne der bahnbrechenden Worte des bedeutenden französischen Philosophen und Historikers sowie poetischen Lehrmeisters Friedrich des Großen, François Marie Arouet de Voltaire, brechen: *Ich teile zwar Ihre Ansichten nicht, aber ich werde stets dafür eintreten, daß Sie diese ungehindert und frei vertreten können.*

Der Verfasser

Danksagung

Wie bereits erwähnt, habe ich während meiner Arbeit Hunderte von Zuschriften von Vertretern der verschiedensten Richtungen aus Politik, Justiz, Kultur, Wissenschaft und dem Gesellschaftsleben erhalten. Einige davon waren ablehnenden, bisweilen gehässigen Inhalts. Auch diese Antworten konnte ich, wie die überwiegende Zahl der anderen Schreiben, oftmals in meinen Überlegungen berücksichtigen. Kaum jemand ist mir eine Antwort schuldig geblieben – und dies, obgleich ich manches Mal schon auf fast lästige Weise immer wieder mit neuen Fragen zu plagen wußte. Eine kleine Zahl von Korrespondenzpartnern stellte den Schriftverkehr von einem Brief auf den anderen oder von einem Fax auf das andere plötzlich ein. Bei anderen hat sich zwischenzeitlich ein für mich überaus bedeutsamer und freundschaftlicher Schriftwechsel entwickelt.

Einige Antworten waren derart zuvorkommend und hilfreich, daß ich mich hierfür gern nochmals bedanke. Hierbei berücksichtige ich den Wunsch einiger Rezipienten, nicht namentlich genannt zu werden. Der Leser möchte dieses Begehren als Zeichen der Bescheidenheit auffassen und nicht etwa als Indiz dafür, sich vor etwaigen Repressalien zu fürchten. Aus diesem Grunde erscheinen in solchen Fällen im folgenden lediglich die Namen der entsprechenden Einrichtungen, von denen mir herausragende Hilfe gewährt worden ist. Mein aufrichtiger und besonderer Dank gilt:

Dem Europäischen Gerichtshof für Menschenrechte (Straßburg), Herrn Prof. Dr. Iring Fetscher (Frankfurt am

Main), Herrn Prof. Dr. Eugen Gabriel (Bregenz), Herrn Prof. Dr. Horst Albert Glaser (Essen), Herrn Paulheinz Grupe (Mönchengladbach), Herrn Prof. Dr. Wilmont Haacke (Göttingen), Herrn Wolf Rüdiger Heß (München), Herrn Prof. Dr. Erwin Leibfried (Gießen), der Nationalbibliothek Zürich, Frau Irma Nelles (Hamburg), Herrn Harald Neubauer (Coburg), Frau Prof. Dr. Elisabeth Noelle-Neumann (Allensbach), Herrn Prof. Dr. Ernst Nolte (Berlin), Herrn Dr. Alfred Schickel (Ingolstadt) sowie dem Zweiten Deutschen Fernsehen (Mainz).

Herrn Prof. Dr. Klaus Hornung danke ich insbesondere für die Freundlichkeit, der nun folgenden Bestandsaufnahme ein Nachwort anzustellen.

Claus Nordbruch

Prolog

Es ist kein Zufall, daß immer da, wo der Geist als eine Gefahr angesehen wird, als erstes die Bücher verboten, die Zeitungen und Zeitschriften, Rundfunkmeldungen einer strengen Zensur ausgeliefert werden.

(Heinrich Böll)

In den dreißiger und vierziger Jahren des vergangenen Jahrhunderts kontrollierten von einer geheimpolizeilichen Überwachungsinstitution eingeschleuste Konfidenten das politische, gesellschaftliche und kulturelle Leben Deutschlands. Diese Spitzel, als nichts anderes können sie empfunden werden, waren eingesetzt vom Mainzer Informationsbureau, das vom österreichischen Staatskanzler Klemens Fürst von Metternich gegründet und befehligt worden war. Unter anderem wurden sowohl die periodische und nichtperiodische Presse überwacht als auch Journalisten, Autoren, Schriftsteller, Verleger und Buchhändler beschattet. Die Errichtung eines solchen Konfidentensystems basierte auf der Überzeugung, daß man über oppositionelle Ideen und Pläne nur dann rechtzeitig und vollständig unterrichtet sein konnte, wenn es gelang, die Reihen der Opposition mit eigenen Leuten zu infiltrieren, quasi um unmittelbar aus der Quelle schöpfen zu können.[3] Es galt aus diesem Grunde, Oppositionelle und ihre Tätigkeiten zu kontrollieren. Das Mainzer Informationsbureau wirkte im Laufe der Jahre nicht nur in Deutschland, sondern

»überzog Europa mit einem Netz von Zuträgern, Agenten, Konfidenten, Spitzeln und Denunzianten, die Stoff für umfangreiche Hintergrundberichte und Dossiers lieferten. Den Konfidenten entging kaum eine Flugschrift, eine geheime Zusammenkunft, eine unvorsichtige Äußerung im kleinen Kreis. Sie arbeiteten zum Teil illegal und schreckten auch nicht davor zurück, rechtswidrig Briefe zu öffnen. Woran Autoren arbeiteten, was Verleger zu drucken planten, auf welchen Wegen Bücher heimlich vertrieben wurden und welche Reaktionen sie bei den Lesern auslösten – Metternichs Spürhunde wußten fast alles in Erfahrung zu bringen.«[4]

Es wurden Verbotslisten erstellt, auf denen sich Schriften, Bücher und Zeitungen fanden, deren Besitz nicht erlaubt war. Hiervon betroffen waren auch Werke von heute als renommiert angesehenen Schriftstellern, beispielsweise Anton Graf von Auersperg, Franz Grillparzer, Johann Nestroy und Georg Büchner. Zur Aufspürung solcher Literatur wurden neben der Schutzpolizei sogenannte Bücherrevisionsämter eingesetzt. Ferner sollten u. a. Vereins- und Versammlungsverbote dafür sorgen, daß sich keine kritische politische Opposition entwickeln konnte. Schließlich kam es darauf an, gegen reisende Ideenträger, wie es beispielsweise Journalisten und Schriftsteller waren, nicht nur geeignete Vorkehrungen treffen zu können, sondern sie auch in »Meinungsschubladen« einzuordnen, ohne daß die Obrigkeit alle Publikationen im einzelnen selbst lesen mußte. Konsequenterweise erstreckte sich das Interesse der Geheimpolizei auch auf die hinter den Journalisten und Schriftstellern stehenden Verleger und Buchhändler mit dem Erfolg, daß schon der Name eines Publizisten bzw. Verlegers auf die politische Tendenz eines Werkes schließen ließ. Dementsprechend waren strafrechtliche – zutreffender gesagt: existenzvernichtende – Maßnahmen gegen die Einschleusung und Verbreitung unerwünschter

Publikationen, gegen die Verfasser freiheitlicher, national- und sozialrevolutionärer Schriften und gegen die jeweils herausgebenden Verlage gang und gäbe. Derartige Vorgehensweisen waren unter anderem die Zensur, das Verbot und die Beschlagnahme von Literatur, aber auch die Anordnung von Einreiseverboten (Aussperrung) für Verfasser und Verleger sowie der Debitentzug für sämtliche Produkte eines Verlages. Eine solche Bestrafung widerfuhr beispielsweise – um einen prominenten Vertreter zu nennen – im März 1846 dem Philipp Reclam Jun. Verlag in Leipzig.

Am 10.12.1835 verabschiedete die Bundesversammlung in Frankfurt am Main einen Zensurbeschluß, in dem es u. a. hieß:

> »Nachdem sich in Deutschland in neuerer Zeit, und zuletzt unter der Benennung ›das junge Deutschland‹ oder ›die junge Literatur‹, eine Schule gebildet hat, deren Bemühungen unverhohlen dahin gehen, in belletristischen, für alle Classen von Lesern zugänglichen Schriften die christliche Religion auf die frechste Weise anzugreifen, die bestehenden socialen Verhältnisse herabzuwürdigen und alle Zucht und Sittlichkeit zu zerstören: so hat die deutsche Bundesversammlung – in Erwägung, daß es dringend nothwendig sey, diesen verderblichen, die Grundpfeiler aller gesetzlichen Ordnung untergrabenden Bestrebungen durch Zusammenwirken aller Bundesregierungen sofort Einhalt zu thun [...] Sämtliche deutschen Regierungen übernehmen die Verpflichtung, gegen die Verfasser, Verleger, Drucker und Verbreiter der Schriften aus der unter der Bezeichnung ›das junge Deutschland‹ oder ›die junge Literatur‹ bekannten literarischen Schule, zu welcher namentlich Heinr. Heine, Carl Gutzkow, Heinr. Laube, Ludolph Wienbarg und Theodor Mundt gehören, die Straf- und Polizei-Gesetze ihres Landes [...] nach ihrer vollen

Strenge in Anwendung zu bringen, auch die Verbreitung dieser Schriften, sey es durch den Buchhandel, durch Leihbibliotheken oder auf sonstige Weise, mit allen ihnen gesetzlich zu Gebot stehenden Mitteln zu verhindern.«[5]

Es liegt auf der Hand, daß, je mehr Metternich über die Verbindungen, politischen Einstellungen, Beziehungen zu bestimmten Parteirichtungen, über die finanziellen Verhältnisse und Ressourcen wie auch die charakterlichen Eigenarten der Kritiker und Oppositionellen wußte, mit desto größeren Erfolgsaussichten die oppositionellen Aktivitäten unter Kontrolle gehalten werden konnten. Das Netz der Spitzelorganisationen wurde im Interesse der lückenlosen Überwachung auch über Geheimbünde, Universitäten, Burschenschaften, Ständevereinigungen, Kongresse und das Versammlungs-, Fest-, Theater- und Vereinswesen geworfen. Die politisch-polizeilichen Maßnahmen der vielseitigen Überwachung waren derart effizient, daß sämtliche wesentlichen Bewegungen innerhalb der deutschen publizistischen Opposition vom Mainzer Informationsbureau erfaßt wurden.

Zum Stand der Meinungsfreiheit innerhalb der deutschen Geschichte

Jeder möge seine Meinung üppig genießen, bis jenes Licht der Erkenntnis die Finsternis der falschen Propheten auf rechte Weise in den Glanz des Wahrhaften verwandelt.

(Johannes Eriugena)

Einschränkung, Knebelung, selbst die völlige Abschaffung von Meinungsfreiheit sind nicht gerade außergewöhnliche Begebenheiten, auf die man während einer Reise durch die Geschichte stößt. Die Unterdrückung von Freiheit bestimmter Meinungen war und ist keineswegs nur auf die Geschichte Deutschlands beschränkt. Bereits im China der Dynastie Ts'in (um 250 v. d. Ztr.) wurden alle Bücher, die sich mit der Lehre des Konfuzius befaßten, verbrannt. Wohl zur allgemeinen Erheiterung entledigte man sich während dieser Bücherverbrennung gleich der Vielzahl von Schülern des großen Meisters mit und ließ sie lebendig begraben. Einige Jahre später ließ Kaiser Chi Huang Ti alle in China erhältlichen Bücher, mit Ausnahme derjenigen, die sich mit den Themen Medizin, Wahrsagekunst und Landwirtschaft beschäftigten, dem Feuer übergeben. Auch im antiken Griechenland waren Praktiken, sich unliebsamer Bücher zu entledigen, nicht gerade fremd. Die Bücher des griechischen Denkers Anaxagoras (um 500 v. d. Ztr.), der in die Verbannung gehen mußte, wurden ebenso verbrannt wie die Bücher des griechischen Philosophen sophistischer Prägung Protagoras (ca. 485–415 v. d. Ztr.). In

Rom befahl Kaiser Augustus die Vernichtung sämtlicher Sibyllinischer Schriften und verbannte Ovid wegen seiner ARS AMANDI. Kaiser Diokletian sah sich veranlaßt, ägyptisch-alchimistische sowie christliche Literatur zu verbieten und zu vernichten.

Keiner der sich bis zu diesem Zeitpunkt der Geschichte aufspielenden Gedankenwächter war jedoch so vollkommen wie die Moralvertreter des alleinseligmachenden Christentums. Die christlichen Sittenapostel gewannen im Laufe des dritten und vierten nachchristlichen Jahrhunderts unaufhaltsam an Einfluß und bestiegen schließlich unter Konstantin (324–337 n. d. Ztr.) in Rom den Thron. In den kommenden Jahrhunderten sollten die Christen ihre Machtposition u. a. dahingehend nutzen, daß sie die Verbots- und Verfolgungspolitik der Römer, der sie selbst bislang ausgesetzt gewesen waren, verfeinerten und mit einem nicht zu erschütternden Eifer in die Praxis umzusetzen wußten. Bereits im Konzil von Nicäa (325 n. d. Ztr.) wurden Bücher, die von häretischen Autoren stammten, verworfen. Zur Jahrhundertwende wurde auf einem Konzil von Karthago den Bischöfen für die Zukunft das Lesen von heidnischen Büchern verboten. In den folgenden Jahrhunderten der christlichen Bekehrung sollten in großer Zahl die heidnischen und ketzerischen Verfasser das Schicksal ihrer unliebsamen Bücher teilen; sie folgten ihnen ins Feuer. Ulla Otto kommt in ihren Studien zu dem Schluß, daß im Laufe der Zeit die Päpste dazu übergingen, »alles an Literatur zu verbieten und zu verbrennen, was ihnen nicht genehm war«.[6] Einige gravierende Beispiele mögen stellvertretend für die nicht zu überblickende Vielzahl solcher Vorgehensweisen sprechen und diese traurige Feststellung untermauern.

So verbot und verbrannte der Heilige Stuhl beispielsweise die Schriften des bedeutendsten Vorläufers der Reformation, John Wyclif, der 1384 selbst den Feuertod starb. Ein ähnliches Schicksal hatte 1415 der böhmische

Reformator Johannes Huß zu teilen, der wegen seiner Schriften und seines engen Bezugs zu Wyclif zunächst exkommuniziert und verbannt und auf dem Konzil zu Konstanz – da er es gewagt hatte, seine ketzerische Meinung über die Verweltlichung der Kirche und ihre Verderbnis nicht zu widerrufen – schließlich auf dem Scheiterhaufen verbrannt wurde. Die in den nun folgenden Epochen durchgeführten Kreuzzüge gegen unliebsame Schriften fanden ihren verhängnisvollen Anfang in der 1487 von Papst Innozenz VIII. vorgelegten Bulle. In diesem päpstlichen Urteilsspruch verordnete der Stellvertreter Gottes unter Strafe der Exkommunikation, »daß alle Buchdrucker die zu druckenden Schriften der kirchlichen Prüfung vorzulegen hatten und erst nach erhaltener Bewilligung herausgeben durften«[7], schließlich eröffne der Buchdruck die gefährliche Möglichkeit des Mißbrauchs. Immerhin könnten auf diese Weise Gedanken, die dem rechtgläubigen und alleinseligmachenden Dogma entgegenstünden, verbreitet werden. Die Bulle ordnete neben der allgemeinen Vorzensur vor allem

> »eine Zensur mit rückwirkender Kraft an: Drucker und Privatpersonen mußten Listen über Vorräte bereits gedruckter Bücher vorlegen. War deren Inhalt ›dem katholischen Glauben zuwider, gottlos, feindlich, Ärgernis erregend oder sonst anstößig‹, war ihre Verbrennung vorgesehen.«[8]

Eine öffentliche Verbrennung unliebsamer Literatur, selbstredend Irrlehren, von lateinischen und italienischen Dichtern fand 1497 in Florenz statt. Der Initiator dieser Bücherexekution, Girolamo Savonarola, fiel allerdings schon ein Jahr später durch seine Kritik über den Sittenverfall am päpstlichen Hofe selbst in Ungnade und mußte, zusammen mit seinen Predigten, Flug- und Streitschriften, in die Flammen gehen. (Im späteren Verlauf der Bestandsaufnahme zur praktizierten Meinungsäußerungsfreiheit in Deutschland wird man sehen, daß die inquisitorische Revolution nicht nur im Mittelalter ihre Kinder fraß, sondern es ihr auch heute noch unter dem Namen »Political Correctness« bei steigendem Appetit schmeckt.)

Dem Feuertode entging zwar der Kritiker und bedeutende Humanist Erasmus von Rotterdam – weniger Glück hatten seine Schriften:

> »Sein Buch ›Lob der Torheit‹ wurde 1512 an den Universitäten von Paris, Löwen, Oxford und Cambridge verbrannt. Der Verkauf und das Studium seiner ›Gespräche‹ 1524 von der Sorbonne verboten. 1551 setzte die Inquisition in Spanien seine ›Gespräche‹ auf den Index.«[9]

Diesem edlen Schritt folgte der Heilige Stuhl 1559, der im Zuge eines großen Reinemachens gleich das gesamte Werk von Erasmus verbot – wie auch u. a. die Schriften von Giovanni Boccaccio (DECAMERONE, eine Sammlung von 100 sinnenfrohen Novellen), Flavius Josephus (GESCHICHTE DER JUDEN), François Rabelais (GARGANTUA UND PANTAGRUEL, eine satirische Romanfolge), Michel de Montaigne (ESSAIS), Melanchthon (AUGSBURGISCHE KONFESSION), Philipp Michael Servet (CHRISTIANISMI RESTITUTIO), Naso Publius Ovidius (ARS AMANDI) sowie Jean Bodin, William von Ockham, William Tyndale, Girolamo Savonarola, Niccolò Machiavelli, Ulrich Zwingli, Johannes Huß, Thomas Cranmer und Alighieri Dante, um nur wenige Namen unliebsamer Autoren und einige ihrer »Irrlehren« zu nennen.

Die kommenden Jahrzehnte waren immer wieder durch Nivellierungen, sprich: Verschärfungen, der Überwachung gekennzeichnet. Basierend auf der 1542 veröffentlichten päpstlichen Bulle, galt, daß in Zukunft kein Buch mehr, ungeachtet seines Alters oder seines Inhalts, ohne Erlaubnis der Inquisition gedruckt, vertrieben oder verkauft werden durfte, damit der »katholische und rechte Glaube unversehrt fortdaure«.[10] Ihren Höhepunkt fand die offizielle Geistes- und Meinungsüberwachung in einer 1559 unter dem Namen INDEX LIBRORUM PROHIBITUM von Papst Paul IV. herausgegebenen Liste, in der sämtliche bisher verbotenen Bücher nebst den Namen ihrer Verfasser katalogisiert wurden. Dieses Verzeichnis unliebsamer Bücher und Schriften erfuhr, wie wir später sehen werden, viele, bis ans Ende des 20. Jahrhunderts, würdige Nachfolger. Für den päpstlichen INDEX war übrigens bis 1917 eine eigens hiermit beauftragte Kardinalenkongregation zuständig. Erst 1948 erschien die letzte Auflage dieser kirchlichen Liste eines allgemeinen Bücherverbots. Seit 1966 genießt der INDEX immerhin noch das Ansehen der Gewissensverpflichtung[11], obgleich sich die katholische Kirche, so suggerieren ihre Vertreter in unseren Tagen, »nach Zeiten großer Unsicherheit [sic!] heute eindeutig zur Pressefreiheit«[12] bekenne.

Die von der Kirche eingesetzte, in der bis dato in der belegten Geschichte des Menschen beispiellose Zensur war eine schier perfekte Meinungskontrolle, die »Wahrheiten« als verbindlich erklärte und für alle Schriften und Verfasser ein System darstellte, das theoretisch keine Lücke ließ.[13] Auch die protestantischen Ableger des alleinseligmachenden Christentums eigneten sich rasch die Praktiken der Gedanken- und Meinungsfreiheitskontrolle ihrer katholischen Brüder und Schwestern an. Mehr noch: Sie zensierten, kontrollierten und verboten nicht nur katholische, sondern auch innerhalb der jeweiligen protestantischen Richtung abweichende ketzerische Gedanken und Literatur. Bereits 1526 beschwerten sich deshalb beispielsweise Anhänger Zwinglis darüber, daß Lutheraner die Schriften ihres Schweizer Meisters unterdrückten.[14] Friedrich Sachse resümierte breits im vergangenen Jahrhundert treffend, daß die katholische Unduldsamkeit und Herrschsucht auch die protestantische Geistlichkeit charakterisiere und eine entsprechende geistliche Zensur gefördert werde.[15]

Dem Genfer Reformator Johannes Calvin kommt unter anderem das zweifelhafte Verdienst zu, den Kritiker und Autor der anonym erschienenen Schrift WIEDERHERSTELLUNG DES CHRISTENTUMS, Michael Servet, beim Großinquisitor von Lyon angezeigt, überführt und angeklagt zu haben. Aufgrund der Aussagen Calvins wurde Servet mit schwefelbestreutem Stroh und grünem Holz am 26. Oktober 1553 verbrannt. Seine ketzerische Schrift hatte man ihm zuvor theatralisch unter seine Arme gebunden.[16] Im gleichen Jahr gingen auf dem Campo di Fora in Rom Hunderte von Bänden der vollständigen Ausgabe des TALMUD in Flammen auf. 1600 starb Giordano Bruno, dessen Gedanken und Vorstellungen nicht in das erlaubte Denksystem der damaligen Zeit paßten und nicht mit dem engen Weltbild Roms konform liefen, an einen Pfahl gebunden auf dem Scheiterhaufen. Nach der Urteilsverkündung soll er ausgerufen haben: »Ihr mögt mit größerer Furcht das Urteil fällen, als ich es empfange.«[17]

Im ausgehenden Mittelalter und mit dem Beginn des Absolutismus übernahmen die weltlichen Gewalten weitgehend die Praktiken ihrer geistlichen Vorbilder und Ziehväter. Kaiser Karl V. setzte in den zwanziger Jahren des 16. Jahrhunderts Edikte gegen den Druck, die Verbreitung und die Lektüre der Schriften Luthers ein. Das Wormser Edikt vom Mai 1521 besagte schließlich, daß in Deutschland überhaupt »kein auf den christlichen Glauben bezogenes Buch gedruckt und vertrieben werden konnte, das nicht vorher dem zuständigen Bischöflichen Ordinariat vorgelegt und von diesem gebilligt worden war«.[18] Vom Reichstag zu Augsburg (1530) an wurde die Buchzensur unter polizeiliche Aufsicht gestellt.[19] Im Jahre 1550 wurde nicht nur der Druck unerwünschter Schriften verboten, sondern ebenso alle hiermit im Zusammenhang stehenden Möglichkeiten der Kommunikation.[20] Deutsche Schriftsteller, die von Zensur und Verboten, teilweise auch von Verbannung oder Hinrichtung betroffen waren, sind u. a. Georg Philipp Harsdörffer, Balthasar Hubmayer, Johann Herrgott, Wolfgang Vogel, Adam Contzen, Kaspar Schwenckfeld, Hans Sachs, Johannes Feinaug, Jacob Böhme, Johann Scheffler, Quirin Kuhlmann (in Moskau auf dem Scheiterhaufen verbrannt), Jakob Balde und Christian Reuter. Volksbücher, Fabeln, Schwänke und Märchen galten als schädlich, da, so fürchteten die Geistlichen und ihre weltlichen Lakaien, allzu säkulare Lektüre zu Seelenverderbnis führe.

Zensur und Unterdrückung der Meinungsfreiheit feierten Hoch-Zeit. Johann Wolfgang von Goethes GÖTZ VON BERLICHINGEN (1773) sowie Friedrich Schillers DIE RÄUBER (1781) mußten anonym erscheinen, d. h. unter Angabe eines falschen Druckorts, ohne Verfasser- und Verlagsangabe und unter Umgehung der Vorzensur. Unter anderen lebten der Satiriker Heinrich Ludwig von Hess (1719–1784), der Publizist Christian Friedrich Daniel Schubart (1739–1791), die Dichter Gotthold Ephraim Lessing (1729–1781) (EMILIA GALOTTI mußte vor der Aufführung dem Herzog von Braunschweig zur Zensur vorgelegt werden), Christoph Martin Wieland (1733–1813), Heinrich von Kleist (1777–1811) und Adolph Freiherr von Knigge (1752–1796) unter dem ständigen Druck der Zensur, der Bedrohung des Verbots sowie der Gefahr der Verfolgung und Ausweisung.

Etwas gelockert wurden die Zensurmaßnahmen in Deutschland unter Friedrich II. in Preußen, Max Joseph in Bayern und Joseph II. in Österreich in den letzten beiden Dekaden des 18. Jahrhunderts. Überhaupt war Kaiser Joseph II. seiner Zeit weit voraus. Ähnlich wie Friedrich II. überzeugte er lange *vor* der Französischen Revolution mit sozialrevolutionären Reformen. Hierunter fielen die Verwirklichung der Freiheit der Presse durch Abschaffung der Zensur sowie die Aufhebung der Leibeigenschaft der Bauern, die Abschaffung der Folter und die Gewährung voller

Religionsfreiheit. Jedoch bereiteten die Karlsbader Beschlüsse von 1819 und das darauf einsetzende Spitzel- und Überwachungssystem Metternichs diesen humanitären Lockerungen ein jähes Ende.

Im ersten Drittel des 19. Jahrhunderts waren in Deutschland u. a. verboten: die BETRACHTUNGEN UND GEDANKEN von Friedrich Maximilian Klinger, die VERTRAUTEN BRIEFE ÜBER DIE INNEREN VERHÄLTNISSE AM PREUSSISCHEN HOFE von dem preußischen Kriegsrat von Cölln, die BRIEFE EINES REISENDEN NORDLÄNDERS von Friedrich Arnold Brockhaus, der DON JUAN von Karl von Holtei, die Flugschrift DER HESSISCHE LANDBOTE von Georg Büchner sowie der Roman WALLY, DIE ZWEIFLERIN von Karl Gutzkow. Georg Büchner wurde nach diversen Verhören aufgrund seines von ihm verfaßten HESSISCHEN LANDBOTEN im April 1835 verhaftet und im Kerker gefoltert. Er nahm sich 1837 schließlich das Leben, nachdem man ihm jede Möglichkeit zur Verteidigung vorenthalten hatte. Obgleich die Revolution von 1848 das Zensursystem Metternichs vernichtete, in Deutschland die Zensur abgeschafft wurde (am 14.3.1848 in Österreich und drei Tage später in Preußen), die Grundrechte des deutschen Volkes in der Frankfurter Paulskirche verkündet und am 27.9.1848 sogar zum Reichsgesetz erhoben wurden, hieß es bereits eineinhalb Jahre später, nachdem das »aufsässige« Volk wieder zur Ruhe gekommen war, in der preußischen Verfassung: »Die Zensur darf nicht aufgehoben werden.« Die Vorzensur wurde dementsprechend wieder eingeführt, d. h., Verleger mußten Bücher vor ihrer Auslieferung der zuständigen Ortspolizeibehörde zur Prüfung vorlegen.

Im kaiserlichen Deutschland wurde selbstverständlich marxistische Literatur verboten. Und dies auf gesetzlicher Grundlage, denn in § 11 des GESETZES GEGEN DIE GEMEINGEFÄHRLICHEN BESTREBUNGEN DER SOZIALDEMOKRATIE vom 21.10.1878 heißt es:

> »Druckschriften, in welchen sozialdemokratische, sozialistische oder kommunistische oder auf den Umsturz der bestehenden Staates- oder Gesellschaftsordnung gerichtete Bestrebungen in einer den öffentlichen Frieden, insbesondere die Eintracht der Bevölkerungsklassen gefährdenden Weise zutage treten, sind zu verbieten.«

Aber nicht nur politische Schriften und Druckwerke unterlagen einem Verbot. Mit Zensur oder Verbot belegt wurden auch belletristische Werke, unter ihnen DIE WEBER und VOR SONNENAUFGANG von Gerhart Hauptmann, SODOMS ENDE von Hermann Sudermann, das satirische Drama DAS LIEBESKONZIL von Oskar Panizza (für das der Autor zu einem Jahr Einzelhaft verurteilt und ausgebürgert wurde) und natürlich viele Werke von Frank Wedekind (u. a. die BÜCHSE DER PANDORA, FRÜHLINGS ERWACHEN, DER MARQUIS VON KEITH). Ebenso die Komödien AUS DEM BÜRGERLICHEN HELDENLEBEN, 1913, DIE HOSE und DER SNOB von Carl Sternheim. Weiters das Drama DER SOHN von Walter Hasenclever sowie verschiedene Beiträge im SIMPLICISSIMUS, beispielsweise viele von Ludwig Thoma. Thoma wurde für ein Gedicht, das er 1904 in dieser Wochenschrift veröffentlicht hatte, 1905 angeklagt und 1906 zu einer sechswöchigen Gefängnisstrafe verurteilt, die er übrigens in Stadelheim absaß.

Obgleich 1919 in der Weimarer Reichsverfassung Art. 118 die Abschaffung der Zensur verankert und die Kunst als frei erklärt worden war, beriefen sich die Gerichte, die nun als Zensurbehörden fungierten und bei einer Anzeige ihre Untersuchungen aufnahmen, auf Paragraphen wie z. B. § 184 (Unsittlichkeit und Unzucht), § 166 (Gotteslästerung) und §§ 185ff. (Beleidigung), um ungefällige Meinungen zum Schweigen zu bringen. Auf diese Weise war es sehr wohl möglich, unliebsame Literatur geschickt und ganz legal aus dem Weg zu räumen. 1926, mit der Einführung des GESETZES ZUR BEWAHRUNG DER JUGEND VOR SCHUND- UND SCHMUTZLITERATUR, konnte die Zensur ohnehin ausgiebiger walten, da man sich die Mühe erspart hatte, zu klären wie »Schmutz- und Schundliteratur« eigentlich aufzufassen sei. So konnten in der Weimarer Republik u. a. zensiert und verboten werden: Arthur Schnitzlers DER REIGEN, Carl Einsteins DIE SCHLIMME BOTSCHAFT, George Grosz' ECCE HOMO, Johannes R. Bechers Gedichtband ROTER MARSCH – DER LEICHNAM AUF DEM THRON – DIE BOMBENFLIEGER, das Theaterstück THOMAS MÜNTZER von Berta Lask, das Theaterstück EHEN WERDEN IM HIMMEL GESCHLOSSEN von Walter Hasenclever, die Holzschnittfolge DIE KIRCHE von Franz Masereel, DER GERETTETE CHRISTUS von Werner Hegemann, DER GESANG DER ENGLISCHEN CHORKNABEN von Kurt Tucholsky, Ernst Glaesers SEELEN ÜBER BORD, DIE UNÜBERWINDLICHEN von Karl Kraus sowie die Zeichnungen von George Grosz für die Aufführung des BRAVEN SOLDATEN SCHWEJK nach Jaroslav Hasek.

Die Weimarer Republik hat mit einer »goldenen Epoche« genausoviel zu tun wie ihre Staatsform mit einem freiheitlichen politischen Wesen. Die ausgesprochenen und angewandten Verbote während der ersten deutschen demokratischen Republik erstreckten sich mitnichten nur auf »jugendgefährdende« künstlerische und literarische Werke. Die Eingriffe in die freie Meinungs- und Willensbildung des einzelnen gingen wesentlich weiter. Beispielsweise wurde es Arbeitern und Beamten unter Strafandrohung verboten, der KPD oder der NSDAP beizutreten. Eine Vielzahl politischer Meinungsäußerungen wurde explizit untersagt. Anhänger und Mitglieder der beiden Parteien wurden immer wieder festgenommen, ihre Versammlungen und Publikationen verboten und Gelder gepfändet. Die Republik war entgegen einer oft anzutreffenden Auffassung durch eine weitgefächerte Variation von Techniken, die Meinungsäußerungsfreiheit zu unterlaufen, gekennzeichnet. Es wurden allgemein Redeverbote für öffentliche Veranstaltungen erlassen, Parteien und ihre Nebenorganisationen wurden in alter Tradition staatspolizeilich überwacht.

Ein geradezu elementares, für die Entwicklung der Bundesrepublik Deutschland außerordentlich maßgebliches Kapitel in der Geschichte der Zensur und der Unterdrückung von Meinungsfreiheit stellen die Zensurmaßnahmen des Dritten Reichs dar. Die Notverordnungen vom Februar 1933[21] führten weitere Beschränkungen der ohnehin schon eingeschränkten Meinungsäußerungsfreiheit ein. Diese Anordnungen und Gesetze sahen, wie in früheren Zeiten auch, Verbote für Schriften vor, die die »öffentliche Sicherheit und Ordnung« zu gefährden drohten. Diesmal wurde unter unliebsamem Schrifttum erstrangig pornographische und marxistische – »entartete und volksfremde« – Literatur und entsprechende Meinungsäußerungen verstanden. Die am 10. Mai 1933 auf dem Schloßplatz in Berlin von Studenten in Eigeninitiative durchgeführte Bücherverbrennung muß den Recherchen des Publizisten Volker Dahm zufolge trotzdem als eine spontane und symbolische Aktion gesehen werden, da sie weder von der Partei noch vom Staat angeordnet worden sei.[22]

Von den 31 Mitgliedern der Preußischen Akademie der Künste blieben etwas mehr als die Hälfte übrig. 22 neue Schriftsteller kamen hinzu. Im Mai 1933 erschien eine Liste von Büchern, die aus den Bibliotheken auszusondern waren, insgesamt waren hiervon 131 Autoren und vier Anthologien betroffen. Am 22.9.1933 trat das Reichskammergesetz in Kraft, das den Reichsminister für Volksaufklärung und Propaganda, Dr. Joseph Goebbels, ermächtigte, die Angehörigen der Presse in einer Körperschaft des öffentlichen Rechts zusammenzufassen. Den Abschluß dieser Entwicklung bildete das Schriftleitergesetz vom 4.10.1933, das sämtliche Journalisten zu einem Verband zusammenschloß und ihre Eintragung in eine Berufsliste forderte, die Voraussetzung für die Ausübung ihres Berufes war. Der konservative Publizist Kurt Ziesel meint dem hinzufügend, daß das Schriftleitergesetz allerdings auch zum erstenmal »den Redakteur vom Verleger und Besitzer der Zeitung unabhängig gemacht und ihn damit jedem wirtschaftlichen Druck entzogen«[23] habe.

Um publizieren bzw. seinem musischen Beruf nachgehen zu können, mußten Journalisten, Schriftsteller, Künstler etc. einer Körperschaft des öffentlichen Rechts, den sogenannten Kammern, wie z. B. der Reichsschrifttumskammer oder der Reichstheaterkammer, beitreten, deren oberste Instanz das unter der Leitung von Goebbels eingerichtete Reichsministerium für Volksaufklärung und Propaganda war. Bei aller staatspolitischen Überwachung wird jedoch weithin die Tatsache unterschlagen, daß Goebbels vor allem bei den größeren und bei den im Ausland gelesenen Zeitungen nichtnationalsozialistische Redakteure und Korrespondenten (weiter)arbeiten ließ, die durchaus Kritik liefern und ihr Augenmerk auf Mißstände legen konnten – freilich nur solange sie sich nicht antinationalsozialistisch äußerten. Auch in Film und Funk vertrat Goebbels diese Politik. Es ging ihm weniger darum, partout nationalsozialistische Regisseure, Moderatoren, Schauspieler etc. zu engagieren, sondern darum, Fachleute zu haben, die Sendungen und Filme schufen, die das Volk gern sah und hörte. Durch eine eher publikumswirksame Arbeit war der propagandistische Effekt wesentlich höher, zumal Goebbels damit erreichte, daß selbst Oppositionelle nicht nur nationalsozialistisch beeinflußt, sondern sogar in den Medienapparat mit einbezogen wurden.[24] Als Beispiele solcher nichtnationalsozialistischen Medienbeschäftigten zählen Sammy Drechsel, Sohn persischer Juden, der als Sportreporter bei deutschen Rundfunksendern, vor allem bei Radio Berlin, die Grundlagen seines späteren Berufswegs legte, und natürlich Arnolt Bronnen, der als Halbjude und mit anarchistischer bzw. marxistischer politischer Vergangenheit 1936 zum Chef des deutschen Fernsehens berufen wurde. Dennoch ist es unbestritten, daß die deutsche Geschichte bis zum Zusammenbruch des Dritten Reichs nicht gerade durch praktizierte Meinungsäußerungsfreiheit gekennzeichnet ist.

Nach dem 8. Mai 1945 sollte alles anders werden. Die Deutschen sollten künftig endlich frei denken und ihre Gedanken frei aussprechen und niederschreiben dürfen. Inwieweit dieses erstrebenswerte Ziel in Deutschland in Theorie und Praxis umgesetzt worden ist, versucht die nun vorliegende Bestandsaufnahme festzustellen.

Zur theoretischen Gewährleistung der Meinungsfreiheit in Deutschland seit 1945

Die Zensur zwingt zu geistreicherem Ausdruck der Ideen durch Umwege.

(Johann Wolfgang von Goethe)

Wenn dieses Kapitel vorab mit internationalen Gesetzestexten eingeläutet wird, so deswegen, um erstens die generell hohe Bedeutung der Meinungs(äußerungs)freiheit auch außerhalb Deutschlands zu dokumentieren. Zweitens zeigt es sich im späteren Verlauf der Geschichte Deutschlands, daß sich gerade in den neunziger Jahren europäische Gerichtsurteile über Rechtsprechungen des höchsten deutschen Gerichts hinwegsetzen und für eine Revision von in Deutschland gefällten Urteilen votieren.

Internationale Bestimmungen und Gesetze

In der Allgemeinen Erklärung der Menschenrechte, die am 10.12.1948 von der Generalversammlung der Vereinten Nationen angenommen und proklamiert worden ist, heißt es in Artikel 19:

> »Jeder Mensch hat das Recht auf freie Meinungsäußerung; dieses Recht umfaßt die Freiheit, Meinungen unangefochten anzuhängen und Informationen und Ideen

mit allen Verständigungsmitteln ohne Rücksicht auf Grenzen zu suchen, zu empfangen und zu verbreiten.«

Artikel 10 der KONVENTION DES EUROPARATES ZUM SCHUTZE DER MENSCHENRECHTE UND GRUNDFREIHEITEN vom 4.11.1950 lautet:

> »(1) Jeder hat Anspruch auf freie Meinungsäußerung. Dieses Recht schließt die Freiheit der Meinung und die Freiheit zum Empfang und zur Mitteilung von Nachrichten oder Ideen ohne Eingriffe öffentlicher Behörden und ohne Rücksicht auf Landesgrenzen ein. Dieser Artikel schließt nicht aus, daß die Staaten Rundfunk-, Lichtspiel- oder Fernsehunternehmen einem Genehmigungsverfahren unterwerfen. (2) Da die Ausübung dieser Freiheiten Pflichten und Verantwortung mit sich bringt, kann sie bestimmten, vom Gesetz vorgesehenen Formvorschriften, Bedingungen, Einschränkungen oder Strafandrohungen unterworfen werden, wie sie vom Gesetz vorgeschrieben und in einer demokratischen Gesellschaft im Interesse der nationalen Sicherheit, der Aufrechterhaltung der Ordnung und der Verbrechensverhütung, des Schutzes der Gesundheit und der Moral, des Schutzes des guten Rufes oder der Rechte anderer, um die Verbreitung von vertraulichen Nachrichten zu verhindern oder das Ansehen und die Unparteilichkeit der Rechtsprechung zu gewährleisten, unentbehrlich sind.«

In Artikel 19 des INTERNATIONALEN PAKTS ÜBER BÜRGERLICHE UND POLITISCHE RECHTE vom 16.12.1966 ist folgendes manifestiert:

> »(1) Jedermann hat das Recht auf unbehinderte Meinungsfreiheit. (2) Jedermann hat das Recht auf freie Meinungsäußerung; dieses Recht schließt die Freiheit

ein, ohne Rücksicht auf Staatsgrenzen Informationen und Gedankengut jeder Art in Wort, Schrift oder Druck, durch Kunstwerke oder andere Mittel eigener Wahl sich zu beschaffen, zu empfangen und weiterzugeben [...]«

In der KSZE-Schlussakte wurde im Teil Zusammenarbeit in humanitären und anderen Bereichen am 1.8.1975 u. a. festgehalten:

»Die Teilnehmerstaaten [...] setzen sich zum Ziel, die freiere und umfassendere Verbreitung von Informationen aller Art zu erleichtern, die Zusammenarbeit im Bereich der Information und den Informationsaustausch mit anderen Leuten zu fördern sowie die Bedingungen zu verbessern, unter denen Journalisten aus einem Teilnehmerstaat ihren Beruf in einem anderen Teilnehmerstaat ausüben [...]«

Das Fundament der Bundesrepublik Deutschland

Am 1. Juli 1948 erhielten die elf Ministerpräsidenten der drei westlichen Besatzungszonen von den Siegermächten die sogenannten Frankfurter Dokumente überreicht. In diesen Unterlagen forderten die Besatzungsmächte, u. a. eine verfassungsgebende Nationalversammlung einzuberufen. Daraufhin bestellten die Ministerpräsidenten ein Sachverständigengremium. Dieser Ausschuß ging unter dem Namen Parlamentarischer Rat in die Geschichte ein. Er setzte sich aus 65 Mitgliedern, die aus den elf westlichen Landtagen gewählt wurden, zusammen. Innerhalb eines halben Jahres arbeiteten diese Parlamentarier das Grundgesetz aus. Hierbei war der dominierende Gedanke, daß eine formal-legale Machtergreifung durch Nichtdemokraten, wie sie 1933 durch die Nationalsozialisten hatte erfolgen können, für die Zukunft unmöglich gemacht werden sollte. Schließlich habe der moderne Revolutionär erkannt, »daß er nicht unbedingt und primär der physischen oder offenen Gewalt bedurfte, um seine Ziele zu erreichen«.[25] Während einer der Debatten erklärte Carlo Schmid (SPD) am 8. September 1948, es solle sich künftig jener nicht mehr auf die Grundrechte berufen dürfen, der von ihnen zum Kampf gegen die Demokratie und die freiheitliche Grundordnung Gebrauch zu machen beabsichtige. Am 8. Mai 1949, dem fünften Jahrestag der Unterzeichnung der bedingungslosen Kapitulation, nahm der Parlamentarische Rat dieses von der Maxime der streitbaren oder auch wehrhaften Demokratie bestimmte Grundgesetz mit 53 gegen zwölf Stimmen an.

Geradezu wesentlich ist es an dieser Stelle, hervorzuheben, daß die demokratische Grundordnung der Bundesrepublik Deutschland u. a. von zwei elementaren Prinzipien gekennzeichnet ist. Diese sind erstens die Anerkennung der alleinigen Schuld Deutschlands am Ausbruch des Zweiten Weltkrieges sowie die Anerkennung des millionenfachen Mordes größtenteils rassisch Verfolgter während des Dritten Reichs. Die Bundesrepublik Deutschland bestand gerade zehn Jahre, da formulierte der Politikwissenschaftler Theodor Eschenburg diese bundesdeutsche Basis, auf der der westdeutsche Staat aufgebaut wurde, wie folgt: »Die Erkennntnis von der unbestrittenen und alleinigen Schuld Hitlers ist vielmehr eine Grundlage der Politik der Bundesrepublik.«[26] Auch der Zeitgeschichtler Sebastian Haffner teilt diese Ansicht. Mehr noch, wer am heutigen Status quo rüttele, der bedrohe gar die Grundlagen des europäischen Friedens.[27] Weiters zerstöre derjenige die Grundfesten des Selbstverständnisses der deutschen Gesellschaft, der Auschwitz leugne.[28] Diese Ansicht vertrat 1994 auch der ehemalige Landgerichtspräsident Rudolf Wassermann: »Wer die Wahrheit über die nationalsozialistischen Vernichtungslager leugnet, gibt die Grundlagen preis, auf denen die Bundesrepublik Deutschland errichtet worden ist.«[29] Das Fundament, auf dem die Bundesrepublik Deutschland aufgebaut ist, ist, wie wir im folgenden sehen werden, für die Umsetzung der theoretischen Meinungsäußerungsfreiheit in die Praxis von gravierender Bedeutung.

Was ist Meinung?

Der bloße Begriff Meinung ist zunächst einmal ein hohler. Meinung selbst ist oft emotional, propagandistisch lenk- und formbar und spiegelt ein undurchsichtiges Konglomerat aus Erdachtem, Erfühltem, Angelesenem, Suggeriertem, Anerzogenem, Erwünschtem und Gehaßtem wider. Halbwahrheiten, Diffamierungen, Verschweigen von Tatsachen etc. spielen im Meinungsbildungsprozeß eine elementare Rolle. Nur zum selbständigen, eigenverantwortlichen, zum objektiven Urteilen tragen diese Faktoren herzlich wenig bei. Das Suggerieren sogenannter Meinungen hat nichts mit Freiheit zu tun.

Unter dem Begriff Meinung wollen wir deshalb Stellungnahmen, Anschauungen, Einschätzungen, Auffassungen und Wertungen sowie Werturteile verstehen[30] – hier schließen wir uns insbesondere dem Urteil des Bundesverfassungsgerichts (BVerfG) an, das bezüglich Werturteilen ausdrücklich »wertende Betrachtungen von Tatsachen«[31] einbezieht – wobei es unerheblich ist, ob diese Meinungen »richtig« oder »falsch«, »emotional« oder »rational« begründet sind, da sie notwendigerweise subjektiv sind. Allerdings kann man eine Meinung im engeren Sinne nicht »zu offensichtlich objektiv richtigen und falschen Tatsachen« haben, »wenn diese Tatsachen wissenschaftlich bewiesen oder widerlegt sind«.[32]

Meinung ist mitnichten nur das geschriebene oder das gesprochene Wort. »Bilder«, so führte das BVerfG bereits früher aus, »sind jedenfalls dann Meinungsäußerungen, wenn in ihnen ein Werturteil, eine Ansicht oder Anschauung bestimmter Art zum Ausdruck kommt.« Auch das Tragen bestimmter Kleidung, das Anstecken bestimmter Sticker und Abzeichen (z. B. »Atomkraft? Nein danke?« oder »Ich bin stolz, ein Deutscher zu sein«) oder bestimmte Zeichen (z. B. das sogenannte Friedenszeichen) und Gesten können ein Mittel der Meinungsäußerung sein.

»Meinung« ist also eine Äußerung, mit der der Äußernde einen Beitrag zur geistigen Auseinandersetzung leisten will. Für die Wertung einer Äußerung als Meinung ist das Element der Stellungnahme entscheidend – auf den Wert, die Richtigkeit oder die Vernünftigkeit der Äußerung kommt es hierbei nicht an.[33] Zu unterscheiden ist zwischen der Äußerung einer Meinung und der Mitteilung einer Tatsache. Der Tatsache fehlt das für die Meinung kennzeichnende Element der wertenden Stellungnahme. Die Mitteilung einer Tatsache wird durch Art. 5 Abs. 1 GG nur geschützt, soweit sie Voraussetzung für die Bildung einer Meinung ist. Eine bewußt unwahre Tatsachenmitteilung, also die verzerrte Darstellung der Wirklichkeit, die »Verdrehung« der Tatsachen, wird, obwohl sie gerade eine bestimmte Meinungsbildung bezweckt, durch das Grundrecht auf freie Meinungsäußerung nicht geschützt, »weil sie der verfassungsrechtlich vorausgesetzten Aufgabe zutreffender Meinungsbildung nicht dienen könne«.[34] Selbstverständlich und gerade können unwahre Tatsachenbehauptungen jedoch zur Meinungsbildung beitragen, und zwar unter Umständen sehr nachhaltig. Nicht zu vergessen, daß man seine Meinung auch durch Weitergabe von Tatsachen kundtun kann, indem man diese besonders betont oder aber andere lediglich berührt oder gar völlig verschweigt. Nach dem neuesten Stand fallen richtigerweise auch Tatsachenbehauptungen unter den Schutzbereich des Art. 5 GG.[35] Ein Bericht stellt ebenfalls eine Meinung dar, denn es gibt wohl kaum ein fundiertes Werturteil, in das nicht auch mehr oder weniger Tatsachenwissen einfließt, ohne daß das eine vom anderen getrennt werden könnte.

Selbst die Art und Weise der Aufmachung eines Berichts, z. B. die Plazierung auf einer Zeitungsseite, die Gestaltung der Überschrift, die Auswahl und Benutzung bestimmter Begriffe und Schlagwörter oder der Tonfall des Berichterstatters, stellen bereits eine Wertung dar.

Nicht jede Äußerung des Individuums kann jedoch als eine Meinung gelten. Andere menschliche Kundgebungen sind beispielsweise die unwillkürlichen Ausdrücke des Schmerzes, der Trauer, der Freude oder der Überraschung. Weiters gibt noch keine Meinung jemand von sich, der fremdes Gedankengut, d. h. Gedankenarbeit Dritter oder Tatsachen verbreitet, wie beispielsweise ein Nachrichtensprecher oder der Erzähler eines Witzes. Damit menschliche Äußerung als Meinungsäußerung akzeptiert werden kann, ist es notwendig, daß sie vom Willen des Äußernden gekennzeichnet ist. Um als Meinungsäußerung zu gelten, muß die Äußerung also das Produkt eigener geistiger Verarbeitung sein. Wer lediglich als »Sprachrohr« eines anderen fungiert und dessen Meinung verbreitet, kann sich nicht auf den Schutz des Art. 5 GG berufen.[36]

Tatsächlich ist es ein leichtes, die sogenannte öffentliche Meinung zu manipulieren, im übrigen ein aus dem Französischen übersetztes Schlagwort, das wahrscheinlich von Jean Jacques Rousseau stammt und von diesem in seiner Schrift JULIE OU LA NOUVELLE HELOISE (DIE NEUE HELOISE) erstmals auftaucht. Die Arbeitsweisen der Manipulation werden mit zunehmenden Möglichkeiten der modernen Computertechnik immer vielfältiger und auch unauffälliger. Diese Methoden erstrecken sich von amtlichen Schulbuchrichtlinien und offiziellen Schulbuchempfehlungen bis zur Subventionierung genehmer Literatur, von der Indizierung »jugendgefährdender Schriften« bis zur politisch korrekten Sprachregelung und der sorgfältigen Infiltrierung und Überwachung unliebsamer Parteien, Organisationen, Interessengruppierungen und Vereine mit dem Ziel, diese zu diskreditieren und mundtot zu machen.

Der Historiker Josef Joachim Menzel macht gerade in bezug auf Buchvorschläge darauf aufmerksam, daß beispielsweise die deutsch-polnischen Schulbuchempfehlungen nicht etwa als wissenschaftliche Erkenntnis gelten können, sondern als ein politisch-pädagogisches Ergebnis[37], also als volkspädagogische Manipulation zu sehen sind.

Die Bildung einer eigenen Meinung, verstanden als Ergebnis eines rationalen Denkvorganges, erfordert eine umfassende Vergleichs- und Abwägungsbasis. Die gründliche Information, das Recht auf Meinungsempfang, ist der erste Schritt zur eigenen Meinung. Für die politische Meinungsbildung bedeutet dies eine prinzipiell unbeschränkte Informationsmöglichkeit. Ein kontrollierter Meinungsbezugsweg führt die Möglichkeit einer wirklich fundierten Meinungsbildung bereits ad absurdum.

Meinungsfreiheit und Meinungsäußerungsfreiheit

Es ist zwischen der Meinungsfreiheit und der Meinungsäußerungsfreiheit zu unterscheiden. Beide Begriffe sind keinesfalls miteinander zu verwechseln oder gar als synonym zu verstehen. Sie machen beide zwei eigenständige Freiheitsrechte aus, die darin bestehen, daß die Meinungsfreiheit einen inneren, die Meinungsäußerungsfreiheit hingegen einen äußeren Vorgang darstellt. Der Begriff Meinungsäußerungsfreiheit ist deshalb präziser als der übergreifendere Terminus Meinungsfreiheit, weil er neben der gedanklichen Freiheit einer eigenen Meinung auch die Kundmachung in Wort, Bild, Ton, Schrift und Gestik einschließt. Meinungsfreiheit ist von anderen Grundrechten nicht zu trennen. So ist z. B. das kommunikative Zusammenkommen, die Diskussion mit anderen Personen, ein Meinungsaustausch, das öffentliche Kundtun dieser Meinung durch eine Demonstration beispielsweise eine Meinungsäußerung. Meinungsäußerungsfreiheit garantiert das

Recht, Meinungen, Ideen, Nachrichten, Unterhaltungsbeiträge und Anzeigen aller Art frei zu äußern und zu verbreiten. Sie beinhaltet, wie der Jurist Gilbert-Hanno Gornig richtig hervorhebt, allerdings auch das Recht, von einer Äußerung abzusehen.[38]

Ferner ist auch die Meinungsäußerung von der Meinungsbildung zu unterscheiden. Meinungsbildung ist eine personale Wertentscheidung, die sich im Menschen schöpferisch produzierend oder durch Übernahme einer anderen Meinung akklamierend vollzieht. Meinungsäußerung hingegen bedeutet Handeln in dem Sinne, daß die erworbene Meinung anderen mitgeteilt wird. Möglich ist die individuelle oder aber die kollektive Meinungsäußerung in Form von Versammlungen und Demonstrationen. Seine Grenzen findet das individuelle Recht auf Meinungsäußerung dann, wenn beispielsweise ein Demonstrationszug in Gewalt ausartet. Auch der parolenartige Gesang Berliner Studenten während der APO-Zeit »Brecht dem Schütz die Gräten«, der sich gegen den damaligen Bürgermeister von Berlin, Klaus Schütz, richtete, verletzte eindeutig das zulässige Maß politischer Meinungsäußerung. Ein Aufruf zum Boykott ist dagegen gedeckt, sofern es sich hierbei um einen reinen geistigen Kampf handelt. Wird ein solcher Aufruf jedoch mit Hilfe besonderer Druckmittel forciert, etwa durch die Androhung erheblicher wirtschaftlicher oder sonstiger Nachteile, die dem Angesprochenen die Möglichkeit zu freier Entscheidung nehmen, so ist diese Aufforderung nicht mehr durch das Grundrecht der freien Meinungsäußerung geschützt.[39]

Der Staat darf grundsätzlich keine Normen erlassen, die die Äußerung der Meinung und deren Verbreitung verbieten. Dieses grundsätzliche Verbot der Behinderung der geistigen Auseinandersetzung gilt für alle Staatsgewalten.[40] Für die weiteren Überlegungen ist der im 1949 verabschiedeten Grundgesetz manifestierte Artikel 5 von größter Wichtigkeit.

Nationale Bestimmungen und Gesetze

Art. 5 GG besagt:

> »(1) Jeder hat das Recht, seine Meinung in Wort, Schrift und Bild frei zu äußern und zu verbreiten und sich aus allgemein zugänglichen Quellen ungehindert zu unterrichten. Die Pressefreiheit und die Freiheit der Berichterstattung durch Rundfunk und Film werden gewährleistet. Eine Zensur findet nicht statt.
> (2) Diese Rechte finden ihre Schranken in den Vorschriften der allgemeinen Gesetze, den gesetzlichen Bestimmungen zum Schutze der Jugend und in dem Recht der persönlichen Ehre.
> (3) Kunst und Wissenschaft, Forschung und Lehre sind frei. Die Freiheit der Lehre entbindet nicht von der Treue zur Verfassung.«

Dem vorliegenden Gesetz zufolge hat sich der Gesetzgeber für einen freien und offenen Prozeß der Meinungs- und Willensbildung des Volkes entschieden. Art. 5 GG »enthält mit der Meinungs-, Presse-, Rundfunk-, Informations-, Kunst- und Wissenschaftsfreiheit sechs Grundrechte, die grundsätzlich selbständig nebeneinander stehen, aber insoweit miteinander verbunden sind, als sie sich alle auf den geistigen Kommunikationsprozeß«[41] des Volkes beziehen. So bedingt beispielsweise die Meinungsfreiheit die Pressefreiheit. Aus dem Grundrecht der freien Meinungsäußerung ergibt sich u. a. auch das grundgesetzliche Recht der freien politischen Betätigung wie z. B. Meinungsfreiheit selbst, die Vereinigungsfreiheit und Versammlungsfreiheit. Hierdurch ist es möglich, daß sich die (politische) Willensbildung des Volkes frei, offen und ungelenkt vollziehen kann. Dieser Prozeß geschieht permanent und mündet ein in den für die Willensbildung im Staat entscheidenden Akt der Parlamentswahl. Das Volk bringt jedoch seinen politischen Willen nicht nur in Form von Wahlen oder Abstimmungen zum Ausdruck, sondern auch durch Einflußnahme auf den ständigen Prozeß der politischen Meinungsbildung. Der Mensch diskutiert, tauscht Meinungen aus und verbreitet diese, erzieht, lehrt etc. Hierbei sind Gruppen, Zusammenschlüsse, Vereine und Parteien von wesentlichem Belang. Hinzu kommen die untrennbaren Verbindungen zwischen Medien und Menschen. Einerseits benutzt der Mensch als Informant die Medien zu dem oben genannten komplexen Meinungs- und Willensbildungsprozeß, andererseits werden die Menschen als zu Informierende durch die Medien entscheidend beeinflußt.

Art. 5 GG scheint auf den ersten Blick eindeutig und ausgewogen zu sein, zumal der Schutz des elementaren Grundrechtes auf Meinungsfreiheit ausdrücklich hervorgehoben wird. Den Gewährleistungen dieser Rechte kommt für die freie geistige Auseinandersetzung, für das Entstehen öffentlicher Meinung und damit für einen offenen Meinungsbildungsprozeß – ein wesentliches Kennzeichen eines freiheitlichen Staates – überragende Bedeutung zu. Um diesen positiven Eindruck der Ausgewogenheit und der Garantie, sich frei äußern zu dürfen, zu bestätigen, müssen wir uns jedoch tiefer in die Materie begeben und die einzelnen Sätze und deren Inhalte näher beleuchten; denn schon stoßen wir auf Probleme: Deckt die Meinungsfreiheit sowohl die Weitergabe von Tatsachen als auch die Äußerung von Meinungen gleichermaßen ab? Werden hier überhaupt Unterschiede geltend gemacht? Was bedeutet es schließlich, daß diese Rechte ihre Einschränkungen u. a. in den Vorschriften der »allgemeinen Gesetze« finden? Und welche Formen der Meinungsäußerung sind geschützt, prinzipiell alle oder nur politische oder nur nichtpolitische? Ist beispielsweise eine den Käufer bewußt irreführende Werbung gesetzlich geschützt? Fällt mündliche oder schriftliche Kritik, die den Staat in Frage stellt, unter dieses Gesetz? Und müssen wir bei unserer Betrachtung auch jemandem das Recht auf Meinungsäußerung zugestehen, der beispielsweise ein Asylantenheim abfackelt, um seine Auffassung kundzutun, daß es in Deutschland zu viele Ausländer gebe? Wie ist die Situation zu beurteilen, wenn um den Bestand der Erde ehrlich besorgte Menschen eine Nuklearfirma, obendrein möglichst noch eine französische, in die Luft sprengen, um gegen Atomversuche im Pazifik zu protestieren? Was ist schließlich von der ideell motivierten Tat zu halten, einer Dame ihren echten Nerzmantel mit Farbe zu überschütten als Ausdruck dafür, daß es höchste Zeit sei, mit aktivem Tierschutz zu beginnen? Und was weiter, wenn diese eventuelle Verzweiflungstat auch gehört würde und tierliebhabende Aktivisten aus Versuchslaboratorien ihre vierbeinigen und zweiflügligen Lieblinge befreiten, um ihrerseits ein Zeichen gegen Tierversuche zu setzen? Und sind Demonstrationen nicht allemal überaus geeignete Mittel, Meinungen zur Geltung zu bringen bzw. sich zunächst einmal eine solche zu bilden? Ebenso ist der Zusammenschluß zu Vereinigungen und die Bildung von Interessenverbänden und Parteien ein unentbehrliches Mittel, Meinungen zu bilden, zu pflegen, auszutauschen und zu verbreiten. Inwieweit sind diese geschützt? Erst wenn wir uns über die theoretische, also die gesetzliche Regelung des Rechts auf freie Meinungsäußerung im klaren sind, können wir deren Umsetzung in die Praxis beleuchten und beurteilen.

Art. 5 Abs. 1 Satz 1 GG

»(1) Jeder hat das Recht, seine Meinung in Wort, Schrift und Bild frei zu äußern und zu verbreiten und sich aus allgemein zugänglichen Quellen ungehindert zu unterrichten.«

Unter »allgemein zugänglichen Quellen« sind beispielsweise der Rundfunk, das Fernsehen, Zeitungen, Sachverständigengutachten, der Film, Ausstellungen, Museen, Dokumentationen, Anschläge auf Litfaßsäulen, Plakattafeln, Flugblätter, Inschriften, Leuchtschriften, das Gespräch mit dem »Mann auf der Straße« oder die Meinungsbefragung zu verstehen.[42] Es handelt sich hierbei also um Quellen, die technisch geeignet und bestimmt sind, »der Allgemeinheit, d. h. einem individuell nicht bestimmbaren Personenkreis, Informationen zu verschaffen«[43], »und zwar auch, wenn sie außerhalb der Bundesrepublik liegen«.[44] Keine allgemein zugängliche Quelle ist beispielsweise der Bereich der Behördenvorgänge oder ein Pressegespräch, zu dem nur eine begrenzte Auswahl von Journalisten geladen sind. Ebenfalls stellen Privatbriefe keine allgemein zugänglichen Quellen dar.

Das Grundgesetz verbietet es dem Gesetzgeber oder den Behörden, »darüber zu entscheiden, was eine allgemein zugängliche Quelle ist, und damit Reichweite und Schutzumfang der Informationsfreiheit zu beschränken«.[45] Hervorzuheben ist, daß staatliche Beschränkungsmaßnahmen, wie z. B. Einfuhrverbote, gegenüber Zeitungen oder deren zeitliche Verzögerung bei Auslieferungen oder technische Störungen von Satellitenübertragungen und Behinderungen anderer Massenkommunikationsmittel, die dem ungehinderten Zugang zur Informationsquelle entgegenstehen, nicht deren Eigenschaft der Allgemeinzugänglichkeit beseitigen. Auch staatliche Maßnahmen, die nachteilige Folgen für die Wahrnehmung von Informationsmöglichkeiten befürchten lassen, beispielsweise Beobachtung und Erfassung individuellen Informationsverhaltens oder Registrierung von ausgeliehenen Büchern in Bibliotheken, sind der Obrigkeit untersagt.

Nicht geschützt ist die rechtswidrige Beschaffung von

Informationen, wie z. B. durch Erpressung oder unzulässiges Einschleichen in eine Redaktion. Ebenfalls nicht geschützt ist jemand, der zu nachtschlafender Zeit auf Hinterhöfen einer Wohngegend Volksreden schwingt – auch wenn sie noch so motiviert und fundiert sind und brillant dargebracht werden – oder in der Stoßzeit auf einer verkehrsreichen Kreuzung Unterschriften für ein Begehren sammelt – und sei dieses noch so unterstützenswert. Des weiteren werden weder die Lüge noch das unrichtige Zitat bzw. die Ausgabe einer eigenen Interpretation als Zitat eines anderen vom Grundrecht der Meinungsäußerung gedeckt. Auch ein erfundenes Interview kann nicht zur wirklichen Meinungsbildung beitragen und ist deshalb nicht grundgesetzlich geschützt.

Im oben genannten Gesetzessatz ist ein weitumfassendes Kommunikationsgrundrecht in der Form eines Menschenrechts verankert. Hier werden, wie der Jurist Wolfgang Hoffmann-Riem richtigerweise betont, sowohl die Äußerung und Verbreitung von Meinungen – wobei hierunter wertende Stellungnahmen wie auch Tatsachenmitteilungen zu verstehen sind – als auch das Recht des Adressaten, die geäußerte oder verbreitete Meinung aufzunehmen, sprich zu hören oder zu lesen, geschützt. Das Recht und die Freiheit, sich aus allgemein zugänglichen Quellen ungehindert zu unterrichten, ist zudem ausdrücklich im Gesetzestext verankert.[46] Ebenso ist hierin eingeschlossen das Recht, sich einer Meinung zu enthalten, d. h., daß man die Freiheit hat zu entscheiden, ob man sich zu einer Äußerung äußert oder ob nicht. Ferner räumt Art. 5 GG auch niemandem das Recht ein, von anderen beachtet oder gehört werden zu müssen, d. h., daß ihm keine Zuhörerschaft geschaffen wird, wenn er sich äußern möchte.[47] Mit anderen Worten: Der hier behandelte Gesetzesabsatz gewährt niemandem einen Anspruch darauf, auch gehört zu werden oder daß seine Meinung an bestimmter Stelle veröffentlicht werde.

Die im zweiten Halbsatz gewährleistete Informationsfreiheit

> »wurde als Reaktion auf das nationalsozialistische Verbot in das Grundgesetz aufgenommen, bestimmte Schriften zu lesen und ausländische Sender zu hören. Die Informationsfreiheit ist dabei die notwendige Voraussetzung für eine richtige Meinungsbildung, die wiederum eine wichtige Voraussetzung für eine funktionierende Demokratie darstellt.«[48]

Damit ist dieses Gesetz dahingehend zu interpretieren, daß es von nun an keine Informationsbeschränkungen und staatlichen Meinungslenkungen mehr geben sollte. Das Verbot, ausländische Rundfunksender zu hören, oder Literatur- und Kunstverbote sollten der Vergangenheit angehören. Der Bürger sollte sich also in Zukunft frei, d. h. vom Staat ungehindert, unterrichten können. Unter dem Informationsrecht verstehen wir deshalb gerade das Recht, sich selbst zu informieren, d. h., Informationsfreiheit ist »die Voraussetzung der der Meinungsäußerung vorausgehenden Meinungsbildung«.[49] Mit anderen Worten: Es ist dem Bürger zu ermöglichen, »sich selbst die notwendigen Voraussetzungen zur Ausübung seiner politischen und persönlichen Aufgaben zu verschaffen, um im demokratischen Sinne verantwortlich handeln zu können«.[50] Die hieraus resultierende Erkenntnis läßt die Bereitschaft zur Mitverantwortung und -gestaltung, aber auch Kritik wachsen. Da es zu den elementaren Bedürfnissen des Menschen gehört, sein Wissen zu vermehren und sich so als Persönlichkeit zu entfalten, ermöglichen erst die Möglichkeit und das Recht, sich zu informieren, eine freie Meinungsbildung. Die gewährleistete Informationsfreiheit basiert auf dem elementaren Bedürfnis des Menschen, sich aus möglichst vielen Quellen zu unterrichten, das eigene Wissen zu erweitern und sich so zur Persönlichkeit zu entfalten. Gemäß der Deutschen Bischofskonferenz hat sogar jeder »das Recht und die Pflicht, entsprechend seinen Fähigkeiten und Möglichkeiten seine Wertvorstellungen und Überzeugungen in die Öffentlichkeit einzubringen und so an der Bildung der öffentlichen Meinung mitzuwirken«.[51] Und wer will den Bischöfen widersprechen, wenn sie meinen, daß der Dialog über Werte, politische Überzeugungen und konkrete gesellschaftliche Anliegen nur gelingen kann,

> »wenn alle, die an ihm teilnehmen, jene Voraussetzungen erfüllen, die für ein gemeinsames Gespräch über Werte und Güter der Gemeinschaft unerläßlich sind. Alle müssen aufeinander hören, einander verstehen lernen und andere Standpunkte gelten lassen, auch wenn sie diese für sich selbst nicht akzeptieren können. Wer versucht, sich rücksichtslos über andere hinwegzusetzen und seine Auffassung mit aller Macht durchzusetzen, wird den Erfordernissen des Dialogs nicht gerecht.«[52]

Damit bilden Meinungsfreiheit und Informationsfreiheit eine Sinneinheit, denn »Informationsfreiheit ist Entstehensvoraussetzung der Meinungsfreiheit, und Meinungsfreiheit ist Entstehensvoraussetzung der Informationsfreiheit«.[53]

Wir halten also fest: Informationsfreiheit impliziert sowohl das Recht, andere zu informieren und Informationen anderer entgegenzunehmen, als auch das Recht, sich durch das Aufsuchen von Informationsquellen aktiv zu informieren. Diese Anforderungen gelten auch und besonders für den Staat und die Gruppierungen, die die Macht haben. Nathalie Sarraute, Schriftstellerin und Rechtsanwältin ihres Zeichens, hat durchaus richtig erkannt, daß bezüglich der Informationsfreiheit nicht nur derjenige verantwortlich ist, der informiert, sondern vor allem derjenige, der informiert wird.[54] Als zu Informierender muß man sich, wenn man sich nicht willkürlich (des)informieren lassen möchte, um Informanten und Informationsquellen selbst bemühen. Und diese müssen jedem frei zugänglich sein, nur dann kann man von einer Informationsfreiheit sprechen. Was aber tun, wenn gewisse Informationsquellen nicht zugänglich oder gar verboten sind?

Art. 5 Abs. 1 Satz 2 GG

> »Die Pressefreiheit und die Freiheit der Berichterstattung durch Rundfunk und Film werden gewährleistet.«

Dieser Gesetzessatz ist unbedingt dahingehend zu verstehen, daß auch neue massenmediale Kommunikationsmittel, wie zum Beispiel Kabel- und Satellitenfunk, in seinen Schutzbereich einbezogen werden. Das BVerfG stellt zur Bedeutung der Pressefreiheit fest: Wenn das Grundrecht der freien Meinungsäußerung für die freiheitliche Demokratie »schlechthin konstituierend« ist, dann muß das ebenso für das Grundrecht der Pressefreiheit gelten, weil die Presse zur politischen Meinungsbildung entscheidend beiträgt.[55] Schließlich sei eine freie, d. h. eine nicht von der öffentlichen Gewalt gelenkte, keiner Zensur unterworfene Presse ein Wesensmerkmal des freiheitlichen Staates, ja, sie sei sogar für die moderne Demokratie unentbehrlich. »Soll der Bürger politische Entscheidungen treffen, muß er umfassend orientiert sein, aber auch die Meinungen kennen und gegeneinander abwägen können, die andere sich gebildet haben.«[56] In der Tat. Ein Kennzeichen des freiheitlichen Staates ist, im Gegensatz zur totalitären Staatsordnung, daß der in ihm lebende Bürger pluralistisch unterrichtet ist.

Zur korrekten Erfüllung ihrer Nachrichtenfunktion haben die publizistischen Medien vier Prinzipien zu beachten: die Wahrhaftigkeit, die Vollständigkeit, die Verständlichkeit und die Objektivität.[57]

Der Presse jedoch eine sogenannte »öffentlichen Aufgabe« zuzuerkennen bedeutet zu übersehen, daß sich die freiheitliche Verfassung mit öffentlichen Aufgaben und Verfassungsaufträgen ausschließlich an die Staatsorgane und nicht an den Bürger wendet. Der dem Bürger durch die Grundrechte gewährte Raum der Freiheit könne von ihm nur genutzt werden, wenn ihn eben keine Weisung, d. h. keine Aufgabe binde.

> »Eine öffentliche Aufgabe setzt einen Auftraggeber voraus, der kontrollieren kann. Wenn der Presse als einer Veranstaltung des Bürgers eine öffentliche Aufgabe erteilt würde, müßte sich die Grundfreiheit des Bürgers in Bindung verkehren, weil die Presse dann bestimmte Aufgaben erfüllen und zum anderen Kontrollfunktionen durch den Staat dulden müßte.«[58]

Im weiteren Verlauf unserer Untersuchungen werden wir uns mit der Frage auseinanderzusetzen haben, ob dies nicht exakt das ist, was augenblicklich in Deutschland geschieht.

Die Pressefreiheit ermöglicht die Bildung der sogenannten öffentlichen Meinung und schafft für den einzelnen die Voraussetzung für die Ausübung staatsbürgerlicher Rechte – obgleich es sich bei der »öffentlichen Meinung« oftmals um nichts anderes als um die veröffentlichte Meinung handelt. Die leichtfertige Weitergabe unwahrer Nachrichten und erst recht die bewußte Entstellung der Wahrheit sowie das Unterschlagen wesentlicher Sachverhalte sind durch die Pressefreiheit jedenfalls nicht gewährleistet. Anders ausgedrückt: Der Schutz der Pressefreiheit beschränkt sich »auf die wahrheitsgemäße Berichterstattung, zu der die Presse bei Erfüllung ihrer Aufgabe verpflichtet ist«.[59] Etwas gummiartig ist jedoch der Einschub, daß eine ehrverletzende Presseäußerung »gerechtfertigt sein kann, wenn generell ein berechtigtes öffentliches Interesse mit der Pressemitteilung verfolgt wird«.[60] Ferner muß auch die Anonymität der Informationsquelle gewahrt bleiben.

Wie die Presse unterliegt auch und gerade der Rundfunk dem Gebot der Wahrheitspflicht, bei dem die Anforderungen eher noch höher sind als bei der Presse.[61] Als Sache der Allgemeinheit muß der Rundfunk in voller Unabhängigkeit überparteilich betrieben werden. Jede einseitige Beeinflussung muß vom Rundfunk ferngehalten werden.[62] Zur Aufgabe des Rundfunks gehört es, den Publikumskreis objektiv über die Gewichtsverteilung zwischen den bedeutsamen politischen, weltanschaulichen und gesellschaftlichen Gruppen zu informieren. Dies zu gewährleisten bedarf es eines Programms, das durch inhaltliche Ausgewogenheit, Sachlichkeit und gegenseitige Achtung geprägt zu sein hat.[63] Im Staatsvertrag der Länder Niedersachsen und Schleswig-Holstein und der Freien und Hansestadt Hamburg über den Norddeutschen Rundfunk (NDR) vom 16.2.1955, der die Grundlage der Satzung bildet, heißt es beispielsweise u. a., daß die Nachrichtengebung allgemein, unabhängig und objektiv sein müsse. Der NDR dürfe nicht »einseitig einer politischen Partei oder Gruppe, einer Interessengemeinschaft, einem Bekenntnis oder einer Weltanschauung dienen«. In ähnlichem Jargon finden wir u. a. im Staatsvertrag über die Errichtung der Anstalt des öffentlichen Rechts »Zweites Deutsches Fernsehen« vom 6.6.1961 in § 2 die löblichen Worte, daß in den Sendungen der Anstalt den Fernsehteilnehmern in ganz Deutschland ein objektiver Überblick über das Weltgeschehen, insbesondere ein umfassendes Bild der deutschen Wirklichkeit vermittelt werden soll.

Art. 5 Abs. 1 Satz 3 GG

»Eine Zensur findet nicht statt.«

Theodor Eschenburg meinte vor rund 35 Jahren feststellen zu können: »Ich brauche nicht besonders zu betonen, daß es weder eine Vor- noch eine Nachzensur gibt.«[64] Wir wollen uns speziell diesem für die Meinungsäußerungsfreiheit elementaren Thema widmen. Ergründen wir zunächst, ob dieser Satz in der Theorie haltbar ist. Im späteren Hauptteil unserer Untersuchungen wollen wir diesen kategorischen Satz an der Praxis messen.

Keineswegs verstehen wir unter dem Begriff Zensur lediglich »das Abhängigmachen der Veröffentlichung einer Meinungsäußerung von einer vorherigen Genehmigung einer staatlichen Stelle«.[65] Vielmehr wollen wir die Bedeutung der Zensur globaler sehen und beschreiben sie deshalb generell im Sinne autoritärer Kontrolle von menschlichen Äußerungen. Denn dessen muß man sich bewußt sein: »Jede Art von Zensur, ob in Rundfunkanstalten, Bibliotheken, Verlagen oder Buchhandlungen, bedeutet eine Zensur der Freiheit und hat einen Verschleiß der Demokratie zur Folge.«[66] Die Ratio des Zensurverbots

> »liegt in der Verhinderung einer umfassenden bzw. planmäßig/systematisch durchgeführten Kommunikationskontrolle. Eine solche Kontrolle würde das Geistesleben lähmen und zu anpaßlerischer Vorsicht veranlassen und damit Grundbedingungen freier Kommunikation beseitigen. Eine lähmende Kommunikationsbehinderung wäre jedoch auch dann zu befürchten, wenn zwar auf ein Genehmigungsverfahren verzichtet würde, aber staatliche Stellen zur inhaltlichen Überwachung der Kommunikation, etwa zur systematischen Gefahrenerforschung, ermächtigt würden.«[67]

Aus diesem Grunde kann das im Grundgesetz verankerte Zensurverbot, dem Rechtsgelehrten Hoffmann-Riem zufolge, lediglich im Sinne eines Verbots einer systematischen Kontrolle im Kommunikationsbereich verstanden werden.

Das Zensurverbot bezieht sich auf alle Formen der Meinungsäußerung, hierin eingeschlossen sind beispielsweise das Halten von Vorträgen, Theateraufführungen und

Schaustellungen[68], wobei unter Zensur, dem ehemaligen Richter beim Bundesverfassungsgericht und augenblicklichen Bundespräsidenten Roman Herzog zufolge, lediglich die Vorzensur als »einschränkende Maßnahmen vor der Herstellung oder Verbreitung eines Geisteswerks«[69] zu verstehen ist. Hoffmann-Riem erklärt hierzu, daß die durch Kontrolle bewirkte Einschüchterung der kommunikationsbereiten Bürger, die Beengung des Kommunikationsspektrums und die Gefahr der Meinungslenkung abgewehrt werden sollten und deshalb durch keine der grundrechtsbezogenen Maßnahmen Zensur ausgeübt werden dürfe, auch nicht zu Zwecken des Ehren- oder Jugendschutzes.[70] Unter Zensur ist nach Mangoldt und Klein »nur die politisch-ideologisch-kulturell-weltanschauliche, nicht dagegen die zulässige, besonders sitten- und gesundheitspolizeiliche Überwachung von Presse und Film zu verstehen«.[71]

Es gibt drei verschiedene Arten, eine Zensur durchzuführen: 1. präventiv (Vorzensur), 2. repressiv (Nachzensur) oder 3. präventiv und repressiv. Unter einer Vorzensur verstehen wir die Abhängigkeit einer Äußerung oder der Herstellung oder der Verbreitung eines Geisteswerkes von einer behördlichen Vorprüfung oder Genehmigung des Inhalts. Hingegen handelt es sich bei der Nachzensur um Kontroll- und Unterdrückungsmaßnahmen, die erst nach der Veröffentlichung des Geisteswerkes einsetzen, um seine Verbreitung zu verhindern.[72]

Dem grundgesetzlichen Wortlaut nach handelt es sich bei dem Zensurverbot um ein absolutes, da hierunter das uneingeschränkte Verbot staatlicher Kontrolle, Prüfung, Überwachung und Beschränkung von Geisteswerken eingeschlossen ist. Ein absolutes Zensurverbot schließt allerdings wiederum die Unmöglichkeit ein, gegen rechtswidrige Äußerungen vorzugehen. Gornig interpretiert diese Ausgangslage so, daß dem Gesetzgeber hinsichtlich einer Aufdeckung und Unterdrückung mißbräuchlicher Ausübung der Meinungsäußerungsfreiheit eine Nachzensur ausreichend erscheint, so daß bei einem Zensurverbot die Vorzensur gemeint ist. Dieser Auffassung schließt sich auch Rolf Groß an, für den Art. 5 Abs. 1 Satz 3 GG bedeutet, daß die Vorzensur ausgeschlossen sei. Eine Veröffentlichung der Presse dürfe somit nicht von vorheriger staatlicher Überprüfung und Genehmigung abhängig gemacht werden.[73] »Nachzensur erlaubt aber lediglich die obrigkeitliche Kontrolle im Rahmen der Schranken der Äußerungsfreiheit, so daß *eine darüber hinausgehende politisch-ideologisch-weltanschauliche Zensur verboten ist.*«[74] Der Jurist Willi Thiele betont, daß die Beschlagnahme von Druckschriften eine Verhaftung des Gedankens und damit eine Mundtotmachung gründlichster Art sei[75], womit ihm sicherlich recht zu geben ist.

Das Zensurverbot im Sinne des Art. 5. Abs. 1 Satz 2 GG umfaßt lediglich die Vor- oder Präventivzensur, hierunter ist also der staatliche Eingriff *vor* der Herstellung oder Verbreitung eines Geisteswerkes, insbesondere das Abhängigmachen von behördlicher Vorprüfung und Genehmigung seines Inhalts, zu verstehen, wobei, wie Ulla Fölsing feststellt, die Präventivzensur die rigorosere Form der Zensur sei, da diese Äußerungen bereits vor ihrer Verbreitung überwache, also ein befürchteter Schaden verhindert, bei der Prohibitivzensur dagegen ein bereits eingetretener Schaden beseitigt werde.[76]

Art. 5 Abs. 2.

> »Diese Rechte finden ihre Schranken in den Vorschriften der allgemeinen Gesetze, den gesetzlichen Bestimmungen zum Schutze der Jugend und in dem Recht der persönlichen Ehre.«

Als »allgemeine Gesetze« gelten diejenigen Gesetze, die nicht eine Meinung als solche verbieten, die sich nicht gegen Meinungsäußerung als solche richten, sondern die vielmehr der Sicherung eines schlechthin, ohne Rücksicht auf eine bestimmte Meinung, zu schützenden Rechtsguts dienen, dem Schutze eines Gemeinschaftswertes, der gegenüber der Meinungsfreiheit Vorrang genießt.[77] Allgemeine Gesetze finden sich auf fast allen Rechtsgebieten, so z. B. in bürgerlichem Recht, Strafrecht, Polizeirecht, Steuerrecht, Beamtenrecht und Soldatenrecht; wobei es sich nicht unbedingt immer um förmliche Gesetze handeln muß: Auch Richtlinien einer Universität oder Vorschriften eines Betriebs erfüllen den oben genannten Gesetzesbegriff. Der Rechtsgelehrte Helmut Ridder macht darauf aufmerksam, daß Äußerungen, die die zentralen Grundwerte des gemeinschaftlichen Zusammenlebens insofern angreifen, als die Befolgung dieser Kundgebungen die Gemeinschaft auflösen würde, nicht geschützt seien. Deshalb ist beispielsweise eine durchs Megaphon gesprochene Meinungskundgabe unstatthaft, wenn sie die Benutzung eines Nachbargrundstücks über das nach § 906 BGB zulässige Maß hinaus beeinträchtigt.[78] So würde beispielsweise ein massiver direkter Angriff auf Ehe und Familie, »selbst wenn er durch Mittel rein geistiger Überzeugung vorgetragen würde, etwa in einem Traktat, der die Abschaffung der Ehe zugunsten ›freier Liebe‹ befürworte, gegen das ›Sittengesetz‹ verstoßen«[79] und keinen Anspruch auf grundrechtlichen Schutz genießen, da eine derartige Meinungsäußerung gegen sowohl die öffentliche als auch die verfassungsmäßige Ordnung verstoße. Dieses sittliche Plädoyer stellte Ridder freilich in den fünfziger Jahren auf. Angesichts der Einrichtung von Schwulen- und Lesbenräten und der zunehmenden Enttabuisierung, ja Legalisierung von homosexuellen »Eheschließungen« mutet Ridders Ansinnen freilich an wie ein Sittenkodex aus nostalgischer Zeit.

Es ist jedenfalls festzuhalten, daß der Gesetzgeber befugt ist,

> »Meinungsäußerungen, die diese Rechtsgüter zu verletzen geeignet sind, mit Sanktionen zu belegen [...] Gerade hier ist es aber wichtig, sich vor Augen zu halten, daß eine Einschränkung der freien Meinungsäußerung nur insoweit statthaft ist, als sie erforderlich ist, um eine dringende Gefährdung der Allgemeinheit oder der freiheitlichen Demokratie zu beseitigen oder zu verhindern.«[80]

Insbesondere greift bei den die Meinungsfreiheit einschränkenden Sanktionen Art. 18 GG. Dieser besagt:

> »Wer die Freiheit der Meinungsäußerung, insbesondere die Pressefreiheit (Art. 5 Abs. 1), die Lehrfreiheit (Art. 5 Abs. 3), die Versammlungsfreiheit (Art. 8), die Vereinigungsfreiheit (Art. 9), das Brief-, Post- und Fernmeldegeheimnis (Art. 19), das Eigentum (Art. 14) oder das Asylrecht (Art. 16a) zum Kampfe gegen die freiheitliche demokratische Grundordnung mißbraucht, verwirkt diese Grundrechte. Die Verwirkung und ihr Ausmaß werden durch das Bundesverfassungsgericht ausgesprochen.«

Art. 5 Abs. 3.

> »Kunst und Wissenschaft, Forschung und Lehre sind frei. Die Freiheit der Lehre entbindet nicht von der Treue zur Verfassung.«

Ähnlich wie bei der Bedeutung der allgemein zugänglichen Quellen gilt auch hinsichtlich der Kunst das Verbot

> »für den Staat, auf Methoden, Inhalte und Tendenzen der künstlerischen Tätigkeit einzuwirken, allgemeinverbindliche Regeln über den Schaffensprozeß vorzu-

schreiben oder den Raum künstlerischer Betätigung einzuengen«.[81]

Zum Oberbegriff »Wissenschaft« zählt alles, was nach Inhalt und Form als ernsthafter planmäßiger Versuch zur Ermittlung der Wahrheit anzusehen ist. Darunter fallen vor allem die auf wissenschaftlicher Eigengesetzlichkeit beruhenden Prozesse, Verhaltensweisen und Entscheidungen beim Auffinden von Erkenntnissen, wie z. B. Methodik, Systematik, Beweisbedürftigkeit, Nachprüfbarkeit, Kritikoffenheit und Revisionsbereitschaft.[82] Der Rechtsgelehrte K. E. Wenzel macht ausdrücklich darauf aufmerksam, daß unter den Begriff der wissenschaftlichen Tätigkeit auch die Gewinnung neuer sowie die Bestätigung oder das Inzweifelziehen vorhandener Erkenntnisse gehören.[83] Zu dem Begriff Wissenschaft meint das BVerfG:

> »Das in Art. 5 Abs. 3 GG enthaltene Freiheitsrecht schützt als Abwehrrecht die wissenschaftliche Betätigung gegen staatliche Eingriffe und steht jedem zu, der wissenschaftlich tätig ist oder tätig werden will (vgl. BVerfGE 15, 256 (263)). Dieser Freiraum des Wissenschaftlers ist grundsätzlich ebenso vorbehaltlos geschützt, wie die Freiheit künstlerischer Betätigung gewährleistet ist. In ihm herrscht absolute Freiheit von jeder Ingerenz öffentlicher Gewalt. In diesen Freiheitsraum fallen vor allem die auf wissenschaftlicher Eigengesetzlichkeit beruhenden Prozesse, Verhaltensweisen und Entscheidungen bei dem Auffinden von Erkenntnissen, ihrer Deutung und Weitergabe.«[84]

Ähnlich definierte das Bundesverwaltungsgericht (BVerwG) Wissenschaft als das »ernsthafte Bemühen, das Bewußte mit dem Wißbaren in Übereinstimmung zu bringen«.[85]

Unter »Forschung« ist die geistige Tätigkeit zu verstehen, mit dem Ziel, in methodischer, systematischer und nachprüfbarer Weise neue Erkenntnisse zu gewinnen. »Lehre« wiederum ist die wissenschaftlich fundierte Übermittlung der durch die Forschung gewonnenen Erkenntnisse.[86] Hiervon zu unterscheiden ist das Umsetzen wissenschaftlich gewonnener Erkenntnisse in politisches Handeln. Eine derartige Anwendung wissenschaftlicher Erkenntnisse liegt nicht im oben genannten geschützten Freiraum.[87] Sehr wohl ist allerdings beispielsweise wissenschaftliche Kritik am Grundgesetz statthaft. Auch ist es jedem wissenschaftlichen Lehrer erlaubt, seine wissenschaftliche Überzeugung kundzutun. Verboten ist es, beispielsweise einem Hochschullehrer, jedoch, entsprechend seinen wissenschaftlichen und politischen Überzeugungen seine Hörer in den Bannkreis bolschewistischer oder nationalsozialistischer Doktrinen zu führen.[88]

Das Bundesverfassungsgericht hat am 9.6.1992 entschieden (Az: 1 BvR 824/90):

> »Art. 5 Abs. 3 GG gewährt jedem, der im Bereich von Wissenschaft, Forschung und Lehre tätig ist, ein individuelles Freiheitsrecht, das als Abwehrrecht die wissenschaftliche Betätigung gegen staatliche Eingriffe schützt. Dieser Freiraum des Wissenschaftlers ist grundsätzlich ohne Vorbehalt geschützt [...] Art. 5 Abs. 3 Satz 1 GG schützt nicht eine bestimmte Auffassung von der Wissenschaft oder eine bestimmte Wissenschaftstheorie. Seine Freiheitsgarantie erstreckt sich vielmehr auf jede wissenschaftliche Tätigkeit, d. h. auf alles, was nach Inhalt und Form als ernsthafter, planmäßiger Versuch zur Ermittlung der Wahrheit anzusehen ist [...] Ohne ausdrücklich zwischen ›Werturteil‹ und ›Tatsachenbehauptung‹ zu unterscheiden, gewährleistet Art. 5 Abs. 1 Satz 1 jedermann das Recht, seine Meinung frei zu äußern: Jeder soll frei sagen können, was er denkt, auch wenn er keine nachprüfbaren Gründe für sein Urteil angibt oder angeben kann.«

Der Sinn von Meinungsäußerungen ist es, geistig meinungsbildend und überzeugend auf die Umwelt zu wirken, deshalb sind Werturteile geschützt, ohne daß es darauf ankäme, ob die Äußerung »wertvoll« oder »wertlos«, »richtig« oder »falsch«, emotional oder rational ist. Was dagegen nicht zur Meinungsbildung beitragen kann, ist nicht geschützt. Hierunter fällt insbesondere die erwiesen oder bewußt unwahre Tatsachenbehauptung.

Die lieben Sorgen um die Jugend

Nur vier Jahre nach Verabschiedung des Grundgesetzes ratifizierte der Bundestag die dem Weimarer SCHUND- UND SCHMUTZGESETZ verwandten GESETZLICHEN BESTIMMUNGEN ZUM SCHUTZE DER JUGEND. Schon in § 1 dieses Gesetzes heißt es:

> »Schriften, die geeignet sind, Jugendliche sittlich zu gefährden, sind in eine Liste aufzunehmen. Dazu zählen vor allem unsittliche sowie Verbrechen, Krieg und Rassenhaß verherrlichende Schriften. Die Aufnahme ist bekanntzumachen. Eine Schrift darf nicht in die Liste aufgenommen werden
> 1. allein wegen ihres politischen, sozialen, religiösen oder weltanschaulichen Inhalts;
> 2. wenn sie der Kunst oder der Wissenschaft, der Forschung oder der Lehre dient;
> 3. wenn sie im öffentlichen Interesse liegt, es sei denn, daß die Art der Darstellung zu beanstanden ist [...]«

Das offenkundige Problem liegt auf der Hand: Wer bestimmt, was sittlich gefährdend ist? Und aufgrund welcher Qualifikation oder Berechtigung entscheidet wer, wann die Art einer Darstellung zu beanstanden ist?

Am 14. Juli 1953 trat das GESETZ ÜBER DIE VERBREITUNG JUGENDGEFÄHRDENDER SCHRIFTEN in Kraft. Dieses sollte Kinder und Jugendliche vor solchen Medien schützen, die ihren sozialethischen Reifungsprozeß, so die Bundesprüfstelle für jugendgefährdende Schriften, negativ beeinflussen könnten. Wie alle anderen Jugendschutzgesetze auch, sollte das oben genannte Gesetz »eine positiv aufbauende Jugendarbeit unterstützen«. Was immer darunter zu verstehen sein soll. Überhaupt scheint der Begriff »jugendgefährdend« schwammig und seine Umsetzung in die Tat damit recht willkürlich zu sein. Schon Ulla Otto macht zu Recht darauf aufmerksam, daß dieser Begriff in engem Zusammenhang mit dem Vorwurf des »pseudowissenschaftlichen Charakters« steht, der oft »unerwünschten Schriften« gegenüber angewandt wird, »die man eliminieren möchte«.[89] »Jugendgefährdend« impliziert einen generellen Charakter und ist nicht mehr, wie dies noch im Mittelalter üblich war, als religiöse oder moralische Umschreibung zu verstehen, sondern insbesondere als politische zu begreifen.

Der Publizist meint, nicht um den Bestand von Kirche und Staat zu schützen, würden Zensur und Verbot gefordert, sondern um die Seele des Bürgers vor Schaden zu bewahren.[90] Selbst wenn dieser Spruch nur auf pornographische Literatur zu beziehen wäre, ist seine Aussage überaus zweifelhaft. Waren in früheren Zeiten beispielsweise Alchimie, Astrologie, Parapsychologie, Spiritismus und ist heutzutage die Ufologie mit dem Vorwurf der »pseudowissenschaftlichen Natur« behaftet, wurde nach dem Zweiten Weltkrieg in Deutschland der Begriff »pseudowissenschaftlich« vor allem mit nationalsozialistischer und faschistischer Literatur und Forschung gleichgesetzt. Hierunter fielen vor allem Überlegungen zu Rassentheorie und Rassenpolitik sowie zur Kriegsschuldfrage hinsichtlich des Zweiten Weltkrieges. Derartige Literatur, mit dem pseudowissenschaftlichen Makel behaftet, wurde umgehend aus den deutschen wissenschaftlichen Bibliotheken verbannt, während der Großteil der anarchistischen, marxistischen, kommunistischen und bolschewistischen Literatur seinen Platz behaupten bzw. wiedererlangen konnte. Die Lehren und Auffassungen von beispielsweise Michail Bakunin, Peter Kropotkin, Karl Marx und Friedrich Engels, Leo Trotzki, Mao Tse-tung, Wladimir Lenin oder Josef Stalin sind bis heute in deutschen Büchereien durchaus einseh- und ausleihbar geblieben. Abgesehen davon, daß der überwiegende Teil dieser Schriften ohnehin im Handel, meist in unkommentierter Form, erhältlich ist. Wie bereits diese Beispiele zeigen, ist es tatsächlich so, daß mit dem Begriff der Pseudowissenschaftlichkeit wissenschaftliche Publizisten am Sprechen in der Öffentlichkeit schlichtweg gehindert werden. »Hier ist nicht allein die Pressefreiheit in Gefahr, sondern eben auch die Freiheit von Forschung und Lehre.«[91]

Nach einer bereits Ende der fünfziger Jahre allen Bundestagsabgeordneten vorgelegten Denkschrift bestehe kein Zweifel, daß dieses Gesetz mit den Grundrechten unvereinbar sei und eklatante Geistesdiktatur darstelle, schließlich gehe es nicht darum, daß

> »das indizierte Buch nun nicht an Jugendliche abgegeben werden darf, sondern darum, daß das indizierte Buch gleichzeitig (unter der pharisäerhaften Feststellung: es ist ja nicht verboten, ihr könnt es ja weiterhin drucken und an Erwachsene verkaufen!) der gesamten erwachsenen Bevölkerung entzogen wird, so daß deren Informationsrecht sowie das Recht des Autors auf freie Meinungsäußerung zur Farce degradiert wird«.[92]

In den neunziger Jahren sollte Hermann Meyn bezüglich einer möglichen Zensur im Internet etwas traurig zugeben, »daß wir die bundesrepublikanische Rechtsordnung nicht zum Weltmaßstab machen können«.[93] Wahrlich ein Jammer.

Grenzen und Verwirkung der Grundrechte

Es gehört zum Wesen jeglicher menschlichen Freiheit, daß sie nicht schrankenlos sein kann, da sie sonst die Rechte und Freiheiten Dritter beeinträchtigen könnte. Aber: In Art. 10 Abs. 2 der Europäischen Menschenrechtskonvention (EMRK), wie übrigens auch in verschiedenen Verfassungen demokratischer Länder, wie z. B. der Kanadas, heißt es, daß staatliche Maßnahmen nur so weit reichen dürfen, wie sie in einer »demokratischen Gesellschaft« erforderlich sind.

Jeder gesunde, um den Schutz von Kindern und Jugendlichen wirklich besorgte Mensch wird kaum etwas gegen die Indizierung von Medien mit bezeichnenden Namen wie z. B. ANALSEX, ENTJUNGFERUNG, SCHMERZLIEBE, EINE HERRLICHE VÖGELEI, FICKRAUSCH, STÖSSE IN DIE HÄMORRHOIDEN oder FICKEN BIS DIE VORHAUT PLATZT einzuwenden haben. Allerdings sieht Elke Monssen-Engberding, Vorsitzende der Bundesprüfstelle für jugendgefährdende Schriften, davon ab, beispielsweise auch den Schwulen-Comic mit dem herzergreifenden Namen DICKE DÖDEL I: BULLENKLÖTEN zu indizieren, da sie, die Frau Vorsitzende, den STUTTGARTER NACHRICHTEN vom 7.7.1995 zufolge, dem Kunstvorbehalt in diesem Fall größeres Gewicht als dem Jugendschutz einräumen würde.

Durchaus nachzuvollziehen sind Zensurmaßnahmen gegenüber gewissen Extremhorror- und Kannibalenfilmen. Fraglicher sind denn schon eher Beschränkungen für Medien mit internationalen und deutschen Lieblingen und Helden des Films wie beispielsweise Sylvester Stallone, Charles Bronson, Clint Eastwood oder Arnold Schwarzenegger. Aber nicht nachzuvollziehen ist die Indizierung einer wahren Flut von Berichten (tatsächlicher wie vermeintlicher) eigener Erlebnisse, Bildbänden und Dokumentationen zum Zweiten Weltkrieg, denen noch nicht einmal ein Propagandacharakter ernsthaft unterstellt werden kann. Auch dürften sie kaum dazu geeignet sein, den Umsturz des herrschenden Systems zu verursachen. Diese Medien berichten, erzählen, stellen dar – aus ihrer Sicht natürlich, aber das eben ist ja Meinungsäußerung und sollte aus diesem Grunde frei sein.

Ebenfalls eingeschränkt sind die Grundrechte für Strafgefangene. Sie dürfen sich aus den »allgemein zugänglichen Quellen« nur mit besonderer Erlaubnis unterrichten. Für sie verboten ist beispielsweise auch das Lesen eines Romans, wenn zu befürchten steht, daß die Lektüre den strafgefangenen Leser zu einer ordnungsgefährdenden Steigerung der Aggressivität verleite. Oder wenn ein Schriftstück von einem Autor stammt, der als Kämpfer gegen die staatliche Ordnung betrachtet werden kann.[94] Wohl aber, und das hat das Bundesverfassungsgericht entschieden (Az.: 2BvR 291/94) genießen Strafgefangene in ihren Briefen an Angehörige das Recht auf freie Meinungsäußerung ebenso wie Nichtgefangene, d. h., daß in persönlichen Briefen, auch im Privatgespräch, jedermann seine Gefühle und Wertungen frei äußern könne. Eine Einschränkung in bezug auf Meinungs(äußerungs)freiheit ist ferner in den im Beamtenarbeitsverhältnis manifestierten Pflichten von Beamten festgelegt. Diese Pflichten verwehren es dem Beamten, von dem Recht der freien Meinungsäußerung und der politischen Betätigung einen gleich weiten Gebrauch zu machen wie jemand, »der nicht unter dem Zwang der im öffentlichen Interesse unerläßlichen Disziplin steht«.[95]

Ergo

Die Bundesrepublik Deutschland basiert theoretisch gesehen auf einer relativ freiheitlichen und volkssouveränen Ordnung. Wohl sind einige Faktoren, wie z. B. der des Ehrenschutzes, nicht eindeutig zu verstehen und können deshalb Probleme verursachen. Ungenaue Gesetzesformulierungen bieten eine nur allzu große Möglichkeit, Grundrechte außer Kraft zu setzen. Gummiparagraphen können, kommen sie zur Anwendung – und aus welchem anderen Grund mögen sie ansonsten aufgenommen worden sein –, die ursprünglich verbrieften Grundrechte bedrohen. Dennoch, in toto ist die Meinungs(äußerungs)-freiheit in Deutschland grundgesetzlich festgelegt und garantiert. Nur sagt die bloße Proklamation der Meinungs(äußerungs)freiheit recht wenig über den tatsächlichen, den wirklichen Freiheitsstandard aus. Wir wenden uns nun unserem Hauptanliegen zu und wollen ergründen, inwieweit Meinungsfreiheit und Meinungsäußerungsfreiheit auch in die Praxis umgesetzt werden bzw. werden können.

Zur praktischen Umsetzung der Meinungsfreiheit in Deutschland seit 1945

Nach der deutschen Kapitulation im Mai 1945 übernahmen die Alliierten die »Herrschaft über ein in vier Besatzungszonen aufgeteiltes Rumpfdeutschland«[96], dessen Grundzüge in der Direktive JCS 1067 vom April 1945 festgelegt waren. Hier hieß es u. a., daß Deutschland nicht als »befreiter«, sondern als »besiegter Feindstaat« zu behandeln sei. Und so wußten die Siegermächte im Namen der Demokratie zunächst mit Maßnahmen aufzuwarten, die den Praktiken der mittelalterlichen Zensur nicht unähnlich waren. Und sie gingen, wer will ihnen das verdenken, rasch ans Werk. Unter dem Oberbegriff der Heilslehre von »Entnazifizierung« und »Umerziehung« setzten sie eine imposante »Kontrollmaschinerie in Bewegung«[97], die die Deutschen belehren, bekehren und möglichst für immer verändern sollte.

Von jetzt an wird alles besser

Die »Bücherverbrennungen« gingen deshalb zunächst einmal weiter. Allein im ersten Besatzungsjahr wurden rund 33.600 Buchtitel verboten und vernichtet. Dieter Breuer hebt hervor, daß die deutschen Medien der totalen Zensur der Alliierten unterlagen und daß »dies auch als eine Fortsetzung der bisherigen totalen Zensur mit ausgewechselten Richtwerten verstanden werden«[98] konnte. Der Alliierte Kontrollrat verfügte umfassende Zensurverordnungen, worunter anfangs vor allem fielen: ein generelles Verbot der Herstellung und Verbreitung von Druckschriften sowie ein Einfuhrverbot von ausländischen Druckerzeugnissen, die den alliierten Vorstellungen einer neuen Welt nicht entsprachen; die Aussonderung und Vernichtung aller militärischen, rassistischen und nationalsozialistischen Literatur in Bibliotheken; das Verbot jeder Publikation, die einer der Besatzungsmächte unliebsam erschien; und schließlich die Lizenzvergabe lediglich an ausgesuchte Publizisten und Verleger.

> »Verleger oder Buchhändler erhielten eine Lizenz nur dann, wenn sie nachweislich unverdächtig, entnazifiziert und für die Demokratisierung engagiert erschienen. War eine Publikation von den Zensurbehörden genehmigt, wurde dem Verlag Papier zugeteilt.«[99]

Kurt Ziesel macht darauf aufmerksam, daß 1945 das von den Nationalsozialisten geschaffene Schriftleitergesetz sofort außer Kraft gesetzt wurde, trotz der hier im übrigen erstmals in der deutschen Pressegeschichte vermerkten Formel der »öffentlichen Aufgabe«, die in der Bundesrepublik Deutschland sehr wohl übernommen wurde. Anstelle dessen wurden in den Ländern eigene Pressegesetze bzw. Ergänzungen zum alten Reichspressegesetz von 1874 (wieder)eingeführt, was dazu führte, daß beispielsweise in Bayern andere presserechtliche Grundsätze gelten als in Hessen und dort wieder andere als in Hamburg oder in Berlin. Diese Praxis gleicht, so Ziesel, einer föderalistischen Clownerie,

> »deren Lächerlichkeit man angesichts der überregional verbreiteten und wirkenden auflagenstarken, großen Tageszeitungen, Illustrierten und sonstigen Massenblätter nicht näher erläutern muß. Das zwingt den Bürger,

der sich an Hand der Pressegesetze gegen Falschmeldungen, Verleumdungen und Beleidigungen der Presse wehren will, dazu, sich entweder einem juristischen Spezialstudium zu widmen oder einen eigenen Presseanwalt zu beschäftigen bzw. je nach Zuständigkeit in jedem Bundesland einen anderen.«[100]

Mit oligarchischen Mitteln zur freiheitlichen Demokratie?

Bereits 1945 gründeten sich die Lizenzparteien CDU, SPD, KPD und FDP. Als erstes Medium überhaupt wurde am 1. August 1945 die von hauptsächlich kommunistischen Redakteuren beherrschte FRANKFURTER RUNDSCHAU als Lizenzzeitung zugelassen. Ihr folgten u. a. die lizenzierten Blätter SÜDDEUTSCHE ZEITUNG im Oktober 1945, im Februar 1946 DIE ZEIT, im April DIE WELT, im Januar 1947 DER SPIEGEL und im August 1948 DER STERN.

Ferner stellte das Gesetz Nr. 5 der Alliierten Hohen Kommission vom 23.9.1949 über die Presse, den Rundfunk, die Berichterstattung und die Unterhaltungsstätten die Schädigung des Ansehens der Alliierten und die Gefährdung ihrer Sicherheit durch Publikation unter Strafe. Das Gesetz schrieb die Ablieferung eines Pflichtexemplars jeder Publikation vor und gab jedem zuständigen deutschen oder alliierten Beamten das Recht zur Beschlagnahme verdächtiger Publikationen.

Den Anfang, publizistisch tätig zu werden, versuchte ein ehemaliger Widerständler, der Schriftsteller Günther Weisenborn. Dieser erhielt 1946 eine Lizenz zur Herausgabe der satirischen Zeitschrift ULENSPIEGEL, die nach wenigen Ausgaben jedoch wegen Unstimmigkeiten mit den amerikanischen Gönnern wieder eingestellt werden mußte. Einen zweiten publizistischen Anlauf wagten die ehemaligen KPD-Mitglieder Alfred Andersch und Hans Werner Richter mit ihrer Zeitschrift DER RUF, in der sie sich allerdings nicht zur deutschen Kollektivschuld bekannten, den Maßnahmen der alliierten Militärregierung kritisch gegenüberstanden und sich sowohl von der politischen Linie der Westalliierten als auch vom orthodoxen Marxismus abgrenzten. Die Besatzungsmächte verboten daraufhin nach wenigen Monaten im April 1947 das Erscheinen der Zeitschrift, und Andersch und Richter verloren ihre Lizenz. Als direkte Reaktion auf das Verbot gründeten sie daraufhin die literarische »Gruppe 47«.

Wie bereits diese beiden ersten Beispiele belegen, entspricht es sicherlich der Wahrheit, festzustellen, daß die Deutschen »mit undemokratischen Mitteln zur Demokratie umerzogen werden«[101] sollten. Tatsächlich bedienten sich die Siegermächte innerhalb ihrer Kultur-, Wirtschafts- und Sozialpolitik sowie beim Umgang mit dem Völkerrecht autoritärer Mittel, um die Besiegten zu Demokraten zu erziehen. Wir dürfen zumindest in diesem Stadium, in dem sich Deutschland damals kulturell befand, wertfrei von dem Aufbau lizenzabhängiger und damit alliiertenhöriger Medienträger sprechen. Die Lizenzpresse, die neben dem Lizenzfunk die einzige Möglichkeit zum Informations- und Kulturaustausch und somit der einzig mögliche Weg, sich eine politische Meinung zu bilden, war abhängig vom Wohlwollen der Besatzungsmächte. Geschrieben und gedruckt wurde nur das, was den Alliierten nach eindringlicher Überprüfung genehm war, d. h. mit anderen Worten, daß die demokratische Presse nicht durch journalistisches Können und meinungsbildende Vielfalt gekennzeichnet war, sondern durch einseitige, ausgesuchte Exzerpte *einer* Wahrheit.

Die fünfziger und sechziger Jahre

Wenn der Tag kommt, an dem die Frage auftaucht: Deutschland oder die Verfassung, dann werden wir Sozialdemokraten Deutschland nicht wegen der Verfassung zugrunde gehen lassen.

(Friedrich Ebert)

Das erste Jahrzehnt in der Geschichte des westdeutschen Teilstaates war u. a. von einer ausgesprochen reservierten Haltung gegenüber kommunistischen Staaten gekennzeichnet. Diese ängstlich zurückhaltende bis schroff ablehnende Einstellung schlug sich sowohl politisch als auch kulturell nieder. Es überrascht unter diesem Gesichtspunkt nicht, daß bereits in diesem frühen Stadium des neuen Staates das Konzept der »wehrhaften Demokratie« zuschlagen sollte. Andererseits räumt besonders im Lüth-Urteil das Bundesverfassungsgericht dem Individuum sehr weitreichende Freiheiten ein, die sich just auf ein wehrhaft-demokratisches Verständnis und das Fundament, auf dem die Bundesrepublik Deutschland aufgebaut wurde, zurückführen lassen.

Das zweite Jahrzehnt war primär von dem zumindest bis zu diesem Zeitpunkt größten innenpolitischen Skandal der jungen Republik gekennzeichnet. Dieser war augenscheinlich ein innenpolitisch-juristischer, tatsächlich aber ging er jedoch als Kampf für die Meinungsfreiheit in die Geschichte ein. In der Tat sind die SPIEGEL-Affäre und die Notstandsgesetzgebung für die weitere Beurteilung der Entwicklung von Meinungsfreiheit in Deutschland von größter Bedeutung.

Die »Bundesprüfstelle für jugendgefährdende Schriften«

Die Bundesprüfstelle für jugendgefährdende Schriften (BPjS) wurde bereits 1954 gegründet und untersteht heute dem Bundesministerium für Familie, Senioren, Frauen und Jugend. Die BPjS kann nur auf Antrag tätig werden, allerdings gibt es eifrige Antragsteller mehr als genug. In den fünfziger und sechziger Jahren erhielt das BPjS durch sich dazu berufen fühlende Zulieferer, wie z. B. den geistlichen »Volkswartbund«, eine bischöfliche Arbeitsstelle für Fragen der Volkssittlichkeit, eine Unzahl diffamierender Hinweise auf vermeintlich »jugendgefährdende Schriften«. Neben den Bundes- und Länderministerien sind seit 1978 auch sämtliche Jugendämter antragsberechtigt. Damit stieg die Zahl der berechtigten Antragsteller auf rund 500, nach der deutschen Teilvereinigung, der Vereinigung der Deutschen Demokratischen Republik mit der Bundesrepublik Deutschland, wurde die Zahl sogar auf ca. 800 aufgestockt. Geht ein Antrag zur Prüfung eines etwaigen »jugendgefährdenden« Mediums bei der BPjS ein, entscheidet in der Regel ein sogenanntes Zwölfergremium über die Zukunft des jeweils vorgelegten Objekts. Der Prüfungsbereich ist keineswegs nur auf Bücher, Flugblätter und Zeitschriften begrenzt, sondern erstreckt sich auf Schallplatten, Schallplattenhüllen, Compactdiscs, Computerspiele, Videofilme bis hin zu Spielen aller Art, inklusive Brettspielen. Das Gremium, manche Kritiker können sich dem Vergleich mit zwölf bekehrenden Aposteln nicht entziehen, setzt sich aus dem Vorsitzenden (augenblicklich eine Dame), drei Länderbeisitzern, die von den Länderregierungen ernannt werden, und acht Gruppenbeisitzern, die aus den Bereichen Kunst, Literatur, Buchhandel, Verleger, Träger der freien Jugendhilfe, Träger der öffentlichen Jugendhilfe, Lehrerschaft und natürlich den Kirchen berufen werden. Entscheiden sich die Moralhirten für eine Indizierung eines Mediums, wird diese Entscheidung im Bundesanzeiger bekanntgemacht, der vom Bundesjustizministerium herausgegeben wird.

Es ist hervorzuheben und ganz besonders deutlich zu machen, daß von der BPjS indizierte Bücher und Schriften Medien sind, für die nicht mehr geworben werden darf. Sie dürfen auch nicht mehr öffentlich verkauft werden. Selbst die bloße Nennung des Titels eines indizierten Werks ist verboten. Die Verkaufsmöglichkeiten sind somit überaus bescheiden. Indizierte Schriften sind faktisch nur unter dem Ladentisch zu erhalten – und damit auch für Erwachsene praktisch nicht mehr zugänglich. Trotz dieser faktischen Vernichtung des entsprechenden Mediums besteht die BPjS darauf, zu behaupten, daß es sich bei einer Indizierung keinesfalls um Zensur handele, da die Indizierung nicht das generelle Verbot eines Mediums zur Folge habe. Woraufhin sie neunmalklug und heuchlerisch hervorhebt, daß eine Indizierung als Beschränkung aufzufassen sei, denn »Erwachsene sollen und müssen weiterhin die Möglichkeit erhalten, indizierte Medien zu beziehen«.[102] Dieser Suggerierung widersprechend, gab das Bundesverwaltungsgericht bereits 1967 zu:

> »Die Indizierung einer jugendgefährdenden Schrift kommt [...] fast ihrem Verbot gleich. Sie bedeutet einen schweren Eingriff in die Rechte des Verfassers und Verlegers. Darüber hinaus stellt sie eine empfindliche Beschränkung des Informationsrechtes der Erwachsenen dar.«

Die BPjS täuscht Rechtschaffenheit vor. In einer von ihr herausgegebenen Broschüre heißt es:

> »Stellen jedoch die Verwaltungsgerichte in einer rechtskräftigen Entscheidung fest, daß die Indizierung zu Unrecht erfolgt ist, ist die BPjS von Amts wegen verpflich-

tet, das Medium aus der Liste zu streichen und dies im Bundesanzeiger bekanntzumachen.«[103]

Tatsächlich sind mit der Indizierung neben den bereits oben genannten Folgen auch die Stigmatisierung und Rufschädigung des Autors und zu guter Letzt auch die Verdopplung der Mehrwertsteuer verbunden. Faktoren, die von der BPjS geflissentlich verschwiegen werden.

Die BPjS steht seit einigen Jahren verstärkt im Feuer der Kritik. Hauptangriffspunkt sind die von ihr gefaßten, oft nicht nachzuvollziehenden Indizierungs- und Verbotsbeschlüsse. DIE ZEIT berichtet über diese deutsche Zensurbehörde, sie verstünde es, »mit traumwandlerischer Sicherheit immer wieder ein Buch auf den Index zu setzen, das andere, Literaturwissenschaftler beispielsweise, rücksichtslos zum Kunstwerk erklärt haben«.[104]

Eine der BPjS nahestehende Organisation ist die »Freiwillige Selbstkontrolle des Films« (FSK). Diese prüft in ihren Ausschüssen alle deutschen und ausländischen Ton- und Stummfilme, die im deutschen Staatsgebiet gezeigt werden sollen. Eine Ausnahme bilden lediglich diejenigen, die ausschließlich für wissenschaftliche und Unterrichtszwecke bestimmt sind, wobei es klar sein dürfte, wer dies festlegt. Die FSK entscheidet, ob der geprüfte Film zur Vorführung freigegeben oder nicht freigegeben wird oder ob Schnitte bzw. Veränderungen vorzunehmen sind. Ebenfalls wird über die Jugendfreigabe entschieden. Die Bindung an die Entscheidung der FSK ist u. a. durch vertragliche Verpflichtung der Antragsteller gesichert. »Die Praxis sieht so aus, daß kein ›Außenseiter‹ einen von der FSK nicht geprüften Film verleihen oder aufführen könnte, ohne wirtschaftliche Sanktionen erwarten zu müssen, die seine Existenz bedrohen.«[105] In der Vergangenheit wurde, beispielsweise durch Johannes Noltenius, eine derartige Praxis als Akt der Vorzensur verurteilt. Zu diesem Vorwurf kommt erschwerend hinzu, daß eine sogenannte Prädikatverleihung, die durch die Filmbewertungsstelle Wiesbaden ausgesprochen wird, überaus fragwürdig ist, da nur für Filme, die mit einem Prädikat (»wertvoll« oder gar »besonders wertvoll«) ausgezeichnet worden sind, die für sie zu entrichtende Vergnügungssteuer ermäßigt wird. Es liegt auf der Hand, daß eine Benachteiligung der »prädikatlosen« Filme die Folge ist. Damit aber beeinflussen subjektive Bewertungsmaßstäbe die wirtschaftlichen Chancen eines Films, und das Prinzip der Chancengleichheit ist damit verletzt.

Es ist niemals »das Volk« oder »die Öffentlichkeit«, die Anstoß an einer Schrift nehmen und diese anzeigen. Diesen allzuoft denunzierenden Teil übernehmen immer Individuen oder Gruppen, die sich als Sittenwächter berufen fühlen, oder Institutionen, die vorgeben, von dem edlen Motiv getrieben zu sein, das Interesse der Jugend zu schützen. Es ist also nicht die Mehrzahl mündiger Bürger, sondern ein selbsternannter Vormund, der über Sittlichkeit oder die sozialethische Gefährdung der Jugend entscheidet. Man muß nicht erst in einen Bahnhofskiosk in Deutschland gehen, um festzustellen, wie strikt beispielsweise gegen Pornographie in Wirklichkeit vorgegangen wird. Die Unterbindung pornographischer Schriften dient lediglich der Rechtfertigung für die Aufrechterhaltung des inquisitorischen Zensurapparates, genannt Bundesprüfstelle für jugendgefährdende Schriften. In Wahrheit geht es darum, unliebsame Meinungen in Wort, Schrift und Bild zu unterbinden, die der Lehrmeinung und damit dem Interesse der Macher in Politik und Kultur in Deutschland widersprechen, und zwar derart, daß diese sich in ihrer Grundlage gefährdet sehen. Es handelt sich somit nicht um wirklich jugendgefährdende Schriften, sondern vielmehr um das Meinungskartell und gewisse politische und wirtschaftliche Interessengruppen gefährdende Schriften.

Angesichts der skandalösen Praktiken, die sich die Bundesprüfstelle bislang geleistet hat und bis zum heutigen Tage immer noch leistet, ist der Kommentar im BÖRSENBLATT DES DEUTSCHEN BUCHHANDELS vom 6.8.1996 nur zu unterschreiben:

> »Es war eine der Perfektionen der untergegangenen DDR, qua Zensur alles Mißliebige aus der Öffentlichkeit zu verbannen. Ein Gutteil dieser ostdeutschen Anmaßung, gepaart mit oft beklagter Inkompetenz und der ewig heuchlerischen Bemühung, die Gesellschaft zu schützen, hat sich in die BPS (Bundesprüfstelle für jugendgefährdende Schriften) geflüchtet, die sich nach dem Grundsatz richtet: Was nicht sein darf, das nicht sein kann.«

Erfolgt die Indizierung nach Kalkül?

Die Frage, wie sie von Birgit Danker und Lothar Zechlin bereits Ende der achtziger Jahre gestellt wurde[106], ist, ob die Indizierungspraxis der BPjS Kinder und Jugendliche wirklich schützt oder ob einzelne Entscheidungen nicht eher mit dem Etikett »Jugendschutz« verschleierte Eingriffe in die Kunst- und Meinungsfreiheit bedeuten. Überhaupt: Wann ist durch wen eine Jugendgefährdung nachgewiesen und nicht nur unterstellt worden? Wann ist jemals belegt worden, daß ein Kind oder ein Jugendlicher durch ein spezifisches Buch sozialethisch desorientiert wurde oder sich aufgrund der entsprechenden Lektüre deviant verhalten habe? Die BPjS macht es sich jedenfalls zu leicht, über einen Kamm scherend zu behaupten: »Verfassungsfeindliche Schriften sind sozialethisch desorientierend, d. h. also rechtsradikale Schriften ebenso wie betont neonazistische.«[107]

In § 1 Abs. 2 des Gesetzes für jugendgefährdende Schriften (GjS) heißt es, daß eine Schrift nicht allein wegen eines politischen, sozialen, religiösen oder weltanschaulichen Inhalts in die Liste aufgenommen werden dürfe. Im gleichen Tenor zitiert die NEUE WESTFÄLISCHE am 23. Juni 1979 den Leiter der Bundesprüfstelle, Rudolf Stefen: »Aus politischen Gründen darf nicht indiziert werden.« Leider macht er die löbliche Aussage dieses Gebotes bereits im nächsten Satz wieder zunichte. Stefen fährt nämlich fort, daß der Gesetzgeber bei NS-Material sehr wohl eine Ausnahme mache. Ferner decke sich die Zahl der Anträge gegen »rechts« weitgehend mit der Zahl der Indizierungen.[108] Es ist nur allzu deutlich, daß wieder einmal Idee und Wirklichkeit weit auseinanderklaffen. Nicht nur der Gesetzgeber, auch die BPjS weiß, was »jugendgefährdend« wirklich bedeutet; denn selbst wenn sich eine Jugendgefährdung lediglich aus den politischen Aussagen eines Mediums ergebe, dürfe »vor allem neonazistische Propaganda« trotzdem indiziert werden.

Wie ist eine derartig einseitige Einschränkung möglich? Aufgrund des Engagements Herbert Wehners, der – Ende 1977 von einer Polenreise zurückgekehrt – die Regierung im Parlament fragte, was sie denn gegen die »faschistische Propaganda« zu unternehmen gedenke, kam der antifaschistische Stein ins Rollen. Damit soll nicht ausgedrückt werden, »Rechtsradikale« in Deutschland hätten sich bis zu diesem Zeitpunkt auf Narrenfreiheit berufen können. Aber in einem gewissen Rahmen wurde ihnen de jure Meinungs(äußerungs)freiheit gewährt. Flugs besann sich Familienministerin Antje Huber darauf, daß es da seit Jahren einen wahren Dschungel von Dokumentationen, Schriften, Schallplatten, Werbematerial und Bildbänden über das Dritte Reich gab, den man mit der Zensuraxt etwas sichten sollte. Auch Eckhard Jesse bestätigt, daß die Zeit Ende der siebziger Jahre für die Arbeitsweise der Bundesprüfstelle »als ein ›turning point‹ gelten« kann, da seither ein »entschieden schärferes Vorgehen gegenüber rechtsextremistischer Literatur festzustellen«[109] sei. Dies gehe auf die oben genannte Initiative Herbert Wehners zurück, was von Rudolf Stefen ausdrücklich bestätigt wurde. Die Antwort auf die überaus heikle Frage des CSU-Abgeordneten Lorenz Niegel, ob denn künftig auch kommunistisches Propagandamaterial indiziert werden würde, war bezeichnenderweise ausweichend und nichtssagend.[110] Wie wir heute wissen, richtet sich die in Deutschland praktizierte Indizierung fast ausschließlich gegen sogenannte rechtsextremistische Literatur und andere Formen der Meinungsäußerung dieser politischen Sichtweise.

Bezüglich § 111 StGB (öffentliche Aufforderung zu Straftaten) meinte Peter O. Chotjewitz bereits Ende der siebziger Jahre, daß dieser Paragraph der unbestimmteste und deshalb am vielseitigsten verwendbare Staatsschutz- und Maulkorbparagraph sei, der als Mittel diene, oppositionelle Redner und Schreiber strafrechtlich zu bekämpfen. Er sei ein Selbstbedienungsladen für Kriminalbeamte, Staatsanwälte und Richter gemäß dem Motto:

> »Du bist mir sympathisch, deshalb werte ich Deine Äußerung nur als Aufforderung zu einer geringfügigen Straftat; Dich mag ich nicht, außerdem stehen gerade Wahlen bevor oder die Arbeitslosenquote ist schon wieder gestiegen, deshalb werte ich Deine Äußerung als Aufforderung zu Mord, Entführung und Bankraub.«[111]

Heute freilich werden unliebsame Äußerungen primär als Aufruf zur Volksverhetzung gewertet und wie Kapitalverbrechen geahndet.

Die Verwirkung von Grundrechten im politischen Meinungskampf richtet sich gegen Personen, die Grundrechte zum Kampf gegen die freiheitlich-demokratische Grundordnung verwenden und damit verfassungswidrig handeln. Dazu hat das BVerfG bereits im KPD-Urteil entschieden, daß eine Partei nicht schon dann verfassungswidrig sei, wenn sie die

»obersten Prinzipien einer freiheitlichen demokratischen Grundordnung nicht anerkennt, sie ablehnt, ihnen andere entgegensetzt. Es muß vielmehr eine aktiv kämpferische, aggressive Haltung gegenüber der bestehenden Ordnung hinzukommen; sie muß planvoll das Funktionieren dieser Ordnung beeinträchtigen, im weiteren Verlauf diese Ordnung selbst beseitigen wollen.«[112]

Mit anderen Worten hat das höchste deutsche Gericht entschieden, daß derjenige seine Grundrechte, wie z. B. das auf Meinungsäußerung, verwirkt, der auf das Sein des Staates zielt. Wie wir noch sehen werden, trifft dieses Gesetz offensichtlich speziell für Faschos zu, nicht aber für Anarchisten und Kommunisten, die nachweislich das bestehende Herrschaftssystem verändern wollen.

Wie dem auch sei, derweil führt uns der STERN den nackerten, mit rotem Handtuch dezent bedeckten, »gut betuchte[n]« PDS-Abgeordneten Uwe-Jens Rössel vor. »Kleider machen Leute«, weiß die Illustrierte originell festzustellen, um sogleich pfiffig einzulenken: »Manchmal machen keine Kleider auch Leute.« Köstlich! Und schon wird der sensationsgeile Leser, dem es nicht anders gehört, vom STERN mit gewichtiger Information abgefüllt:

»Nachdem der PDS-Abgeordnete Uwe-Jens Rössel im STERN sein Coming-out als Sauna-Freund hatte, konnte er sich vor Autogrammwünschen kaum noch retten. Rössels (halb)nackte Tatsachen machten etliche Damen aus Bonner Bundesbehörden derart schwach, daß sie ihn zum gemeinsamen Schwitzen einluden. Als Kavalier alter FDJ-Schule nennt Rössel ›selbstverständlich keine Namen‹.«[113]

Wie diskret. Wann ist uns eigentlich das letztemal ein derart zuvorkommender Traum von Schwiegersohn aus alter HJ-Schule so verführerisch präsentiert worden?

Deutsche Jugend wird trivial geweckt

In den fünfziger Jahren prüfte ein sogenannter Interministerieller Ausschuß für Ost-West-Filmfragen jeden Film, der aus der DDR in westdeutschen Kinos aufgeführt werden sollte. Ein prominentes Opfer dieser Art der Zensur wurde beispielsweise Wolfgang Staudtes Film DER UNTERTAN nach dem gleichnamigen Roman von Heinrich Mann. Die Journalistin Heike Becker betont, daß die Arbeit dieses Ausschusses jeglicher gesetzlicher Grundlage entbehrte. Der Ausschuß, wenige Jahre nach Inkrafttreten des Grundgesetzes etabliert, übte langjährig eine illegale Vorzensur aus.[114]

Neben politischen Parteien und Organisationen wurde während der Fünfziger und Sechziger auch eine ganze Reihe literarischer Werke zensiert, indiziert und verboten, so beispielsweise 1956 der Roman QUERELLE von Jean Genet oder 1960 der Roman STADT OHNE GNADE von Erich Kern. Im gleichen Jahr wurde den bayerischen Fernsehzuschauern Aristophanes' LYSISTRATA mit der Begründung, die Verfechter einer Atomrüstung würden unfair karikiert, vorenthalten. Weitere Beispiele für Zensurmaßnahmen waren 1961 die Novelle KATZ UND MAUS von Günter Grass oder zwei Seiten und drei Karikaturen in der ersten Ausgabe der 1962 erschienenen satirischen Zeitschrift PARDON, die überklebt werden mußten, oder 1962 Henry Millers WENDEKREIS DES KREBSES – erschienen im Rowohlt Verlag –, der kurz vor Auslieferung verboten wurde.

Ebenso 1963 der Roman MEPHISTO von Klaus Mann, der, 1936 in Amsterdam erschienen, 1956 in Berlin (Ost) neu aufgelegt worden war. 1966 verbot das Oberlandesgericht Hamburg die Publikation; dieses Urteil wurde 1968 vom Bundesgerichtshof bestätigt und die Verfassungsbeschwerde seitens des Verlags beim Bundesverfassungsgericht 1971 abgewiesen. Trotz des formal bestehenden Verbots veröffentlichte der Rowohlt Verlag 1981 das Buch, diesmal ohne hierfür bestraft zu werden.

1965 wurde von der Programmdirektion des Hessischen Rundfunks der Beitrag WIE ABHÄNGIG IST DER ARBEITNEHMER? von Wolfgang Abendroth kurz vor dem Sendetermin am 5. September abgesetzt und erst nach der Bundestagswahl am 24. Oktober gesendet. Ebenfalls 1965 nahm der Hamburger »Evangelische Arbeitskreis für Jugendschutz« Anstoß an dem Buch ZWISCHEN DEUTSCHLAND UND ARGENTINIEN von Hans-Ulrich Rudel, dem einzigen Träger der höchsten deutschen Tapferkeitsauszeichnung im Zweiten Weltkrieg. In diesem Buch beschreibt der erfolgreiche Offizier sein Leben und dabei selbstverständlich auch diverse Erlebnisse, die er im Krieg hatte. Eingehend schildert er seine Kämpfe an der Front. Paradoxerweise entschied eine deutsche richterliche Instanz, das nordrhein-westfälische Oberverwaltungsgericht, Jahre zuvor, am 27.11.1962, die Indizierung des Kriegsromans SIE FIELEN VOM HIMMEL des Trivialliteraten Heinz G. Konsalik aufzuheben mit der pikanten Begründung: »An der Weckung der Verteidigungsbereitschaft der deutschen Jugend bestehe ein lebenswichtiges Interesse des Staates.«[115] Sollte man meinen, daß unter solchen Umständen die Bücher des legendären Duce-Befreiers Otto Skorzerny, LEBE GEFÄHRLICH und WIR KÄMPFTEN – WIR VERLOREN, erst recht dem Zweck der Wehrbereitschaft dienten. Von wegen! Diese wurden, wie die Hans-Ulrich Rudels, als »jugendgefährdend« eingestuft und kurzerhand verboten, was beispielsweise Israel allerdings nicht davon abhalten konnte, diese an der Offiziersschule als Pflichtlektüre vorzuschreiben.

Das Lüth-Urteil

Das Recht auf freie Meinungsäußerung ist in der Bundesrepublik Deutschland ein fundamentales Grundrecht. Das Bundesverfassungsgericht sollte im Lüth-Urteil 1958 die elementare Bedeutung des Rechts auf freie Meinungsäußerung für den Prozeß der Menschenbildung und -werdung explizit hervorheben.

1950 hatte der Sozialdemokrat Erich Lüth deutsche Kinobesitzer und die Öffentlichkeit aufgefordert, einen unter der Regie von Veit Harlan gedrehten Film nicht zu zeigen bzw. nicht zu besuchen. Harlan war während des Dritten Reichs Drehbuchverfasser, Regisseur und einer der Darsteller des Films »Jud Süß« gewesen. Gegen den wirtschaftsschädigenden Aufruf erwirkten Produzent und Verleiher einstweilige Verfügungen sowie ein Endurteil, nach dem dem Beklagten verboten wurde, den Aufruf zu wiederholen. Zur Begründung führte das Landgericht aus, es handele sich um eine sittenwidrige Aufforderung zum Boykott, zumal Harlan aufgrund der Entscheidung des Entnazifizierungsverfahrens in der Ausübung seines Berufes keinen Beschränkungen unterliege. Dieses Urteil griff Lüth mit Verfassungsbeschwerde an. Das Bundesverfassungsgericht gab der Beschwerde statt und entschied:

> »Das Grundrecht auf freie Meinungsäußerung ist als unmittelbarster Ausdruck der menschlichen Persönlichkeit in der Gesellschaft eines der vornehmsten Menschenrechte überhaupt (un des droits les plus précieux de l'homme nach Artikel 11 der Erklärung der Menschen- und Bürgerrechte von 1789). Für eine freiheitlich-demokratische Staatsordnung ist es schlechthin konstituierend, denn es ermöglicht erst die ständige geistige Auseinandersetzung, den Kampf der Meinungen, der ihr Lebenselement ist (BVerfGE 5, 85 (205)). Es ist in gewissem Sinn die Grundlage jeder Freiheit überhaupt, ›the matrix, the indispensable condition of nearly every other form of freedom‹ (Cardozo).«[116]

Gode Hartmann zufolge liegt dem Lüth-Urteil das ethisch-moralische Anliegen des Beschwerdeführers zugrunde, die

Aussöhnung zwischen Israel und Deutschland zu fördern, die nationalsozialistische Weltanschauung zu bekämpfen, gegenüber Juden begangenes Unrecht wiedergutzumachen und ein positives Deutschland in der Welt herzustellen. Diese Motive wurden von den Richtern als erachtenswert eingeschätzt und wurden zum tragenden Moment der Entscheidung des Gerichts.[117] Diese Beweggründe sollten bis in die Tage unserer Zeit bestimmend für die deutsche Nachkriegspolitik bleiben.

Ein Aufruf zum Boykott ist also dann eine legitime Meinungsäußerung, wenn ihm die Sorge um politische, wirtschaftliche, soziale oder kulturelle Belange der Allgemeinheit zugrunde liegt.[118] Die Frage, die sich hieraus zwangsläufig ergibt, ist, ob dieses Urteil generalisiert werden kann und auch dann gilt, wenn deutsche Interessen vertreten werden, z. B. durch deutsche Bauern, die zum Boykott gegen den Import von französischen Tomaten und italienischem Wein aufrufen. Der weitere Verlauf der Entwicklung der praktizierten Meinungsäußerungsfreiheit verneint dies. Vielmehr wurde mit dieser Rechtsprechung die Einleitung vieler Spezialgesetze eingeläutet.

Verbot der SRP

Die Sozialistische Reichspartei, die in den Jahren 1950 bis 1952 bisweilen beträchtliche Stimmengewinne erzielen konnte, wie z. B. bei der niedersächsischen Landtagswahl 1951 mit knapp 11 % oder 8 % der Abgeordnetensitze der Bremer Bürgerschaft, wurde 1952 verboten. Antragstellerin war keine Geringere als die Bundesregierung mit der Begründung, bei der SRP handele es sich um eine Nachfolgepartei der NSDAP, die das Kabinett von Karl Dönitz als Deutschlands legale Regierung betrachte und somit verfassungswidrig sei. Das BVerfG stimmte dem Antrag zu, obgleich die Gründer der Partei, nach eigenen Angaben, entweder keine NSDAP-Mitglieder aufgenommen hatten oder aber Individuen aufgrund nationalsozialistischer Gebärden aus der Partei verstoßen worden waren – als ob in etablierten Parteien keine ehemaligen Parteigenossen und Nationalsozialisten die Karriereleiter erklommen hätten! Jedenfalls »[t]he party's seats in Federal and State diets lapsed. The funds of the party were confiscated and put to socially useful purposes.«[119]

Unter anderem macht Gode Hartmann darauf aufmerksam, daß sich in dem SRP-Urteil ein Satz findet, der dem politischen Basiskonsens eines freiheitlichen Staatswesens, dem offenen Meinungsaustausch, entgegensteht.[120] Tatsächlich heißt es im Urteil des BVerfG, daß es beim SRP-Verbot darum gehe, die von der Partei vertretenen »Ideen selbst aus dem Prozeß der politischen Willensbildung«[121] auszuscheiden. Mit dieser Formulierung ist das Gericht, Hartmann zufolge, und wer möchte ihm da widersprechen, ganz offensichtlich über das, worüber es nach Art. 21 Abs. 2 GG[122] zu urteilen hat, hinausgegangen und in soziale Sphären vorgestoßen, mit denen ein Parteienverbot nichts mehr zu tun hat.[123] Schließlich war das praktische Ergebnis des Urteils, daß diese politische Gruppierung nicht mehr als Partei an der in § 21 Abs. 1 garantierten »politischen Willensbildung des Volkes« mitwirken konnte.

Verbot der KPD

Am 17. August 1956 wurde die Kommunistische Partei Deutschlands (KPD) dem Parteienverbot unterworfen, nachdem ihre Jugendorganisation, die Freie Deutsche Jugend (FDJ), bereits am 16.7.1954 verboten worden war. Die KPD wehrte sich jedoch und argumentierte betont national, daß ein Verbot eine freie und repräsentative Wahl in Gesamtdeutschland zunichte mache, ja die Türen für eine Vereinigung Deutschlands schließen würde.[124] Das

BVerfG verwarf dieses Argument, sich auf Art. 21 GG berufend, mit dem Hinweis, »[t]he agitation for ›reunification‹ with the Democratic People's Republic in East Germany serves the Party's aims: to achieve a common German communist state«.[125] Damit aber ließe sich der revolutionäre Charakter der Partei ermessen, die den Umsturz der Regierung unter Adenauer zum Ziele habe. Interessant ist Frede Castbergs Schlußfolgerung, die wir in deutschen Kommentaren zu dem diesbezüglichen Urteil des BVerfG in dieser Offenheit vergeblich suchen:

> »The verdict on the Communist Party is interesting evidence of the extent to which the Federal Republic of Germany is a ›judicial state‹ (›Justizstaat‹). It has been possible for a court to decide a political problem as central as the question of prohibiting the Communist Party on the basis of judicial investigation of the party's entire ideology and agitatory activity and by means of logical deductions from constitutional provisions and principles of constitutional law.«[126]

Ulrich Klug warf in diesem Zusammenhang die Frage auf, wie es nun um die Rechtslage bestellt sei, wenn politisch engagierte Bürger die Meinung verträten, daß die Entscheidung seitens des BVerfG, eine politische Partei als verfassungswidrig zu erklären, falsch sei, und diese Meinung literarisch äußerten. Tatsächlich durfte der einzelne sagen, daß die KPD nicht für verfassungswidrig hätte erklärt werden dürfen. Als es jedoch zu Unterschriftensammlungen und der Bildung von Solidaritätsgruppierungen kam und entsprechende Publikationen auf dem Markt erschienen, erklärten die Gerichte dieses Engagement für rechtlich bedenklich und unzulässig.

Ein Antrag, die »Verfolgten des Naziregimes« (VVN) als eine Tarnorganisation der KPD zu verbieten, wurde 1959 beim BVerwG gestellt. Das Verfahren wurde jedoch verschleppt, bis es im Sommer 1962 vom Gericht mit Berufung auf Zweifel, ob es mit dem »Sühnegedanken«, der dem Grundgesetz zugrunde liege, vereinbar sei, überhaupt ausgesetzt wurde. Das Verfahren wurde somit auf Eis gelegt, bis es durch das Inkrafttreten des Bundesvereinsgesetzes ohnehin seine rechtliche Grundlage verlor. Weniger Skrupel zeigte man hingegen im selben Zeitraum mit dem Umgang des »Bundes für Gotterkenntnis«, der Ludendorff-Bewegung, die kurzerhand und ohne Gewissensbisse verboten wurde.

Es ist nicht falsch, die Bundesrepublik Deutschland seit dem SRP- und dem KPD-Urteil mit einem Justizstaat zu vergleichen: Das höchste deutsche Gericht entschied auf juristischem Weg rein politische Angelegenheiten und Auseinandersetzungen; wobei man im Grunde einer wirklichen und wünschenswerten Auseinandersetzung im Sinne von Willensbildung aus dem Weg ging und die beiden unliebsamen Parteien einfach verbot. Zu Beginn der neunziger Jahre sollte diese Praxis zur Routine des Staates in Form seiner Justiz und seiner Schutzbehörden werden.

In bezug auf die Parteienverbote der SRP sowie der KPD und 40 Jahre später der FAP und der NL ist festzustellen, daß diese politischen Gruppierungen – Bestandteile der »politischen Willensbildung des Volkes« – weniger wegen der Form ihrer Meinungsäußerung, sondern vielmehr wegen ihres Meinungsinhaltes verboten wurden. Die Unterdrückung bestimmter politischer Ideen aber ist ein Kennzeichen nichtdemokratischer Staatsformen.

Die Spiegel-Affäre

Als das bedeutendste Ereignis staatlicher Intervention auf Kosten praktizierter Meinungs(äußerungs)freiheit in Deutschland gilt, zumindest in den sechziger Jahren, die sogenannte SPIEGEL-Affäre, deren Bedeutung nur unter

Einbeziehung der damaligen politischen Situation zu erfassen ist. Die kulturpolitischen Geschehnisse in Westdeutschland müssen unter dem Gesichtspunkt der herrschenden weltpolitischen Verhältnisse Anfang der sechziger Jahre gesehen werden. Hier gilt es drei wesentliche Einschnitte zu machen: Die Folgen der nach dem zu Ende gegangenen Korea-Krieg einsetzenden Kommunistenhatz, Stichwort Joseph McCarthy, waren noch in vollem Gange. Im August 1961 wurde es deutlich, daß Walter Ulbricht entgegen bisherigen Beschönigungen doch die Absicht hatte, in Deutschland einen »Schutzwall«, und zwar einen antifaschistischen, zu errichten.

Am 13. August 1961 ließ der Sekretär des ZK und Mitglied im Politbüro, Erich Honecker, auf Anordnung Ulbrichts in Berlin die Sektorengrenze mit Stacheldraht sperren und eine Mauer errichten. Im November 1962 setzte der US-amerikanische Präsident John F. Kennedy seine Nation davon in Kenntnis, daß die Sowjetunion in bedrohlicher Weise ihren Stützpunkt Kuba mit weittragenden Raketen versehen habe, die in der Lage seien, die Vereinigten Staaten von Amerika unmittelbar zu erreichen. Es war eine Zeit, in der die DDR allgemein SBZ genannt wurde und der linke Rand der SPD als verbotene Grau- bzw. Rotzone betrachtet wurde. Viele Medien meinten, eine akute kommunistische Bedrohung für Westdeutschland zum Hauptpunkt ihrer publizistischen Tätigkeit auswählen zu müssen, die sich in dem Feindbild »Die Russen stehen 50 Kilometer vor Hamburg« niederschlug.

Franz Josef Strauß, zu diesem Zeitpunkt Verteidigungsminister, betrachtete sich als von der Oppositionspresse als »Feind Nummer eins« gebrandmarkt und versuchte, die persönliche Hetzjagd gegen ihn als eine Verschwörung seitens der Kommunisten zu interpretieren. DER SPIEGEL als Oppositionsblatt wiederum schlachtete jeden Fehler des Ministers öffentlich aus, um ihn als Gefahr für die Demokratie hinzustellen. Verteidigungsminister Strauß legte in seiner Amtszeit einen Schwerpunkt seiner Arbeit auf die Ausweitung der atomaren Abschreckung, die allerdings auf Kosten der konventionellen Aus- bzw. Aufrüstung der Bundeswehr ging. Oberst Alfred Martin aus dem Verteidigungsministerium sah sich genötigt, mit Hilfe des SPIEGEL dieses Wirken öffentlich bekanntzumachen. In dem Redakteur Conrad Ahlers, einem Freund von Herbert Wehner, fand er einen willigen Helfer.

Am 10.10.1962 schrieb Ahlers, nachdem er sich mit dem sozialdemokratischen Wehrexperten im Hamburger Senat, Helmut Schmidt, abgesprochen hatte, unter der Überschrift »Bedingt abwehrbereit« einen entsprechenden Artikel. In diesem Aufsatz kritisierte Ahlers die von Strauß verfolgte Strategie der atomaren Verteidigung. Es wurden, auf die herbstliche NATO-Übung »Fallex 62« bezogen, viele militärische Fakten und Einzelheiten zum bisweilen peinlichen Ablauf des Manövers veröffentlicht. General der Reserve Friedrich August Freiherr von der Heydte erstattete daraufhin gegen den SPIEGEL Strafanzeige wegen Landesverrats. Die Angelegenheit genoß höchste Priorität. Amerikanische Dienststellen beschwerten sich bei der Bundesregierung. Einige Tage später wurden Haft- und Durchsuchungsbefehle unterzeichnet und die Redaktion sowie die 117 Räume des SPIEGEL-Verlages am 26.10.1962 von Sicherheitskräften besetzt. Eine redaktionelle Arbeit war nicht mehr möglich. Chefredakteure wurden vorläufig festgenommen, Redakteure verhaftet, Unterlagen beschlagnahmt und Privatwohnungen durchsucht. Der Herausgeber Rudolf Augstein stellte sich am nächsten Tag und wurde u. a. zusammen mit dem Verlagsdirektor Hans Detlev Becker in Untersuchungshaft genommen. Conrad Ahlers und seine Frau wurden, aller Wahrscheinlichkeit nach auf Initiative von Strauß, um fünf Uhr morgens in Spanien verhaftet. Und diese Umstände sollten sich als schicksalsträchtig erweisen.

Ohne den zuständigen Justizminister Stammberger zu

unterrichten, telephonierte Verteidigungsminister Strauß ganz offensichtlich mit dem Militärattaché bei der deutschen Botschaft in Madrid, Achim Oster, der als solcher dem Verteidigungsminister direkt unterstand, und setzte ihn von dem höchstrichterlichen Haftbefehl wegen dringenden Verdachts eines landesverräterischen Verbrechens in Kenntnis. Strauß befahl Oster, daß Ahlers wegen Flucht- und Verdunklungsgefahr umgehend festzunehmen sei, was in der gleichen Nacht auch geschah. Durch diese staatliche Aktion glaubten viele Bürger, »daß es nicht nur um den Spiegel oder um Landesverrat ging, sondern um die Freiheit der Presse in der Bundesrepublik«.[127] Das Meinungskartell in Deutschland tobte und wähnte die Demokratie in Westdeutschland gefährdet. Die ZÜRCHER ZEITUNG berichtete am 29.10.1962 nüchterner als ihre deutschen Kollegen und fand Worte der Kritik:

> »Weite Teile der schreibenden Öffentlichkeit haben schon lange vor einem Gerichtsurteil ihr eigenes Urteil fix und fertig. Es lautet unter Beiseiteschiebung des von der Bundesanwaltschaft erhobenen schwerwiegenden Verdachts: ein Anschlag des Staates gegen die Pressefreiheit, ein Racheakt des Ministers Strauß an einem ihm höchst unbequemen Presseorgan. Die SPIEGEL-Leute, die eine raffinierte Technik entwickelt hatten, sich an den äußersten Grenzen des durch die Pressefreiheit eben noch gedeckten Bereichs zu bewegen, werden als Märtyrer der Pressefreiheit dargestellt, was wie ein Witz anmutet. Die Betroffenen scheinen diese unerwartete und neue Rolle übrigens zu genießen und setzen sich entsprechend in Szene. Der Verleger Augstein, nach der Mode der zornigen jungen Männer zurechtgemacht, ließ sich von einem livrierten Diener mit Köfferchen ins Untersuchungsgefängnis begleiten, und andere Leute aus seinem Team produzieren sich mit ausführlichen Unschuldserklärungen vor Fernsehen und Radio.«[128]

Und noch eine Idee schärfer formulierte die schweizerische Wochenzeitung DIE WELTWOCHE ihre Kritik. Der Stil des SPIEGEL, eine Kopie des amerikanischen Magazins TIME, schließe es im übrigen aus, Augstein mit einem Carl von Ossietzky zu vergleichen. Dieser sei von seiner Sache leidenschaftlich überzeugt und kein neudeutscher Reklameheld gewesen. Ossietzky habe auch über keinen Diener verfügt, der ihm sein Köfferchen ins Gefängnis tragen konnte. »Ging es damals um den Kampf für echte Pressefreiheit«, so verurteilt die Schweizer WELTWOCHE die vom SPIEGEL angeführte Kampagne, »so scheint es heute, soweit man bisher zu urteilen vermag, mehr um das betonte Enthüllungsgeschäft als um die Verteidigung hoher Rechtsgüter zu gehen.«[129] Von derartig herber Kritik am deutschen Meinungskartell erfuhr die deutsche Öffentlichkeit im übrigen nichts. Ähnliche Kritik gab es in allen europäischen Ländern und in Übersee, deren Nennung hier den zur Verfügung stehenden Rahmen sprengen würde. Abschließend sei jedoch noch die Auffassung des US-amerikanischen Kolumnisten F. Fletcher erwähnt:

> »Den SPIEGEL, offensichtlich eine Nachahmung von TIME, im selben Atemzug mit dem amerikanischen Blatt zu nennen, wäre eine tödliche Beleidigung der TIME [...] Auch in den USA haben wir Pressefreiheit, aber unsere Redakteure sind sich stets dessen bewußt, daß mit der Freiheit eine große Verantwortlichkeit verbunden ist [...] Der westdeutsche Blätterwald scheint jedoch von Verantwortungsgefühl keine Ahnung zu haben. Sie wollen nur mit allen Mitteln die Macht der Presse intakt halten [...] Anstatt die Regierung zu unterstützen, vereinigen sie sich zur Verteidigung eines anstößigen, lügenhaften und skrupellosen Wochenblattes.«[130]

Right or wrong, my country? Das kann nun nicht das Motto eines kritischen und informierenden Mediums sein. Und sicherlich sind die obigen Worte dem SPIEGEL gegenüber nicht unbedingt objektiv. Gleich, welche politische Richtung man vertritt, das Magazin hat Begebenheiten enthüllt, die die Bevölkerung interessieren. Und damit ist DER SPIEGEL seinen legitimen Aufgaben als Presseorgan nachgekommen, denn diese Aufgaben bestehen u. a. auch darin, die Bevölkerung über die grundsätzliche Verteidigungskonzeption der Regierung oder die Schlagkraft der Streitkräfte zu unterrichten. DER SPIEGEL hat definitiv eine fragwürdige Verteidigungsbereitschaft Westdeutschlands dargelegt. Inwiefern eine solche Publikation *Landes*verrat ist, mag jeder für sich entscheiden, das höchste deutsche Gericht votierte dagegen. Und nebenbei: Wenn ein Staat es versäumt, sein Land und sein Volk ausreichend zu schützen, kann dieser Staat dann nicht mit derselben Berechtigung des *Volks*verrats beschuldigt werden?

Jedenfalls leugnete Strauß sein eigenmächtiges Handeln viele Wochen lang in den Medien (»Ich habe mit der Sache nichts zu tun.«) bzw. verstrickte sich in diverse Widersprüche bezüglich des Ablaufs der Verhaftung Ahlers', deren Hintergründe erst aufgedeckt wurden, als die Spanier in der Presse die Frage stellten, warum der deutsche Verteidigungsminister seine Teilnahme an dieser Angelegenheit verneine.[131] Wegen dieser Verstrickungen und der Nichtunterrichtung des Justizministers Stammberger wurde Strauß als Persona non grata in der Position eines Ministers als untragbar angesehen und seines Amtes enthoben. Vom öffentlichen Druck und staatlicher Verantwortung frei, bekannte Strauß im Juni 1963 in Israel:

> »Die Frage, die auftrat, war eine neue Umschreibung der Pressefreiheit im Rahmen des Interesses der nationalen Sicherheit. Nicht ein einziges Mal hatte ich mit der ernstzunehmenden deutschen Presse irgendwelche Probleme – nur mit dem SPIEGEL. Sie sind die Gestapo im Deutschland unserer Tage. Sie führen Tausende per-

sönlicher Akten – wenn ich an die Nazi-Vergangenheit von Deutschland denke, fast jeder hat irgend etwas zu vertuschen. Und das ermöglicht Erpressung. Ich war gezwungen, gegen sie zu handeln.«[132]

Das Bundesverfassungsgericht meint im SPIEGEL-Urteil, daß eine freie, keiner Zensur unterworfene Presse ein »Wesenselement des freiheitlichen Staates«[133] sei. Damit definierte das höchste deutsche Gericht, daß die elementarste Aufgabe der Massenmedien darin bestünde, dem Volk die für die individuelle Meinungs- und Wissensbildung erforderlichen Informationen zu vermitteln. Der Staat habe dafür zu sorgen, daß die Funktionsfähigkeit der Medien unbehindert ermöglicht und damit Informationsfreiheit gewährt bleibe.[134]

Die Affäre wurde letztlich politisch bereinigt. Sämtliche Strafanträge wurden zurückgenommen. 1966 kam es zu einer großen Koalition und damit zu einer Neuverteilung der Posten. Strauß wurde Finanzminister, Ahlers Staatssekretär im Presse- und Informationsamt der Bundesregierung, der Rechtsbeistand des SPIEGEL, Helmut Schmidt, Verteidigungsminister (und später Bundeskanzler), Horst Ehmke Staatssekretär im Justizministerium, und Staatsanwalt Siegfried Buback, der die Hamburger Aktion geleitet hatte, wurde zum Generalbundesanwalt befördert. Politik und Justiz waren mit sich wieder im reinen. Wie fein. Auf der Strecke blieb freilich ein Stück Rechtsstaatlichkeit – ein enormer Vertrauensbruch der Politiker bzw. der Sicherheitskräfte des Staates, dessen tragische Folgen Karl Hermann Flach treffend umschrieb:

»Wenn es also morgens in aller Frühe bei uns klingelt, können wir uns nicht weiter mit dem beruhigenden Gefühl strecken, daß es nur der Milchmann oder der Junge mit den Brötchen sein kann; wenn um Mitternacht jemand an unsere Tür schlägt, wissen wir nicht mehr genau, daß es sich schlimmstenfalls um einen Telegrammboten oder einen betrunkenen Weggenossen handeln kann, der sich in der Türe geirrt hat. Wir müssen damit rechnen, daß es die politische Polizei ist, die bei Nacht und Nebel nach Landesverrätern sucht.«[135]

Ein begründetes Unwohlsein, wie sich im weiteren Verlauf der Geschichte der Meinungs(äußerungs)freiheit in Deutschland zeigen sollte.

Notstandsgesetze

Zu den Notstandsgesetzen bedarf es, um das geistige Klima dieser Zeit und die Motivation der herrschenden politischen Klasse richtig einschätzen zu können, eines Vorspanns:

Am 30. August 1987 sagte der CDU-Generalsekretär Heiner Geißler in einem Interview mit dem Deutschlandfunk:

> »Wenn rechts sich irgend etwas entwickeln würde, dann darf man nicht denselben Fehler machen, wie ihn die Sozialdemokraten gemacht haben gegenüber den Grünen, indem man nämlich eine solche Partei aufwertet, indem man bestimmte Themen für richtig und wichtig erklärt. Die CDU hat in den 60er Jahren gegenüber der NPD vorgemacht, wie es richtig gemacht werden muß. Wir haben gegenüber der NPD klar erklärt: Das ist eine Nazipartei, die kann ein anständiger Bürger nicht wählen. Dadurch haben wir sie politisch praktisch auf 0,5 % gebracht. Wenn sich etwas bewegt, dann muß man die Inhalte bekämpfen, dann darf man ihnen nicht nachlaufen.«[136]

Notabene, in den sechziger Jahren hat uns die CDU gezeigt, wie man's richtig machen muß! Hinsichtlich der

Überlegungen in den sechziger Jahren, die damals stark anwachsende und bis auf Landtagsebene vertretene NPD zu verbieten, heißt es bei dem Rechtswissenschaftler Walter Schmitt-Glaeser, daß diese Partei nur von wenigen Persönlichkeiten getragen werde.

> »Unter solchen Umständen wäre es nicht nur unverhältnismäßig, sondern vor allem taktisch unklug, gegen die Organisation als Ganzes vorzugehen. Mit einem Parteiverbot würde man nur die kaum gewonnene Gemeinschaft konservieren und womöglich noch stärken und sie so gestärkt in den ›Untergrund‹ drängen, wodurch die Gefahr für die freiheitliche Demokratie sich eher erhöhen würde.«

Erfolgversprechender sei es da schon, gegen die geistige Elite vorzugehen, denn wenn die »erst einmal politisch ausgeschaltet [ist], so wird sich, bei der spezifischen Zusammensetzung der Mitglieder und Anhänger, auch die Organisation sehr bald auflösen«.[137] Über das Verständnis von der Verwirklichung des demokratischen Grundprinzips der Meinungsvielfalt kann man bei diesen Worten ins Zweifeln kommen. Zumal derselbe Autor meint, »daß die freiheitliche Demokratie nicht den ›ersten Schritt‹ tut, sich vielmehr *defensiv* verhält und lediglich *Angriffe* abwehrt«.[138] Als ob es in einem freiheitlichen Staat darum ginge, die geschickteste Art und Weise auszutüfteln, wie man am effektivsten den politischen Gegner diffamiert und ausschaltet.

Ende der sechziger Jahre waren die Sozialdemokraten angesichts der innenpolitischen Eskalation – NPD in vielen Parlamenten, Studentenunruhen, APO vor der Türe – der Auffassung, daß auch der Notstand gesetzlich geregelt werden müsse. Klaus Schütz, früherer Oberbürgermeister von Berlin und späterer Direktor der Landesanstalt für Rundfunk Nordrhein-Westfalen, meinte auf dem 5. Hearing zur Mediengeschichte am 14. Juni 1990 in

Berlin, daß die Alliierten ihrerseits eine Notstandsregelung getroffen haben würden, hätte die Regierung damals nicht gehandelt – was, ganz nebenbei, auch einiges über die damalige Souveränität der Bundesrepublik Deutschland aussagt. Im Zuge der Notstandsgesetzgebung vom 24.6.1968 wurde dem Grundrecht des Brief-, Post- und Fernmeldegeheimnisses in Art. 10 Abs. 2 Satz 2 GG ein Gesetzesvorbehalt eingefügt, der den Ausschluß des Rechtsweges gegen Beschränkungsmaßnahmen und die Nichtmitteilung derselben an den Betroffenen für zulässig erklärte. Einzelheiten regelte das sogenannte »G 10« vom 13. 8. 1968, welches den drei deutschen Nachrichtendiensten, dem Bundesamt für Verfassungsschutz (BfV), dem Militärischen Abschirmdienst (MAD) sowie dem Bundesnachrichtendienst (BND), gemäß § 1 Abs. 1 G 10 die Befugnis einräumte, »dem Brief-, Post- oder Fernmeldegeheimnis unterliegende Sendungen zu öffnen und einzusehen sowie den Fernschreibverkehr mitzulesen, den Fernmeldeverkehr abzuhören und auf Tonträger aufzunehmen«. Erhard Denninger hebt deutlich die Voraussetzungen für die Zulässigkeit des heimlichen Postmitlesens oder Telephonabhörens hervor. Diese sind, so Denninger, tatsächliche Anhaltspunkte für den Verdacht, daß jemand eine staats- oder verfassungsgefährdende Straftat plant, begeht oder begangen hat. Weiters »muß die Erforschung des Sachverhalts auf andere Weise aussichtslos oder wesentlich erschwert sein«.[139] Es sollte sich im Laufe der Jahre zeigen, daß durch eine derartige Praxis die Vertrauensbasis zwischen Volk und dessen Vertretern nicht gerade gefestigt wurde. Die Notstandsgesetzgebung war lediglich der Beginn einer Flut ausgeklügelter Kontrollgesetze und Überwachungsmaßnahmen.

Die siebziger Jahre

Nie gab es auf deutschem Boden einen besseren Schutz der Freiheitsrechte des Bürgers als heute.

(Richard von Weizsäcker)

Die sich Ende der sechziger Jahre abzeichnenden restriktiven Maßnahmen gegenüber Vertretern von mißliebigen Meinungen wurden im dritten Jahrzehnt der Republik gesetzlich manifestiert und praktisch medienspektakulär in Szene gesetzt und angewandt. Ende der siebziger Jahre sollte sich das »Feindbild« langsam wandeln. Auch hierzu wurden zunächst Gesetzesvorschläge eingebracht, um unliebsame Meinungen zu verbieten bzw. die rechtliche Grundlage zu schaffen, diese strafrechtlich verfolgen zu können.

Radikalenerlaß

Eine erste aus der Notstandsgesetzgebung gezogene Konsequenz war der »Radikalenerlaß« oder Extremistenbeschluß, wie er offiziell hieß. Zunächst stellt sich die Frage, was an dem Begriff »extrem« auszusetzen ist, denn mit dem Rechtsgelehrten und Justizsenator Ulrich Klug fragen wir, warum nicht jemand extrem anständig oder extrem friedlich sein kann. Beim Gesetzgeber und im allgemeinen Sprachgebrauch wird unter Extremismus ein Kriminalitätsphänomen verstanden.[140] Tatsächlich: Der Verfassungsschutz bezeichnet Bestrebungen als »extremistisch«, die gegen die freiheitliche demokratische Grundordnung gerichtet seien. Dies seien auf ein Ziel gerichtete Aktivitäten, die Zielrichtung sei die Beseitigung der freiheitlichen Demokratie. Extremisten seien keine Radikalen mehr. Radikale politische Auffassungen hätten in der pluralistischen deutschen Gesellschaftsordnung ihren legitimen Platz. Wer seine radikalen Zielvorstellungen realisieren will, müsse nicht, so der Verfassungsschutz, befürchten, vom Geheimdienst beobachtet zu werden. Es interessiere den Verfassungsschutz nicht, wenn man beispielsweise »mit Begeisterung kommunistische Literatur« lese oder die Bundesregierung kritisiere.[141] Und wenn diese Kritik von nationalkonservativer oder gar nationalrevolutionärer Seite kommt?

Der Radikalenerlaß wurde am 28.1.1972 von Bundeskanzler Willy Brandt und den Regierungschefs der Länder gefaßt. Dieser Erlaß bezog sich zunächst primär auf diejenigen, die sich um eine Anstellung im öffentlichen Dienst bewerben wollten. Es dauerte nicht lange, da wurde er auch auf diejenigen ausgedehnt, die sich bereits im öffentlichen Dienst befanden. So wurden seit 1972 Arbeiter, Angestellte und Beamte des öffentlichen Dienstes auf ihre Gesinnung überprüft – 23 Jahre nach Inkrafttreten des Grundgesetzes. Und nicht nur das: Unter anderen nahmen private Organisationen, Unternehmen und Kirchen dieses staatliche Gebaren bereitwillig auf.[142] 1975 entschied das BVerfG, daß »der Staat« sich hundertprozentig auf seine Bediensteten verlassen können müsse, da er ansonsten »verloren« sei. Es galt vornehmlich, die Einstellung der potentiellen und aktiven Bediensteten der freiheitlichen demokratischen Grundordnung[143] gegenüber festzustellen. Hierfür konnte der Verfassungsschutz gewonnen werden, dem eben 1972 tiefgehende Rechte eingeräumt wurden. Und überprüft und kontrolliert wurde und wird – wie sonst? – im geheimen. Diejenigen, über die man genügend belastende »Erkenntnisse« gesammelt hatte, wurden angehört. Sie wurden »auf ihre politische Bravheit, formell auf ihre Verfassungstreue«[144] getestet. Und falls sich die »Erkenntnisse« in einer solchen »Anhörung« bestätigten, konnten die Bewerber aus politischen Gründen abgelehnt werden. Insgesamt wurden so im Laufe der Jahre Hunderttausende überprüft, Hunderte von Personen an der Ausübung des von ihnen gewählten Berufs gehindert und Dutzende aus ihren Berufen entlassen. Es geht hier nicht darum, die verhältnismäßig kleine Zahl – bei einem Millionenheer von Bediensteten – zu kritisieren. Es geht primär darum, hervorzuheben, daß seit der Einführung der Berufsverbote eine große Unsicherheit das Land ergriffen hat, die sich in Selbstzensur und Lethargie, letztlich in Parteien- und Staatsverdrossenheit äußert. Der Schaden, der für das Wesen einer wirklich freiheitlichen Staatsordnung hierdurch entstanden ist, läßt sich heute deutlich lokalisieren.

1976 wurden im Zuge der 14. Strafrechtsänderung folgende Paragraphen aufgenommen: § 86b, § 88a Verfassungsfeindliche Befürwortung von Straftaten, § 126a Störung des öffentlichen Friedens durch Androhung von Straftaten, § 130 Anleitung zu Straftaten und § 140 StGB Belohnung und Billigung von Straftaten. Viele Publizisten und Verleger sowie Juristen sahen, insbesondere was § 88a StGB betrifft, eine Unvereinbarkeit mit dem Artikel 5 GG. Nach Meinung der Publizistin Ingeborg Drewitz ist mit der Strafrechtsreform die Diskriminierung von kritischen Meinungsäußerungen und eine Einschüchterung in der offen geführten politischen Diskussion bezweckt worden, freilich unter den Kriterien links, linksverdächtig, verfassungsfeindlich, kryptokommunistisch, der Verbindung zum Terrorismus verdächtig zu sein.[145] Ulrich Klug sieht gerade in bezug auf § 88a StGB eine Berührung mit der Kultur und wirft die Frage nach der politischen Kultur auf. »Denn dort geht es in dem Hauptteil dieser Bestimmung um die Veröffentlichung und Verbreitung von Schriften, also von Werken der Literatur im weiteren Sinne einschließlich des wissenschaftlichen Schrifttums.«[146] Wie richtig diese Auffassung war, sollte sich in Zukunft zeigen.

Berufsverbot

Dem Radikalenerlaß schließen sich konsequenterweise Berufsverbote an. Das strafrechtliche Berufsverbot ist seit dem 1.1.1975 in § 70 StGB geregelt. Hiernach kann jemandem die Ausübung seines Berufs, Berufszweiges, Gewerbes oder Gewerbezweiges für die Dauer von einem Jahr bis zu fünf Jahren verboten werden, der unter Mißbrauch seines Berufes/Gewerbes oder unter Verletzung der damit verbundenen Pflichten eine rechtswidrige Tat begangen hat. In den meisten Fällen sind dies Übertretungen hinsichtlich der Paragraphen im StGB, die Beleidigung, Verrat, Befürwortung von Straftaten, Verunglimpfung, Nötigung, Verherrlichung der Gewalt und Volksverhetzung betreffen. Das Berufsverbot kann sogar »für immer angeordnet werden, wenn zu erwarten ist, daß die gesetzliche Höchstfrist zur Abwehr der vom Täter drohenden Gefahr nicht ausreicht«.[147] Es ist für den Juristen Arnulf Rapsch einleuchtend, daß

> »journalistische Tätigkeit zu hochverräterischen Artikeln, durch beleidigende Äußerungen, wahrheitswidrige Verleumdungen, durch Verfassungsorgane verunglimpfende Kommentare oder Schilderungen pornographischer und damit jugendgefährdender Art mißbraucht werden kann«.[148]

Das Berufsverbot beruhe demnach auf der Überlegung, den Täter auf tatadäquate Weise zu treffen, nämlich zum Ausgleich für das, was er verfehlt habe. Er verwirke das Recht, mit dem er Schindluder getrieben habe. Anders ausgedrückt: »[W]eil der Täter bestimmte Berufspflichten mißbraucht hat, wird er für eine gewisse Zeit oder für immer von diesem Beruf suspendiert.«[149] Überaus interessant ist der inquisitorische Versuch Rapschs, die Berufsverbote zu rechtfertigen: Der moderne Revolutionär nämlich, so Rapsch, bediene sich mit besonderer Vorliebe publizistischer Mittel, um die Staatsordnung unglaubwürdig erscheinen zu lassen.

> »Mit Hilfe der Massenmedien unter Ausschöpfung aller Möglichkeiten, die der heutige Stand der Psychologie ihm eröffnet, versucht er, die Massen auf seine Seite zu ziehen. Eine solche Unternehmung ist abhängig vom Faktor Zeit. Nur wenn diese in ausreichendem Maße zur Verfügung steht, wenn die entfaltete Tätigkeit lange genug ungestört fortgesetzt werden kann, ist dem Vorgehen Erfolg beschieden. Die Kenntnis dieser Methode ließ das Berufsverbot als geeignetes Mittel erscheinen, solchen Journalisten, die sich gehilfenschaftlich an der Zersetzungsarbeit beteiligen, das Handwerk zu legen, indem es sie an der empfindlichsten Stelle traf und die Kontinuität ihrer Tätigkeit unterbrach.«[150]

Diese zweifelhafte Aussage darf so nicht ohne Zurechtweisung stehenbleiben, scheint es doch, daß hier das demokratische Prinzip des Pluralismus und die Informationsfreiheit als Charakteristika eines freiheitlichen Staatswesens übergangen werden. In der Bundesrepublik Deutschland ist es so, daß die Medien u. a. die Aufgabe zu erfüllen haben, möglichst alle Meinungen des politischen Spektrums objektiv wiederzugeben, so daß eine auf dieser Pluralität der Meinungen beruhende politische Willensbildung stattfinden kann. Es ist grotesk, zu behaupten, daß lediglich bzw. gerade »der moderne Revolutionär« versuche, mit Hilfe der Massenmedien die Massen auf seine Seite zu ziehen. Nicht nur während Wahlzeiten ist es das Hauptanliegen eines jeden Teilnehmers am öffentlichen Meinungsbildungsprozeß, seine Meinung als *die* Wahrheit, als *die* Lösung oder als *den* Ausweg darzustellen und auf diesem Fundament möglichst viele Anhänger um sich zu scharen. Und hierbei ist es gleichgültig, ob es sich um demokratische und etablierte oder um demokratische und nicht etablierte oder um extremistische und etablierte oder um extremistische und nicht etablierte Parteien oder um Vertreter und Vorsitzende von Gewerkschaften, Arbeitgeberverbänden, Kirchen, Kulturvereinigungen oder sonstigen Interessengruppen handelt. Mit Hilfe der Massenmedien unter Ausschöpfung aller Möglichkeiten, die der heutige Stand der Psychologie bietet, versucht *jeder* seinen Einfluß zu stärken, das heißt nicht nur »der moderne Revolutionär«, sondern ebenso »der Reaktionär« oder »der Demokrat«, »der Kommunist« – eben jeder, der einen Standpunkt vertritt und Menschen für seine Ansichten gewinnen will. Und dieses Recht ist nicht zuletzt durch Art. 5 GG garantiert. Jemanden aufgrund der Wahrnehmung dieses Rechts und dieser Möglichkeiten strafrechtlich zu belangen, ihm sogar die weitere Ausübung seines Berufes, z. B. den des Journalisten, zu verbieten, ist wesentlich mehr als nur eine auf Eigensinnigkeit basierende Intoleranz. Jemand, der ein derartiges Handeln befürwortet, hat den Charakter und die Bedeutung eines freiheitlichen Staates nicht verstanden. Er verwechselt ein auf der Mehrheit aller Meinungen basierendes Staatswesen mit einem auf den Meinungen der großen Interessengruppen fußenden Staat. Einen solchen nennt man aber oligarchisch.

Die Legislative duldet keine notorischen Verfassungsgegner in ihren Reihen. Ein Abgeordneter, dessen Partei durch Spruch des Bundesverfassungsgerichts nach Art. 21 Abs. 2 GG für verfassungswidrig erklärt wurde, verliert automatisch seine Mitgliedschaft in den Parlamenten, wie z. B. Landtag und Bundestag. Denninger gibt zu – und wer wollte ihm da nicht zustimmen? –, daß diese Regelung dem Gedanken der individuellen, gewissensautonomen Repräsentation des gesamten Volkes durch jeden einzelnen Abgeordneten widerspricht, behauptet aber, daß – und hier erleben wir wieder schönste wehrdemokratische Interpretation – diese Regelung der parteiendemokratischen, durch Art. 21 GG gedeckten Verfassungswirklichkeit gerecht werden würde. Auch Exekutive und Judikative haben sich durch eine Vielfalt von Gesetzen, beispielsweise das Beamtengesetz, gegen ein Wirken »verfassungsfeindlicher« Kräfte in ihren Reihen geschützt. Seit den siebziger Jahren wurde und wird diese »scharfe Waffe«[151] u. a. gegen Postbedienstete, Lehrer und Polizisten, die aktive Mitglieder u. a. der DKP, der NPD oder der REP waren, eingesetzt. Wohlgemerkt, und das wollen wir an dieser Stelle besonders hervorheben, gegen Mitglieder nicht verbotener Parteien. Im Gegenteil, es handelt sich hierbei um Parteien, die in vielen kommunalen Parlamenten, teilweise sogar bis auf Landtagsebene, vertreten sind.

Es ist seit den siebziger Jahren still geworden um Berufsverbote. Freilich, es gibt sie noch. Nicht mehr so explizit vielleicht und nicht mehr so medienspektakulär in Szene gesetzt. Mehr im verborgenen, aber genauso effektiv in Form von Entscheidungen über Einstellungen, Beförderungen, Rezensionen, Preisverleihungen, Versetzungen (und zwar im positiven Sinne), Einladungen bzw. Aufnahme in elitäre Kreise bis hin zur Verleihung von Orden und Ehrenzeichen. Vor allem aber konnte der Verfassungsschutz sein Betätigungsfeld wesentlich erweitern, und er beobachtet, infiltriert, sammelt, speichert und gibt seine »Erkenntnisse« weiter. Auch ans Ausland. Und dies ist auch eine Folge des Radikalenerlasses, aufgrund dessen die Berufsverbote gerechtfertigt wurden.

Es sollte zwei Jahrzehnte dauern, bis der Radikalenerlaß international geächtet wurde. Am 28.9.1995 verkündete der Europäische Gerichtshof in Straßburg sein Urteil zum deutschen Radikalenerlaß (Az.: 7/1994/454/535). In diesem Urteil hatte das Gericht einen Verstoß gegen die Menschenrechte erkannt. Um was ging es? Eine Lehrerin darf wegen ihrer Mitgliedschaft in einer bestimmten Partei und entsprechender parteipolitischer Betätigung nicht entlassen werden – sofern die Partei nicht verboten ist und sich die Betroffene nicht verfassungsfeindlich geäußert hat. Die Klage hatte Studienrätin Dorothea Vogt eingereicht. 1972 war sie als Studentin der DKP beigetreten, bestand drei Jahre später ihr Examen, leistete 1976/77 den Vorbereitungsdienst für das Lehramt an Gymnasien, absolvierte 1977 die zweite Staatsprüfung und wurde zunächst als Beamtin auf Probe, am 1.2.1979 als Beamtin auf Lebenszeit eingestellt. Anfang der achtziger Jahre stellte sie sich für die DKP als Landtagskandidatin zur Verfügung, was diverse Ermittlungsverfahren [sic!] zur Folge hatte. Am 12.8.1986 erfolgte die Suspendierung vom Dienst, wobei ab Oktober nur mehr 60 % des Gehalts gezahlt wurden. Das Verwaltungsgericht Oldenburg bestätigte 1987 die Entlassung. Eine Beschwerde wies 1989 der niedersächsische Disziplinarhof zurück, ebenso wurde mit einer Verfassungsbeschwerde verfahren, die der Dreierausschuß des Bundesverfassungsgerichts mit der Begründung »ungenügende Aussicht auf Erfolg« 1990 zurückwies. Anfang 1991 wurde die Studienrätin wieder eingestellt, da das Land Niedersachsen auf Druck der Grünen Mitte 1990 den Radikalenerlaß aufgehoben hatte. Daraufhin wandte sich Frau Vogt mit der Begründung, ihr Recht auf Meinungsäußerung und Vereinigungsfreiheit sei verletzt worden, an die Europäische Kommission für Menschenrechte in Straßburg. 1992 wurde die Beschwerde für zulässig erklärt. Der Fall wurde 1994 dem Europäischen Gerichtshof für Menschenrechte vorgelegt. 1995 entschied dieser, die in Deutschland verhängten Berufsverbote seien rechtswidrig. Nach Befinden des Gerichts verletzt der Radikalenerlaß das Recht auf Meinungs- und Vereinigungsfreiheit. Demnach hat das BVerfG die Europäische Menschenrechtskonvention verletzt, als es den Radikalenerlaß mit seinen existenzbedrohenden Folgen für die Betroffenen bestätigte. Betroffene müssen deshalb rehabilitiert, entschädigt und wieder eingestellt werden. Deutsche Gerichte schließen sich der europäischen Entscheidung mittlerweile an, so beispielsweise im Herbst 1995 das Oberverwaltungsgericht Münster, das entschied, daß Disziplinarmaßnahmen gegen Beamte, die Mitglied bei den REP sind, rechtswidrig seien.

Die Überwachungs- und Bespitzelaktionen dauern indessen hurtig fort. Dies hat dazu geführt, daß durch diese Tätigkeiten das Vertrauen insbesondere der Jugend in ein demokratisches Gemeinwesen nachhaltig irritiert wurde, da die freiheitlich-demokratische Grundordnung zum verfassungsgerichtlichen Vehikel für die Berufsverbote aufgeladen worden sei.[152] Aus diesen Gründen ist das Anliegen, daß niemand bei der Suche seiner Informationsquelle einerseits und an seiner Meinungsäußerung bzw. -verbreitung andererseits an keiner Dienst- oder Arbeitsstelle gehindert werden darf, ein durch und durch demokratisches. Nicht enthalten in dieser Forderung ist freilich, daß durch Meinungsbildung, -äußerung und -verbreitung das eigene Dienst- und Arbeitsverhältnis geschützt sein soll. Ferner sei durch Gesetz sicherzustellen, daß die Vielfalt der Meinungen in der Gesellschaft unverfälscht in den Medien zum Ausdruck komme. Diese Forderungen sind auf den ersten Blick sicherlich nachzuempfinden. Schade, daß sie gerade von denjenigen[153] aufgestellt werden, in deren System das MfS die Funktion der Bespitzelung übernommen hatte.

Politische Manifeste, österliche Weihnachtsmänner und Lehrmeinungen

Bereits im Januar 1969 hatten zwei homosexuelle Männer die Wachmannschaft des Munitionsdepots der Bundeswehr in Lebach überfallen und dabei vier schlafende Soldaten getötet, einen weiteren schwer verletzt und Waffen und Munition gestohlen. Im August wurden die beiden Raubmörder zu lebenslangen Haftstrafen, ein Komplize zu sechs Jahren Gefängnis verurteilt. Das ZDF produzierte über diesen Fall ein »Dokumentar-Fernsehspiel« mit dem Titel DER SOLDATENMORD VON LEBACH, das ausführlich die schwulen Beziehungen innerhalb der Freundesgruppe um die Täter sowie die Planung und Durchführung des Überfalls und die späteren Ermittlungsmaßnahmen behandelt. Das BVerfG untersagte dem ZDF im Juni 1973 die Ausstrahlung des Fernsehfilms und folgte damit dem Antrag des Komplizen, der mittlerweile knapp zwei Drittel seiner Strafe verbüßt hatte und dessen Haftentlassung unmittelbar bevorstand. Grund der Klage war, daß er befürchtete, durch die Ausstrahlung des Films würde er öffentlich an den Pranger gestellt und es ihm so unmöglich gemacht, in seiner Heimatstadt wieder Fuß zu fassen. Für die Entwicklung des Presserechts in Deutschland sollte diese Entscheidung erhebliche Bedeutung haben. Das Gericht habe, so Udo Branahl, bei dieser Gelegenheit allgemeine Richtlinien für die Abgrenzung von Medienfreiheit und Persönlichkeitsschutz bei der Berichterstattung über Straftaten aufgestellt. Das hieße, daß – »nach Befriedigung des aktuellen Informationsinteresses der Öffentlichkeit« durch wahrheitsgemäße, sachbezogene Berichterstattung und durch seriöse Interpretation – der Täter »grundsätzlich einen Anspruch darauf« habe, »in Ruhe gelassen zu werden«.[154]

1971 fiel das Jugendmagazin ZOOM der bayerischen Zensorenschere zum Opfer. Im gleichen Jahr Jerry Rubins Buch DO IT. SZENARIOS FÜR DIE REVOLUTION, erschienen im Rowohlt Verlag, der das Jahr darauf das Buch makulierte. Als im Juni 1972 die Terroristen Andreas Baader, Holger Meins und Jan-Carl Raspe im Rahmen einer Großfahndung in Frankfurt/Main gefaßt wurden, wurde auch Heinrich Bölls Haus in der Eifel von Sicherheitskräften umstellt. Die fortwährende Pressekampagne gegen Böll reizte den Schriftsteller zur literarischen Umsetzung des bundesdeutschen kulturellen und politischen Klimas im Westdeutschland dieser Zeit. Er schrieb DIE VERLORENE EHRE DER KATHARINA BLUM ODER: WIE GEWALT ENTSTEHEN KANN. Einige Jahre später legte Böll mit seiner FÜRSORGLICHEN BELAGERUNG nochmals den durchaus geglückten literarischen Versuch vor, staatliche Hysterie und staatliche Überwachung darzulegen.[155]

1974 setzte Fernsehdirektor Helmut Oeller vom Bayerischen Rundfunk Rosa von Praunheims Film mit dem bezeichnenden Titel NICHT DER HOMOSEXUELLE IST PERVERS, SONDERN DIE SITUATION, IN DER ER LEBT sowie das Silvesterprogramm der Münchner Lach- und Schießgesellschaft mit dem Titel DER ABFALL BAYERNS ab. 1975 wurde das von Bommi Baumann im Trikont-Verlag erschienene Buch WIE ALLES ANFING wegen »gewaltverherrlichender Passagen« indiziert, die übrigens auch im SPIEGEL veröffentlicht, dort allerdings vom BGH als »wertfreie Dokumentation« interpretiert wurden.[156] In den kommenden Jahren sollte das Messen einer Angelegenheit mit zwei unterschiedlichen Maßstäben immer häufiger praktiziert werden.

1977 konnte Luise Rinser eine Lesereise nur »unter Bombendrohung und Polizeischutz«[157] unternehmen. Im gleichen Jahr wurde im Bayerischen Rundfunk ein zur Sendung NOTIZBUCH angekündigtes Interview von Gert Heidenreich mit Heinrich Böll kurz vor Beginn vom Direktor Gunthar Lehner, der sich das Band vor der beabsichtigten Ausstrahlung hatte vorspielen lassen, mit der Begründung der nicht gewahrten Ausgewogenheit – Bölls Äußerungen bedürften einer Gegenmeinung – abgesetzt bzw. verschoben. Martin Gregor-Dellin spricht in diesem Zusammenhang von einem klaren Fall der Vorzensur.[158] Eine Woche später wurde das Gespräch dann doch gesendet, nachdem es zuvor mit einem Kommentar des Direktors, also einer Art Gebrauchsanweisung, wie man was zu verstehen habe, versehen worden war. Ebenfalls 1977 erließ das Bundesland Bayern einen sogenannten Maulkorb-Erlaß, mit dessen Hilfe das Kultusministerium die Werke unliebsamer Schriftsteller aus Schulbüchern verbannte, die 1975 bereits zugelassen worden waren. Hierunter fielen Wolf Biermanns Gedichte SPIELZEUG, WANN IST DENN ENDLICH FRIEDEN, HIMMELFAHRT IN BERLIN, DIE BALLADE VON DEM BRIEFTRÄGER WILLIAM L. MOORE AUS BALTIMORE und MORITAT AUF BIERMANN SEINE OMA MEUME IN HAMBURG, ein Ausschnitt aus Günter Wallraffs Industriereportage AM FLIESSBAND, Erich Frieds Gedichte MEER und ANTWORT sowie Hubert Fichtes Gedicht FROHE FESTTAGE, das offenbar derart jugendgefährdend ist und eine massive Gefahr für die freiheitliche demokratische Grundordnung darstellt, daß es an dieser Stelle als abschreckendes Beispiel nochmals in Erinnerung gerufen sei: »Wenn die Weihnachtsmänner umgepreßte Osterhasen sind, dann sind Ostern die Osterhasen umgepreßte Weihnachtsmännerosterhasen.« Außer in Bayern waren die Lesebücher übrigens in einem weiteren Bundesland verboten – in Hessen, weil sie dort als zu konservativ eingestuft wurden. 1978 wurden die fünf Bildbände SIGNAL – EINE KOMMENTIERTE AUSWAHL ABGESCHLOSSENER BEITRÄGE AUS DER PROPAGANDA-ZEITSCHRIFT DER DEUTSCHEN WEHRMACHT indiziert. Ende der siebziger Jahre sorgten noch mehr Vorkommnisse auf literarischem und kulturellem Gebiet für Furore: Das Drama DIE GERECHTEN von Albert Camus wurde vom Theaterspielplan abgesetzt, Interviews mit Heinrich Böll wurden nicht gesendet, ebenso ein Film von Günter Wallraff; Luise Rinser wurde ausgeladen, zeitkritische Lesungen, beispielsweise von Peter O. Chotjewitz, konnten erst mit Verspätung, oft nur an anderen Orten durchgeführt werden. Die Auseinandersetzungen um die sogenannten »Sympathisanten« – also den Personenkreis, der angeblich der RAF wohlwollend gegenüberstand –, zu denen viele deutsche Literaten, Publizisten und Verleger erklärt wurden, »gewannen zeitweilig Züge einer Hexenjagd; der Rufmord war mit einemmal wieder gang und gebe [sic]«.[159]

1979 wurde das 1977 in deutscher Sprache erschienene Buch des Amerikaners Prof. Arthur Butz DER JAHRHUNDERT-BETRUG mit der Begründung indiziert, das Buch »fördere beim Leser eine feindselige Haltung gegenüber Juden und entlaste das nationalsozialistische System vom Vorwurf der systematischen Judenvernichtung [...] das Werk von Butz [...] diene [...] nicht der Wissenschaft, da man nicht das Bemühen um Wahrhaftigkeit spüre.«[160]

Aufsehen erregten auch die Umstände der angeordneten Streichungen wesentlicher Absätze aus dem Geschichtswerk GESCHICHTE DER DEUTSCHEN des Erlangener Historikers Hellmut Diwald, das im Propyläen Verlag erschienen war. In diesem Buch hatte der Autor auf den Seiten 163 bis 165 einige weitverbreitete Geschichtsfälschungen im Zusammenhang mit deutschen Konzentrationslagern und der sogenannten »Endlösung« richtiggestellt. Obgleich Diwald persönlich kein Wort zurücknahm und sogar die Verbindung zu seinem ihn bedrängenden Verlag abbrach, ließen die Verleger die kommenden Ausgaben überarbeiten und strichen kurzerhand die der Lehrmeinung entgegenstehenden Absätze. In seinem 1983 erschienenen Buch MUT ZUR GESCHICHTE setzte sich Diwald mit diesen Praktiken der Zensur auseinander und warf vielen seiner Kollegen zu Recht Einseitigkeit und Verrat am wissenschaftlichen Ethos vor. Übrigens handelt es sich bei dem inquisitorischen Verhalten des Springer-eigenen Verlages keinesfalls um eine Ausnahme: Der Band PROPYLÄEN GESCHICHTE DEUTSCHLANDS aus dem Ullstein/Propyläen Verlag, in dem der Historiker Karlheinz Weißmann das Dritte Reich behandelte, wurde im Juli 1996 vom Markt genommen. Begründung: Die Thesen des Historikers seien umstritten. Nun »überschreibt« der offensichtlich linientreue Hans Mommsen das Kapitel.[161]

Mit Indizierungen bzw. Zensierungen der oben genannten zeitgeschichtlichen Bücher sollten die seit 1945 in Deutschland für überwunden gehaltenen Gespenster wieder auferstehen. Der von nun an einsetzende und die nächsten Jahrzehnte immer massiver werdende Spuk hatte es vor allem auf Bücher und Meinungen bezüglich der jüngsten deutschen Geschichte abgesehen. Mit gnadenloser Härte verfolgt werden Bücher und deren Autoren, die es wagen, sich von der gängigen Lehrmeinung zu entfernen.

... sonst is' die Lippe dick

In den ersten Jahren, nicht zuletzt durch Radikalenerlaß und Sympathisanten-Hysterie begünstigt, hatten es der Staatsschutz sowie viele konservative Medien auf einen Verleger ganz besonders abgesehen: den Wagenbach Verlag. Es hagelte nur so von Indizierungen und Verboten, denen meist ausgiebige Hausdurchsuchungen vorangegangen waren. Zur gleichen Zeit fiel auch das Fernsehspiel über Fürsorgeerziehung BAMBULE von Ulrike Meinhof der Zensur zum Opfer. Das vom Südwestfunk produzierte Fernsehstück wurde nach dem Abtauchen von Frau Meinhof in den Untergrund nicht mehr gesendet. 1971 war der Wagenbach Verlag nach entsprechender Medienkampagne als »Baader-Meinhof-Verlag« verschrien. Im Herbst 1971 begann, wie Klaus Wagenbach berichtet, die Offensive gegen den

> »Verlag, der mehrfach durchsucht, um nicht zu sagen, besetzt wurde von einem schwerbewaffneten Polizeiaufgebot, das nicht einmal in die Räume paßte [...] Rechtsanwälte wurden nicht zugelassen, Fotografen sicherheitshalber verhaftet. Anlaß war ein politisches Manifest der RAF [...], das wir als Rotbuch 29 veröffentlicht hatten, und ein ›Roter Kalender für Lehrlinge und Schüler‹.«[162]

Wagenbach blieb auf dem Kieker der Sittenwächter. Die 1972 ebenfalls im Wagenbach bzw. Rotbuch Verlag erschienene und von F. C. Delius fingierte Festschrift UNSERE SIEMENS-WELT zum 125jährigen Bestehen des Siemens-Konzerns wurde Opfer der neuen Inquisitoren. Es war eine Zeit, wie Wagenbach selbst sagt, in der er mehr mit Schriftsätzen und Gerichtsverhandlungen beschäftigt war als mit Büchern. Es war die Zeit der Prozesse:

> »Der erste, 1974, wegen der beiden Zeilen ›Benno Ohnesorg ermordet‹ und ›Georg von Rauch ermordet‹ im Roten Kalender 73. Angestrengt vom Berliner Polizeipräsidenten Hübner, der durch diese Formulierungen die Ehre der Polizei angetastet sah, weil die beiden Studenten von der Polizei zwar erschossen, aber nicht ›ermordet‹ worden seien. Ein gebildeter Richter wies (wie auch schon ein Kollege in Hamburg) die Klage ab, weil die Bezeichnung ›Mord‹ im allgemeinen Sprachgebrauch nur die moralische Verurteilung ausdrücke, nicht die juristische Wertung. Der Polizeipräsident legte Revision ein. Der zweite Prozeß, ebenfalls 1974, angestrengt von der Staatsanwaltschaft (nach öffentlicher Aufforderung durch die Springerpresse), bezog sich auf das bereits 1971 beschlagnahmte Rotbuch 29, also das politische Manifest der RAF [...] Gleichwohl: Vier Monate Gefängnis, samt Verfahrens- und Beschlagnahmekosten [...] Die Staatsanwaltschaft [...] entscheidet nach politischer Opportunität, wen sie anklagt, und das Strafmaß richtet sich nach dem Umfeld, in dem der Text erscheint. Das heißt: Bestraft wird eine (zu bestimmter Zeit und unter bestimmten Umständen nicht opportune) politische Haltung.«[163]

Interessant genug, daß Klaus Wagenbach noch mit einer Zensur der besonderen Art konfrontiert wurde: 1976, kurz vor Erscheinen des Buches ULRIKE MEINHOF UND DIE

DEUTSCHEN VERHÄLTNISSE von Peter Brückner, erhielt Wagenbach, der nach dem überaus dubiosen Tod Ulrike Meinhofs die Grabrede für die RAF-Chefin gehalten hatte, unangemeldeten Besuch:

> »Es wurde mir erklärt, das Buch dürfe nicht erscheinen, solange nicht bestimmte Thesen, die es, wie man aus den Druckfahnen wisse, vertrete, verändert würden. Es handle sich um die These vom ›Selbstmord‹ Ulrike Meinhofs und um beleidigende Analysen der RAF. Als ich mich weigerte, wurde mir ein von Gudrun Ensslin unterschriebener Zettel vorgelegt, mit massiven, unmißverständlichen Drohungen.«[164]

Derartige Nötigungen sollten 20 Jahre später eine enorme Hochkonjunktur erleben.

Die achtziger Jahre

Es scheint, als hätten sich in der Bundesrepublik in erstaunlich kurzer Zeit die machtpolitischen Verhältnisse so eingespielt und ausgependelt, daß man nur noch die Freiheit hat, mitzumachen, kaum aber noch durch Mitmachen Veränderungen zu bewirken vermag.

(Kurt Sontheimer)

Die Befürchtungen der späten Siebziger finden in der vierten Dekade der Republik ihre ungeahnte Verwirklichung. Zensurprozeß reiht sich an Zensurprozeß, wobei deutlich wird, daß das Bundesverfassungsgericht größtenteils bemüht ist, die Meinungsfreiheit zu schützen, sofern ein derartiger Schutz nicht das Fundament der Bundesrepublik Deutschland gefährdet.

Was haben Huren, Briefe, Kokain und Gutachten miteinander gemein?

1982 wurde der Roman JOSEFINE MUTZENBACHER – DIE LEBENSGESCHICHTE EINER WIENER DIRNE, VON IHR SELBST ERZÄHLT im Rowohlt Verlag verboten, obwohl das Buch bis zu diesem Zeitpunkt bereits einige millionenmal verkauft worden war. 1985 wurde das Verbot vom Oberverwaltungsgericht Münster bestätigt, ebenso 1987 vom Bundesverwaltungsgericht. Erst Anfang der neunziger Jahre waren nach Auffassung der Sittenwächter die Deutschen erwachsen genug und durften sich legal an den Wiener Hurengeschichten erfreuen.

Weitere staatliche Maßnahmen bezüglich der Indizierung bzw. Verbotsaussprechung gegenüber diversen Meinungen mögen an dieser Stelle stichprobenartig erwähnt werden: 1987 wurde das Buch DAS INFO – BRIEFE VON GEFANGENEN AUS DER RAF 1973–77, herausgegeben von Pieter Bakker Schut, vom deutschen Büchertisch verbannt. In diesem Band wurden die ohnehin schon während des Stammheim-Prozesses veröffentlichten Briefwechsel wortwörtlich wiedergegeben. 1988 wurde die Staatsanwaltschaft in Schleswig-Holstein aktiv, als Gerhard Zwerenz ein Buch unter dem Titel des Tucholsky-Zitats »Soldaten sind Mörder« veröffentlicht hatte. Werbeplakate, die den Titel des Buches zeigten, wurden beschlagnahmt. Im gleichen Jahr wurde der 1927 erstmals in Deutschland erschienene Roman KOKAIN des italienischen Schriftstellers Pitigrilli als Taschenbuchausgabe indiziert. Zuvor, nämlich 1954, 1982 und 1983, waren bereits andere Ausgaben, die bei verschiedenen Verlagen herausgegeben worden waren, indiziert worden. Pikanterweise berief sich die BPjS in ihrer jüngsten Begründung auf das entsprechende Votum des Jahres 1933, mit dem die nationalsozialistischen Tugendaufpasser einst ihr Verbot ausgesprochen hatten.

1986 wurden von der Polizei 285 Darmstädter Buchläden des Deutschen Bücherbundes, der Europäischen Bildungsgemeinschaft und des Bertelsmann Leserings durchsucht und alle Exemplare des Romans OPUS PISTORUM von Henry Miller beschlagnahmt. Die zwei Jahre zuvor im Rowohlt Verlag erschienene und mit dem beschlagnahmten Text identische Originalausgabe blieb von der Beschlagnahme unberührt.

1989 wurde der weltbekannte englische Historiker David Irving vom Sender Freies Berlin zu einer Gesprächsrunde in der Fernsehdiskussion »Berliner Salon« mit deutschen Zeitgeschichtlern, unter ihnen Eberhard Jäckel und Arno Mayer, eingeladen. Als Themenschwerpunkt war die Judenpolitik im Dritten Reich gewählt worden. Eine Woche nach Eingang der Einladung wurde Irving auf Drängen seiner Gesprächspartner wieder ausgeladen, woraufhin Irving am 3.10.1989 im Berliner Hotel Kempinski zu einer Pressekonferenz unter dem Motto »Deutsche Historiker – Lügner und Feiglinge« einlud. Jedenfalls ist der bis zu diesem Zeitpunkt international als renommiert angesehene britische Historiker bei den deutschen Gedankenaufsichtsbehörden in Ungnade gefallen. Und dies sollte Folgen haben.

Der Führer hat's täglich geschrieben oder: Hitlers Sternstunde

Im Jahre 1983 wurde den Deutschen der bis dato größte Presseskandal in der Geschichte der Bundesrepublik Deutschland beschert. Er bedeutete das Ende der bis dahin seriösen Reputation der sozialliberalen Illustrierten STERN. Die Zeitschrift, oft Korruption und Bestechung im eigenen Land anprangernd, kaufte für rund zehn Millionen Mark die Tagebücher Adolf Hitlers, ja, *des* Adolf Hitler. Die Aufzeichnungen waren vom Stuttgarter Militariahändler Konrad Kujau »plötzlich entdeckt« und feilgeboten worden. Über den STERN-Reporter Gerd Heidemann wurde der Handel perfekt. Stolz präsentierte der STERN der staunenden Weltöffentlichkeit seine Enthüllungsstory und posaunte in die Welt, daß die Geschichte des Dritten Reiches nun neu geschrieben werden müsse.

Um so ärgerlicher, daß bereits eine Woche später das Blatt den Flop zugeben und kleinlaut einräumen mußte, einer Finte aufgesessen zu sein. Michael Haller meint, daß der eigentliche Skandal des Debakels im Mangel an publizistischem Urteilsvermögen bei den Verantwortlichen in der Verlagsleitung und in der Chefredaktion bestand. Urheberrechte wurden ebenso beiseite geschoben, wie journalistisches Recherchieren entfiel. Ihre jeden kritischen

Verstand überblendende, kindische Begeisterung über den mutmaßlichen »Scoop« führt dem Publikum den Standort und das Selbstverständnis des auf Vermarktung gerichteten, sich Recherchierjournalismus nennenden Pseudoprofessionalismus vor Augen.[165]

Konrad Kujau, der Fälscher, wurde zu viereinhalb Jahren Haft, Gerd Heidemann, der Hehler, zu vier Jahren und acht Monaten verurteilt. Die Chefredakteure Felix Schmidt und Peter Koch mußten ihre Sessel räumen, Verlagschef Gerd Schulte-Hillen jedoch blieb auf seinem Posten. Damit war die Angelegenheit – wie so oft in Deutschland – wenigstens juristisch gegessen. Der nicht wiedergutzumachende generelle Schaden am Ruf des deutschen Journalismus bleibt als Makel freilich bestehen. Das Hitler-Tagebücher-Debakel war kein ausgesprochenes STERN-typisches Merkmal eines schlechten Journalismus, sondern das überdeutliche Anzeichen eines Trends in Deutschland, anstelle eines zu befürwortenden Recherchierjournalismus des Geldes wegen in einen rufmordenden und verblödenden Sensationsjournalismus zu verfallen. Die faustdicke Tagebuch-Fälschung wurde aufgedeckt. Von David Irving übrigens. Aber wie viele unaufgedeckte Halbwahrheiten und Lügen nimmt man täglich bereitwillig auf, ohne sich dessen bewußt zu sein?[166]

Nur ein Streit zwischen Historikern?

Im Juni 1986 brach unter deutschen Historikern und anderen Geisteswissenschaftlern ein Streit über grundlegende Methoden bezüglich der Behandlung der jüngsten deutschen Zeitgeschichte aus. Vorweg ist festzustellen, daß das geistige wie politische Leben der Bundesrepublik Deutschland – wie bereits oben erwähnt – entscheidend von der Umerziehung der Alliierten geprägt worden ist. Beabsichtigt war eine generelle Änderung des deutschen Geschichtsbildes, primär in bezug auf die Umstände, die zum Ausbruch des Zweiten Weltkrieges geführt hatten. Innerhalb dieser Re-education flossen schon aus diesem Grunde viele Entstellungen und Verzerrungen in die Geschichtsschreibung ein, die sich über viele Jahre und Jahrzehnte als »historische Tatsachen« etablieren konnten.

Der Historiker Ernst Nolte, Professor an der Freien Universität zu Berlin, veröffentlichte in der FRANKFURTER ALLGEMEINEN ZEITUNG in einem Aufsatz unter der Überschrift VERGANGENHEIT, DIE NICHT VERGEHEN WILL seine Gedanken zu einer künftig präziseren Geschichtsschreibung. In diesem Aufsatz vertrat Nolte eine Meinung, die das bis dahin fast unberührte Tabu der Nachkriegsgeschichtsbetrachtung in Deutschland angriff. Nolte meinte, die jüngste deutsche Vergangenheit sei zu einem Schreckbild gemacht worden, das vor allem durch einseitige Schuldzuweisung und Nichtberücksichtigung historischer Ereignisse gekennzeichnet sei.

Etwa zur gleichen Zeit erschien das Buch ZWEIERLEI UNTERGANG. DIE ZERSCHLAGUNG DES DEUTSCHEN REICHES UND DAS ENDE DES EUROPÄISCHEN JUDENTUMS von Andreas Hillgruber. In diesem Buch verurteilte der Kölner Geschichtsprofessor – ähnlich wie sein Kollege Nolte – die einseitige westdeutsche Geschichtsschreibung. Diese gebe Ereignisse verkürzt wieder und vernachlässige eine allumfassende Beurteilung der Geschehnisse – die man von einer geisteswissenschaftlichen Auseinandersetzung erwarten muß. Insbesondere rührte Hillgruber an dem Tabu der Forschung nach den Motiven der Alliierten und deren Schuld am Ausbruch des Zweiten Weltkrieges und zerstörte das Bild der friedliebenden und uneigennützig handelnden »Befreier« Deutschlands.

In etwa die gleiche Kerbe schlug der Erlanger Historiker Michael Stürmer – übrigens deutschlandpolitischer Berater von Helmut Kohl –, der in seinem ebenfalls 1986 veröffentlichten Buch DISSONANZEN DES FORTSCHRITTS eine

Lanze für die Stärkung des deutschen Geschichtsbewußtseins brach.

Der Münchner Historiker Thomas Nipperdey warnte in seinem Aufsatz WIDER DIE POLITISCHE ÜBERFORDERUNG DER GESCHICHTSWISSENSCHAFT in der WELT vom 28.2.1987 davor, »die Wissenschaft zu politisieren und die Wissenschaftler in politische Lager einzuteilen«. Spätestens der Historikerstreit sollte zeigen, daß die Wissenschaft längst in diverse politische Interessensphären aufgeteilt ist. Das, was die Historiker Nolte, Hillgruber und Stürmer forderten und in ihren Äußerungen auch in die Tat umsetzten, war nichts anderes als der Beginn einer revisionistischen Geschichtsbetrachtung. Dies mag zwar nicht politically correct sein, dennoch ist Revision bisheriger Forschungsergebnisse das Natürlichste jeder Wissenschaft.

Zum Gegenangriff gegen diese Ketzer zu blasen, fühlte sich der neomarxistische Philosoph Jürgen Habermas berufen. Der letzte noch lebende Gründer der »Frankfurter Schule«, die er gemeinsam mit Horkheimer und Adorno ins Leben gerufen hatte, eröffnete das Feuer mit seinem in der ZEIT am 11.7.1986 veröffentlichten Artikel EINE ART SCHADENSABWICKLUNG – DIE APOLOGETISCHEN TENDENZEN IN DER DEUTSCHEN ZEITGESCHICHTSSCHREIBUNG, der ausdrücklich als Kampfansage verstanden werden sollte. Verständlich, daß das »Produkt der Re-education« Habermas, als das er sich einmal selbst bezeichnete, den Zweifel und das Kratzen an der Grundsubstanz der Umerziehung nicht kampflos geschehen lassen konnte. Unterstützung fand das Umerziehungsprodukt u. a. natürlich in dem SPD-Bundestagsabgeordneten Freimut Duve, der sich noch zehn Jahre zuvor mit Heinrich Böll dafür stark gemacht hatte, Mut zu zeigen und sich zu seiner Meinung zu bekennen. Freilich nur zur »richtigen« Meinung, wie die Kontroversen im Historikerstreit ans Tageslicht bringen sollten.

Der Nichthistoriker Habermas konnte keine der von

Nolte und Hillgruber vorgebrachten historischen Gedankengänge widerlegen. Dies überraschte nicht; zumal es auch nicht das Wesentliche war, denn Habermas witterte »in erster Linie ein für das bisherige linke geistige Klima in Westdeutschland gefährliches allgemeines System hinter den neuen Tönen der Historiker«.[167] Und dieses »System«, die Revision der deutschen Geschichtsschreibung, galt es mit allen Mittel zu bekämpfen. Oder wie es Michael Behrens und Robert von Rimscha ausdrücken: Die 68er Revolutionäre waren »zur Verteidigung ihrer Geschichtsinterpretationen in Stellung gegangen. Sie wollten nicht akzeptieren, daß Interpretation, Revision und Neuinterpretation ein normaler Vorgang in der Geschichtswissenschaft ist.«[168] Habermas schloß seine Tirade mit dem bemerkenswerten Bekenntnis ab: »Wer die Deutschen zu einer konventionellen Form ihrer nationalen Identität zurückrufen will, zerstört die einzige verläßliche Basis unserer Bindungen an den Westen.« Man erinnert sich in diesem Zusammenhang u. a. an die Worte von Theodor Eschenburg, der die Anerkenntnis der Schuld Deutschlands am Ausbruch des Zweiten Weltkrieges als die Grundfeste bezeichnete, auf der die Bundesrepublik Deutschland aufgebaut ist.

Die Angriffe von Habermas wehrte Joachim Fest ab. In seinem Aufsatz DIE GESCHULDETE ERINNERUNG – ZUR KONTROVERSE ÜBER DIE UNVERGLEICHBARKEIT DER NATIONALSOZIALISTISCHEN MASSENVERBRECHEN in der FRANKFURTER ALLGEMEINEN ZEITUNG vom 29.8.1986 verteidigte der Historiker und ehemalige Mitherausgeber der FAZ Nolte und kritisierte »die Rituale einer falschen Unterwürfigkeit«, ohne die eine Geschichtsbetrachtung in Deutschland nicht möglich sei, da »jede Position, die sich die Freiheit des Fragens bewahrt, unter moralischen Verdacht« gestellt würde. Die vermeintliche Retourkutsche kam vom Stuttgarter Zeitgeschichtler Eberhard Jäckel, der in der Vergangenheit vor allem dadurch brillierte, daß er erstens eine öffentliche Auseinandersetzung mit dem britischen Historiker David Irving scheute und zweitens die Mär der Hitler-Tagebücher als »historische Tatsache« emporhob. Er hielt in seinem Artikel am Kernpunkt der Umerziehung fest: »Das Einmalige der nationalsozialistischen Verbrechen läßt sich nicht leugnen.«

Selbstverständlich überlagerte im Laufe des Streits die politische Dimension die wissenschaftliche bei weitem. Die Hauptstreitpunkte innerhalb des Zwists unter den Betroffenen waren existentieller Art: die Einzigartigkeit im Sinne von Singularität der Geschehnisse im Dritten Reich. Gerade die Singularität (und die mit ihr verbundenen Thesen der Alleinkriegsschuld und der »Endlösung«) ist, wie der Bochumer Politologe Bernhard Willms feststellt, »jener große Schuldknüppel, den man den Deutschen seit 40 Jahren um die Ohren schlägt«. Weiters stand eine Historisierung des Dritten Reichs dem System der immer fortwährenden »Trauerarbeit« entgegen. In direktem Zusammenhang steht sogleich die Frage nach der Aufrechnung, und zwar in dem Sinne, daß es den Deutschen gleichsam verboten ist, auf alliierte Kriegsverbrechen und bislang ungesühnte Taten zu verweisen. Ein solcher Hinweis kann natürlich nur auf eine unzulässige Aufrechnung zielen. Aus diesem Grunde können derartige Meinungsäußerungen nur an der Sache vorbeigehen und müssen deshalb abgelehnt werden. Wie sonst sollte man denn beispielsweise das Unterstellen der größten Teile Ostdeutschlands unter polnische Verwaltung rechtfertigen, wenn nicht als »Wiedergutmachung« für begangene Verbrechen an den Ostvölkern?

Schließlich ist die Aufrechterhaltung der Kollektivschuld aufzuführen. Schon aus biologischen Gründen stirbt mittlerweile die »Tätergeneration« aus. Um auch diejenigen, die gesegnet sind, die »Gnade der späten Geburt« in Anspruch nehmen zu dürfen, in Regreß nehmen zu können, bedarf es natürlich der Aufrechterhaltung der bisherigen Schuldzuweisung. Diese wird allerdings stark in Zweifel gezogen und in Bedrängnis gebracht, wenn die »Einmaligkeit« der nationalsozialistischen Verbrechen relativiert, historisiert oder gar bezweifelt und verharmlost würde. Dieser alttestamentarische Gedankengang ist letztlich das Entscheidende für die Gegner der Revision. Diesbezüglich läßt das Mitglied des CDU-Bundesvorstandes und des Zentralrats der Juden in Deutschland, Michel Friedmann, der das *Wort* »Auschwitzmythos« verbieten möchte, keinen Zweifel:

> »Versöhnung ist ein absolut sinnloser Begriff. Den Erben des judenmordenden Staates kommt gar nichts anderes zu, als die schwere historische Verantwortung auf sich zu nehmen, generationenlang, für immer.«

Günter Zehm hat diese Absicht schon lange erkannt:

> »Habermas und die Marxisten verteidigen nicht nur das Nachkriegsdogma der sogenannten Kollektivschuld, sie möchten auch, daß diese Kollektivschuld auf die kommenden Generationen übertragen wird. Im Grunde geht es in der ganzen ›Diskussion‹ gerade um diesen Punkt. Da die bisherige ›Schuldgeneration‹ politisch abtritt und allmählich wegstirbt, versucht man nun, den Enkeln und Urenkeln den Schuldbazillus einzuimpfen [...] Erstens will man die Deutschen durch das Dogma ewig klein und häßlich halten, damit sie weiterhin physisch und psychisch erpreßbar bleiben. Zweitens setzt man auf den Neurotisierungs-Effekt. Ewiges Schuldbewußtsein macht neurotisch, und Neurosen münden oft in Selbstzerstörungswut. So hofft man über den Umweg deutschen Selbsthasses doch noch endlich zum großen Kladderadatsch zu kommen, in dem man die traditionellen Lebensverhältnisse verbrennen und endlich der ›wahre Sozialismus‹ entstehen kann.«[169]

Am 8. September 1994 bewies Ernst Nolte den Mumm, in einem ausführlichen Leserbrief in der FRANKFURTER ALLGEMEINEN ZEITUNG zuzugeben, daß es ihm als Nichtnaturwissenschaftler nicht möglich sei, die Argumente einiger Revisionisten bezüglich der technischen Unmöglichkeit von Massenvernichtungen durch Zyklon B zu widerlegen. Ferner gab der hochrangige Historiker zu, selbst bereits an »zweifellos echte« Dokumente geraten zu sein, die er als solche behandelt habe und die sich nach eingehender Prüfung allerdings als Fälschung entpuppt hätten. Nolte endet mit dem wissenschaftsethischen Bekenntnis, daß Fragen über Echtheit und Möglichkeit zum Gegenstand wissenschaftlicher Erörterung und Auseinandersetzung gemacht werden müßten. Aus diesem Grunde plädiere er für einen wissenschaftlichen Umgang mit den argumentierenden »Auschwitz-Revisionisten«.

Die erste Folge für Nolte war, daß sich die Deutsche Forschungsgemeinschaft bemüßigt sah, ihn von einem gemeinsam mit dem Jerusalemer Zionistischen Zentralarchiv seit über sechs Jahren betriebenen wissenschaftlichen Vorhaben auszuschließen. Hierbei ging es um die Herausgabe der Briefe und Tagebücher des Begründers und führenden Vertreters des Zionismus, Theodor Herzl, zu der Nolte seitens der Deutschen Forschungsgemeinschaft ausdrücklich gebeten worden war. Anfang 1987 ließen die israelischen Herausgeber ihren deutschen Financier wissen, daß sie mit Nolte nicht länger zusammenzuarbeiten gedächten und ihn als Exponenten des Historikerstreits nicht länger duldeten. Die Deutsche Forschungsgemeinschaft parierte artig, entließ Nolte und ersetzte ihn durch Herbert Strauß, den Leiter des Berliner Zentrums für Antisemitismusforschung.

Mitnichten sollte dieser Personenaustausch, dieser Wechsel einer unliebsamen Person gegen einen willigen Mitarbeiter, die letzte Konsequenz im Historikerstreit sein. Am 6. Oktober 1994 ließen die Herausgeber der FRANKFURTER ALLGEMEINEN ZEITUNG, Johann Reißmüller und

Günther Nonnenmacher, in beschämender Art und Weise Nolte wissen, daß er sich mit seinen Äußerungen »weiteres Veröffentlichen im politischen Teil der FRANKFURTER ALLGEMEINEN ZEITUNG verbaut«[170] habe. Mit anderen Worten ist es in der »Zeitung für Deutschland« offenbar nicht möglich, fundierte Standpunkte für Deutschland zu vertreten. Und noch einen weiteren peinlichen Zwischenfall inszenierten die Gedankenwächter. Im Oktober 1994 hatte die Stiftung Weimarer Klassik zu einer Tagung über den jüdischen Nietzscheanismus geladen, zu dem lange Zeit vor dem Ausbruch des Historikerstreits auch Nolte geladen worden war. Von den anderen Eingeladenen sagten fünf wegen Ernst Nolte ab, und da der Professor nur schlecht hatte ausgeladen werden können, entschied sich der Präsident der Stiftung, Bernd Kauffmann, in typisch wehrdemokratischer Standhaftigkeit für eine merkwürdige Auslegung der Diplomatie: Er sagte die Tagung unter Berufung auf Nolte einfach ab. Und damit versandete die Inquisition gegen Ernst Nolte langsam – von späteren Publikationsverweigerungen, Brandanschlägen auf sein Auto und Tränengasangriffen einmal abgesehen.

Und es gab noch eine direkte Folge des Historikerstreits. Nachdem der »Böse« bestraft worden war, mußte der »Gute« seine Belohnung bekommen. Diese ließ zwar einige Jahre auf sich warten, war aber deswegen nicht weniger relevant. Für sein

> »mutiges und prinzipienfestes Auftreten gegen revisionistische Historiker in Deutschland, die die Einzigartigkeit des Holocaust relativieren wollen, und all seine Bemühungen, das deutsche Geschichtsbewußtsein zu erhalten und zu stärken«[171]

wurde das Produkt der Umerziehung Habermas im April 1995 von der Universität Tel Aviv zum *Ehren*doktor ernannt.

Die neunziger Jahre

Es gibt Leser, die schütteln sich bei der Nennung des Verlagsnamens, und andere, die den Buchhändler ausdrücklich nach unseren Büchern fragen. Das ist richtig und nicht etwa falsch. Die Demokratie des Buchmarkts stellt sich durch eine Vielzahl von Meinungen her, nicht durch eine Beliebigkeit allerorten.

(Klaus Wagenbach)

Im fünften Jahrzehnt des Bestehens der Bundesrepublik Deutschland haben sich die in den letzten 20 Jahren vorgebrachten Befürchtungen und Warnungen verschiedenster Kritiker endgültig bewahrheitet: Bestimmte Meinungen sind tabu. Kulturpolitisch ist die Maxime der Political Correctness vorherrschend. Damit sind die Voraussetzungen geschaffen, gegen unliebsame Meinungen mit inquisitorischer Härte und Einseitigkeit vorzugehen. Die Neunziger sind u. a. durch politische Prozesse gekennzeichnet, die in ihrer Art und ihrer Urteilsverkündung nicht mit dem Wesen eines freiheitlichen Staates in Einklang zu bringen sind. Viele Intellektuelle, aber auch weniger gescheite Zeitgenossen, sind der Auffassung, daß die Mutation zum Gesinnungsstaat vollbracht ist.

Der Feind steht rechts

1992 wurde das Buch ATTILAS ERBEN AUF DAVIDS THRON von Erwin Soratoi beschlagnahmt und jeder weitere Verkauf verboten. Im März 1993 wurde auf Beschluß des Amtsgerichts Fürth im Odenwald beim Autor und Verleger Erik Zimmer dessen Buch MULTIKULTUR – EIN WEG INS VERHÄNGNIS beschlagnahmt. Im Mai 1994 stürmten die mit Affenmasken vermummten »Frauen Lesben Gruppen aus Köln + anderswo« die Redaktion der Zeitschrift EMMA, zerstörten die Einrichtung, raubten die Handkasse und sprühten Sprüche an die Wände, wie z. B. »Emma, es reicht« und »Schluß mit dem Rassismus«.

»Das Jahr 1994 war geprägt von diversen staatlichen Eingriffen in die Meinungsäußerungs- und Pressefreiheit«, mit dieser erschütternden Äußerung beginnt Lutz Tillmanns, Geschäftsführer des Deutschen Presserats, seinen lesenswerten Aufsatz. In diesem Artikel belegt Tillmanns zunächst einmal die mannigfaltigen Staatsaktionen gegen Redaktionen und Journalisten. Die wesentlichen Beispiele mögen im folgenden genannt werden: Im Januar durchsuchten Polizei und Staatsanwaltschaft die Redaktionsräume des Magazins FOCUS, um herauszubekommen, wie es zu der vorausgegangenen Veröffentlichung von Fahndungsdokumenten bezüglich des in Bad Kleinen getöteten RAF-Mitglieds Wolfgang Grams kommen konnte. Während dieser Durchsuchung kopierten die Beamten sämtliche Festplattendaten, wobei auch unveröffentlichte Recherchen und Daten von Informanten übertragen worden sein sollen. Dieser Staatsaktion am Anfang des Jahres 1994 sollte eine Reihe ähnlicher Taten folgen. Im Februar wurde ein Journalistenbüro in Geldern durchsucht, im März kam es unter anderem zu Beschlagnahmen in der RTL-Lokalredaktion München, in den Redaktionsräumen der JUNGEN WELT und zu Durchsuchungen von Redaktion, Wohnung und Auto eines Redakteurs der STUTTGARTER ZEITUNG, im Mai wurde Photomaterial in der Redaktion der ABENDZEITUNG beschlagnahmt, im Juni wurde die Redaktion der AUGSBURGER ALLGEMEINEN durchsucht, wobei es zu Beschlagnahmen kam, usw. usw. Die Durchsuchungen und Beschlagnahmen gingen übergangslos im Jahr 1995 weiter: im Januar beim Sender PRO 7 in München, im Februar in der Redaktion des ANZEIGERS FÜR BURGDORF UND LEHRTE und der PEINER ALLGEMEINEN ZEITUNG usw. usw. In allen Fällen ist der Deutsche Presserat der Meinung, daß die Justiz regelmäßig den Grundsatz der Verhältnismäßigkeit mißachtet habe.[172] Einen neuen Höhepunkt großangelegter Razzien und Zensurmaßnahmen erlebte Deutschland im April 1996. Nach Angaben des Börsenvereins des Deutschen Buchhandels wurden von der Staatsanwaltschaft Meiningen in Thüringen 480 Polizeidienststellen angewiesen, über 1000 Buchhandlungen nach vermeintlicher pornographischer Literatur zu durchsuchen – und dies, obwohl richterliche Beschlagnahmeverfügungen weitgehend fehlten. Betroffen waren Bücher, die seit Jahren unbeanstandet frei erhältlich waren und noch nicht einmal von den Gesinnungsaposteln der Bundesprüfstelle als jugendgefährdend verunglimpft worden waren. Unter den betroffenen Verlagen fanden sich u. a. Rowohlt und Eichborn. Der Börsenverein appellierte an die Justizministerien, gegen derartige Zensureingriffe einzuschreiten, und rief gleichzeitig seine Mitglieder dazu auf, sich mit allen rechtsstaatlichen Mitteln gegen diese ungerechtfertigten Übergriffe zur Wehr zu setzen.

Am 3. Mai 1997, dem Internationalen Tag der Pressefreiheit, kritisierten der Deutsche Journalistenverband und die IG Medien die Praxis der Justizbehörden, immer häufiger Redaktionen und Wohnungen von Journalisten und Verlegern zu durchsuchen. Nach Ansicht der Gewerkschaften – und wer, von den Gesinnungsaposteln und Inquisitoren einmal abgesehen, will ihnen da widersprechen – unterhöhlten die Durchsuchungen den Informantenschutz und damit die Freiheit der Presse. Nur scheren sich die Zensurapparatschiks bis heute nicht um diese und andere Kritik.

1995 wurde das Buch JEDEM DAS SEINE – GEDANKEN

ZUR LAGE SÜDAFRIKAS von Eduard Platzoeder verboten, ebenso das von Günter Deckert herausgegebene Buch GÜNTER DECKERT – MÄRTYRER FÜR FORSCHUNGS-, MEINUNGS- UND REDEFREIHEIT IM SPANNUNGSVERHÄLTNIS VON ZEITGESCHICHTE, JUSTIZ UND POLIZEI. Die meisten erschienenen Ausgaben von SLEIPNIR. ZEITSCHRIFT FÜR KULTUR, GESCHICHTE UND POLITIK wurden wegen des Verdachts auf Volksverhetzung obligatorisch beschlagnahmt. Ende November 1996 glänzte, quasi als ausgleichende Gerechtigkeit, eine Meldung der besonderen Art:

»Die linksgerichtete Zeitschrift *radikal*, die unter anderem terroristische Schriften der Roten Armee Fraktion (RAF) und der Antiimperialistischen Zellen (AZ) verbreitet hat, ist zerschlagen. Das bislang letzte von acht mit Haftbefehl gesuchten Mitgliedern hat sich in Düsseldorf der Polizei gestellt. Seit Sommer 1996 seien keine weiteren Ausgaben der Untergrundzeitschrift aufgetaucht, teilte die Generalstaatsanwaltschaft in Düsseldorf mit.«[173]

Ebenfalls 1995 sollte im Piper-Verlag die deutsche Übersetzung von John Sacks AN EYE FOR AN EYE unter dem Titel AUGE UM AUGE erscheinen. Der Verlag hatte das Buch des jüdischen Autors bereits in Zeitungsanzeigen beworben, zog es aber dann mit der Begründung zurück, man dürfe, so Verlagsleiter Viktor Niemann, zum 50. Jahrestag der Befreiung von Auschwitz keine Mißverständnisse provozieren. Die 6000 Exemplare der Erstauflage wurde deshalb kurzerhand eingestampft. Dieses beschämende Verhalten fand seinen gerechten Widerhall, z. B. in der FAZ, in der Christian Riester am 21.2.1995 in seinem Leserbrief meinte:

»Die Argumentation des Piper-Verlages zur Nichtauslieferung des Buches von John Sack ist schon eine erstaunliche Konstruktion. Diskussionen müssen also gelenkt werden, und zwar in die richtige Richtung. Geht man davon aus, daß der Bürger durch die tägliche Flut an Berichten zur Vergangenheitsbewältigung inzwischen schon so verwirrt ist, daß er nicht mehr in der Lage sein sollte, historische Fakten zu erkennen und zu beurteilen? Ich denke, daß man das Vorgehen des Piper-Verlages als das bezeichnen soll, was es ist: Zensur.«

Das Buch erschien im gleichen Jahr dann im Kabel-Verlag. Autor und Verlag weisen auf der Umschlagseite des Buches darauf hin, daß sie sich weder durch die Unbelehrbarkeit gewisser Menschen beirren noch sich von anderer Seite vorschreiben ließen, was veröffentlicht werden darf und was nicht. Im Grunde genommen eine Selbstverständlichkeit in einer freiheitlichen, pluralistischen Demokratie. Und daß Anfang 1996 das Buch in einem Gleiwitzer Verlag in polnischer Sprache erschienen ist und in Polen keinen Negativrummel verursachte, ist ferner ein überdeutlicher Indikator für den Grad der Informationsfreiheit in Deutschland.

Seit nunmehr fast 50 Jahren weigert sich das bayerische Finanzministerium, das – merkwürdig genug – die Lizenzrechte für Hitlers MEIN KAMPF besitzt, standhaft, des Führers Buch wiederaufzulegen, mit der Begründung, nicht das Ansehen der Bundesrepublik Deutschland im Ausland gefährden zu wollen. Die WOCHENPOST stellt hierzu die sich aufdrängende Frage, ob »unser Gemeinwesen nicht gefestigt genug sei, um die Veröffentlichung von ›Mein Kampf‹ zu verkraften«.[174]

So so, um das Ansehen Deutschlands sind die wehrdemokratischen Inquisitoren also besorgt. Es gibt tatsächlich allen Grund, über die deutsche Reputation im Ausland besorgt zu sein, nur ist das auslösende Moment ein gänzlich anderes: Der schwedische Schriftstellerverband hat Ende 1994 gegen deutsche Versuche protestiert, das Erscheinen von Hitlers Buch in Skandinavien zu verhindern. Die deutsche Botschaft in Stockholm erdreistete sich nämlich, eine einstweilige Verfügung gegen den schwedischen Verlag

Häggl zu erwirken und die Restauflage der schwedischen Ausgabe von MEIN KAMPF zu beschlagnahmen.[175] Erhältlich ist das Buch trotz des deutschen Aufbegehrens freilich in aller Welt. In fast allen europäischen Sprachen einschließlich als deutscher Neudruck ist es u. a. in Dänemark, in Spanien, in Großbritannien, aber auch in Indien, in den Vereinigten Staaten von Amerika und in Südafrika neu aufgelegt worden oder aber frei erhältlich. Und was die deutsche Sorge ums Ansehen im Ausland betrifft: Im November 1995 hat das dänische Kulturministerium dem Antrag von Dänemarks Nationalsozialistischer Bewegung (DNSB) stattgegeben und erteilte Radio Oase die Erlaubnis, in Kopenhagen ein eigenes nationalsozialistisches Programm auszustrahlen. Diese Entscheidung betrachten wir als Beispiel einer tatsächlich praktizierten Demokratie.

Fast hat es den Anschein, als ob das lächerliche deutsche Gehabe von Meinungsunterdrückung im Ausland mehr Schaden an der Reputation Deutschlands verursacht als ein Buch, das vor über 70 Jahren geschrieben worden ist und erstrangig den Status einer primären Geschichtsquelle besitzt. Jedenfalls bleibt den Deutschen vorerst nur die Möglichkeit, das Buch, das übrigens seit 1995 auch in Israel frei erhältlich ist, entweder als antiquarische Ausgabe zu erhaschen oder – was natürlich verboten ist – einen Nachdruck unter dem Ladentisch zu kaufen. Aber wenigstens wird bei einer derartigen Tortur das Ansehen Deutschlands im Ausland gewahrt.

Drum gebt fein acht

Bereits 1959/60 hatte sich der Bundestag mit einem Gesetzesentwurf bezüglich »Volksverhetzung« auseinandergesetzt. Dieses Gesetz kam damals allerdings nicht zuletzt wegen des Engagements des Zentralrats der Juden in Deutschland nicht zustande. Der damalige Generalsekretär dieses Rates, Hendrik G. van Dam, hatte sich seinerzeit in der ZEIT »entschieden gegen einen ›Naturschutzpark für Juden‹«[176] gewandt. Doch der »Zufall« kam zu Hilfe. Rechtzeitig zu Weihnachten im Jahre 1959 wurde die Kölner Synagoge mit Hakenkreuzen vollgeschmiert. Gleich darauf kam es zu einer regelrechten Welle von Nachfolgetaten, so daß bis Ende Januar 1960 rund 470 antijüdische Vorfälle, größtenteils Schmierereien, in ganz Westdeutschland gezählt wurden. Der Bundestag wurde zu einer Sondersitzung einberufen, in der Bundeskanzler Konrad Adenauer die Einführung der Prügelstrafe für Hakenkreuzschmierer forderte. Selbstverständlich war »die« Bundesrepublik Deutschland geschockt, »die Weltöffentlichkeit« empört, und die Bonner Politiker schämten sich. Die Kölner Täter wurden gefaßt. Es handelte sich entgegen der Erwartungen hierbei nicht um wohlorganisierte rechtsradikale Umstürzler, sondern um unpolitische Jugendliche. Zudem wußte man inzwischen,

> »daß ›der Pinsel der Schmierfinken‹ von der Stasi und anderen östlichen Geheimdiensten gelenkt wurde [...] Es kam vor, daß das NEUE DEUTSCHLAND als erste Zeitung über antisemitische Vorfälle in der Bundesrepu-

blik berichtete, noch ehe sie von den Westmedien bemerkt wurden.«[177]

Diese von östlichen Geheimdiensten zeitlich gewiß überaus günstig abgestimmten antijüdischen Schmierereien veranlaßten die FDP nichtsdestotrotz, wenigstens eine Verschärfung des Strafgesetzes durchzudrücken. Dies gelang auch am 30.6.1960, wodurch sich die Beleidigung von Juden strafrechtlich ahnden ließ. Diese 6. Strafrechtsänderung aus dem Jahre 1960 ließ sich jedoch nicht auf die Leugnung des Judenmordes anwenden. Hier wurde man erst im Jahre 1979 fündig. In diesem Jahr nämlich hatte das Bundesministerium für Jugend, Familie und Gesundheit bei der ihm unterstehenden Bundesprüfstelle einen Antrag auf Indizierung des Buches DER AUSCHWITZ-MYTHOS von Wilhelm Stäglich, einem promovierten Juristen und Richter am Hamburger Finanzgericht gestellt, mit der Begründung, es bestreite »die systematische Judenvernichtung in Auschwitz« und liefe »damit dem Gedanken der Völkerverständigung zuwider«.[178] Weiters wurde dem Buch auf unwissenschaftliche Weise sein wissenschaftlicher Charakter abgesprochen. Grund genug für die BPjS, das Buch mit der Begründung zu indizieren, die Studie desorientiere Kinder und Jugendliche sozialethisch.

Es blieb jedoch nicht nur bei der Indizierung des Buches. Vielmehr kam es noch zu einem Gerichtsverfahren, da DER AUSCHWITZ-MYTHOS den Tatbestand der Volksverhetzung gemäß § 130 StGB erfülle. 1982 wurde das Werk von Stäglich schließlich beschlagnahmt und eingezogen. Eine umgehende Revision wurde vom Bundesgerichtshof verworfen, die Verfassungsbeschwerden des Verlegers und des Autors nahm das Bundesverfassungsgericht mit der Begründung »Aussichtslosigkeit« nicht an. Doch damit noch nicht genug: Am 24. März 1983 erkannte die Universität Göttingen Stäglich seine Doktorwürde mit der Begründung ab, er habe einen Doktorgrad mißbraucht.

Pikanterweise stützte sich hierbei die Rechtsprechung auf das Reichsgesetz über die Führung akademischer Grade vom 7.6.1939 (Reichsgesetzblatt I, S. 985) und die dazu ergangene Durchführungsverordnung vom 21.7.1939 (Reichsgesetzblatt I, S. 1326), denen zufolge ein akademischer Grad wieder entzogen wird, wenn sich sein Träger zum Führen eines solchen Grades als unwürdig erweist. Zwischenzeitlich wurden sowohl das Buchverbot als auch die Aberkennung der Doktorwürde von diversen Gerichten bestätigt. Hinsichtlich der Verurteilungen und Maßnahmen gegen Wilhelm Stäglich wollen wir uns mit dem Rechtsgelehrten Eckhard Jesse fragen, »ob diese Vorgehensweise wirklich nötig gewesen ist. Außenstehende könnten glauben, an den Thesen Stäglichs sei ›doch etwas dran‹.«[179] Zu diesem Vorwurf kommt erschwerend hinzu, daß das Buch seit Jahren im Ausland neu aufgelegt und vertrieben wird.

In entwaffnender Einfachheit und Logik äußerte sich ein mündiger Bürger in einer der größten deutschen Tageszeitungen und stellte den Stäglich-Skandal ohne Umschweife bloß:

> »Kein Ernstzunehmender bezweifelt, daß Juden im Dritten Reich verfolgt und ermordet wurden. Wer sich mit diesem Thema auseinandersetzt, muß in einem Rechtsstaat aber doch wohl untersuchen dürfen, was glaubwürdig, was unglaubwürdig und was gar technisch unmöglich ist. Wenn Gesetze die historische Forschung zu diesem Komplex verbieten, wenn Sachverständige bei Strafandrohung nicht aussagen dürfen, dann kommt man doch zwangsläufig zu der Vermutung, daß an den Deutschland so schwer belastenden Beschuldigungen vieles nicht der Nachprüfung standhalten würde.«[180]

Nun heißt es doch in § 1 Abs. 2 GjS u. a., daß Schriften nicht in die Indexliste aufgenommen werden dürfen, wenn sie der Kunst oder der Wissenschaft, der Forschung oder der Lehre dienten. Auch das BPjS stellt, den Schein von Rechtsstaatlichkeit wahrend, fest: »Grundsätzlich darf, was der Wissenschaft, Forschung und Lehre dient, nicht indiziert werden.« Nur ist die BPjS der Auffassung, daß sich gerade auf den Wissenschafts- und Forschungsparagraphen vor allem Autoren beriefen, denen es darum ginge, die Ursachen des Zweiten Weltkrieges unrichtig [sic!] darzustellen bzw. die NS-Verbrechen zu verherrlichen, zu verharmlosen oder zu leugnen. Der Wissenschaft, Forschung und Lehre diene aber nur dann ein Medium, so die BPjS, das BVerfG kopierend, wenn in ihm das Wesentliche erfaßt, sorgfältige Beobachtungen angestellt, Tatsachen genau wiedergegeben würden; wenn also der Studie eine Ernsthaftigkeit obliege.[181] Freilich unbeantwortet bleibt die Frage, wer sich aufgrund welcher Kompetenz befugt fühlt, beispielsweise Stäglich die Ernsthaftigkeit seiner Forschungen abzusprechen und dementsprechend unedle Motive oder die Unrichtigkeit seiner Ausführungen zu unterstellen.

Als direkte Folge dieses Entscheides stimmte der Bundestag am 20.5.1994 einem »Auschwitz-Lügen-Gesetz« zu, in dem es in § 130 Abs. 3 ausdrücklich heißt:

> »Mit Freiheitsstrafe bis zu fünf Jahren oder mit Geldstrafe wird bestraft, wer eine unter der Herrschaft des Nationalsozialismus begangene Handlung der in § 220a Abs. 1 [›Völkermord‹] bezeichneten Art in einer Weise, die geeignet ist, den öffentlichen Frieden zu stören, öffentlich oder in einer Versammlung billigt, leugnet oder verharmlost.«

Damit bestätigte das BVerfG endgültig, daß diejenigen, die »Auschwitz«, also das Töten durch Gas von Millionen von Juden während des Dritten Reiches, in Frage stellen, nicht durch die grundgesetzlich garantierte Meinungs(äußerungs)freiheit geschützt sind. Die zweitgrößte Menschenrechtsorganisation, Human Rights Watch (HRW), kommentiert zu diesem Entscheid: »The court's ruling appeared to restrict unduly the protected right to free speech and expression.«[182]

Am 10.3.1996 gab Bundesjustizminister Edzard Schmidt-Jortzig vor laufender Kamera in der 3-SAT-Fernsehsendung BEI RUGE allen Ernstes folgende bekennende Stellungnahme ab:

> »Unsere Sicht von Meinungsfreiheit ist in der Tat anders als in den USA, das wissen Sie ja auch und haben vorhin schon darauf hingewiesen. Wir werden – und das finde ich einigermaßen bedrückend – binnen kurzem von den USA wegen unserer Bestrafung der Auschwitzlüge eine förmliche, hm, na, nicht 'ne Anklage, eine förmliche Rüge über die Vereinten Nationen bekommen, weil wir auf diese Art und Weise Meinungsfreiheit einschränken.«[183]

Diese Besorgnis des Justizministers entspricht dem Stand der Dinge.

Auch der Publizist Horst Meier, dem man gewiß keine »rechtsextremistische« Interessenvertretung nachsagen kann und der sich schon oft öffentlich für die Meinungsäußerungsfreiheit des politisch Andersdenkenden eingesetzt hat, verurteilte das »Auschwitz-Lügen-Gesetz« scharf. Er bezeichnete in der TAGESZEITUNG »die Verknüpfung von Geschichtspolitik und Gewaltmonopol« als »Armutszeugnis für die Demokratie«. In seiner umfangreichen Stellungnahme hebt Meier hervor, daß die Verschärfung des Volksverhetzungsparagraphen »die politische Freiheit potentiell aller zur Disposition gestellt und das demokratische Selbstbewußtsein korrumpiert« habe.[184]

Max Güdes, ehemaliger Generalbundesanwalt und Bundestagsabgeordneter für die CDU, hält das politische Strafrecht, denn für nichts anderes können wir es halten, für nicht ungefährlich. Ihm zufolge kann es nicht darauf ankommen, durch hohe Strafen eine fragwürdige Abschreckungswirkung zu erzielen, sondern vielmehr auf die viel wichtigere Zustimmungswirkung im täglichen Plebiszit der öffentlichen Meinung, sprich des rechtschaffenen Bürgers. Tatsächlich handelt der Verfassungsgegner aus Überzeugung, eine Abschreckung wird also kaum greifen. Was aber, verlöre der Bürger seine Solidarität mit dem Staat oder wenigstens die Identifikation, ohne die eine Demokratie – und dazu noch eine freiheitlich-demokratische – nicht dauerhaft bestehen kann.[185]

Stalin war ein guter Mensch

Als besonders üblen Verstoß gegen die freie Meinungsäußerung und gegen die Souveränität der Forschung und der Wissenschaft gelten die Maßnahmen gegen Joachim Hoffmann, Wissenschaftlicher Direktor am Militärgeschichtlichen Forschungsamt in Freiburg (jetzt Potsdam). 1995 legte der Wissenschaftler seine Dokumentation mit dem Namen STALINS VERNICHTUNGSKRIEG 1941–1945 vor. In diesem Werk nahm der Autor weniger Rücksicht auf geltende Tabus, Dogmen und Denkverbote, sondern bemühte sich vielmehr, *alle* Verhaltensweisen *aller* Beteiligten beim Ausbruch des Großen Vaterländischen Krieges zu analysieren. Davon waren Hoffmanns Vorgesetzte Wilhelm Deist und Manfred Messerschmidt nicht gerade begeistert. Sie forderten nichts weniger, als die sowjetischen Beiträge, die zu dem Einmarsch geführt haben, zu unterschlagen. Von Hoffmann wurde u. a. allen Ernstes erwartet, sämtliche Stellen zu streichen, die auf die gemeinsame Verantwortung der Sowjetunion und Deutschlands für die Ausschaltung Polens 1939 hinwiesen, sowie die Auslassung aller Methoden des Vernichtungskrieges auf sowjetischer

Seite. Mit anderen Worten sollten der Öffentlichkeit bewußt historische Gegebenheiten vorenthalten und die Geschichte sollte – im traditionellen Umerziehungsstil – zuungunsten Deutschlands deformiert werden. Hoffmann blieb standhaft und verteidigte erfolgreich seine Erkenntnis vom deutschen Präventivschlag gegen die Sowjetunion 1941.

Hoffmann belegt in seinem bahnbrechenden Werk überzeugend, daß es sich bei diesem Krieg, entgegen den Versuchen der vorherrschenden Zeitgeschichtsschreibung, um einen deutschen Präventivkrieg handelte, und zwar in dem Sinne, daß Deutschland mit der Eröffnung der Kriegshandlungen dem von der Sowjetunion vorbereiteten Angriffskrieg nur knapp zuvorgekommen war. Weiters belegt der Historiker, daß die brutalen Menschenrechtsverletzungen gegenüber Deutschen, als die Sowjetarmisten Ende 1944 in deutsches Staatsgebiet einfielen, eine infernalische Steigerung erleben sollten.[186] Hoffmann liefert für seine Erkenntnisse entsprechende Belege und Beweise, die im zeitgeistigen Klima der Bundesrepublik Deutschland als sensationell dreist gelten. Hoffmann war sich dieser Gewagtheit bewußt und schreibt in seinem Vorwort:

> »Im Gegensatz zu Geist und Buchstaben der grundgesetzlich proklamierten Wissenschaftsfreiheit ist es heutzutage leider schon empfehlenswert, manche Passagen historiographischer Texte vor ihrer Veröffentlichung auf einen möglichen ›Straftatbestand‹ hin überprüfen zu lassen – ein fast entwürdigender Zustand.«

Kein Geringerer als der schwule Bundestagsabgeordnete der Bündnisgrünen Volker Beck sowie seine feministische Kollegin Annelie Buntenbach fühlten sich dazu berufen, wegen des Buches eine Fragestunde im Plenum des Bundestages in ein Inquisitionstribunal umzufunktionieren. Es galt, den Ketzer an den Pranger zu stellen. Für die

Qualität der Fragestellungen und die ehrliche Absicht der Fragesteller war es bezeichnend, daß sich die Besorgten nicht an etwaige belastende Auszüge aus der Primärquelle hielten, sondern zur Untermauerung ihrer schwerwiegenden Vorwürfe ausschließlich eine Rezension der TAZ gebrauchten.

Der Tanz der Gerechten ging noch weiter: Der Leitende Direktor des Bundesarchivs Militärarchiv, Manfred Kehrig, hatte sich erlaubt, ein Geleitwort zu Hoffmanns Ausführungen zu schreiben, das er mit den Worten abschließt, daß der besondere Reiz der Arbeit von Hoffmann darin bestehe, daß er mit Stalins Vernichtungskrieg gegen Deutschland Aspekte beleuchte und in den Vordergrund stelle, »die bisher noch kein adäquates Interesse der westlichen Geschichtsschreibung gefunden haben«. Wegen dieser Einführung wurde gegen Kehrig ein dienstliches Disziplinarverfahren eingeleitet, das seinerseits wiederum den von Hoffmann attestierten entwürdigenden Zustand der praktizierten Wissenschafts- und Meinungsfreiheit in Deutschland belegt. Kehrig wird ein Mißbrauch der freien Meinungsäußerung im Sinne von Art. 18 GG zum Vorwurf gemacht.

Pingpong

Am 28.8.1978 beantragte das Jugendamt Hamm die Indizierung des Buches WAHRHEIT FÜR DEUTSCHLAND. DIE SCHULDFRAGE DES ZWEITEN WELTKRIEGES von Udo Walendy, das 1964 in erster Auflage erschien und seitdem mehrmals neuaufgelegt wurde, mit der Begründung, das Buch widerspreche »historischen Tatsachen«. Hierfür blieb die BPjS freilich die entsprechenden Beweise schuldig. Jedenfalls sei die WAHRHEIT FÜR DEUTSCHLAND geeignet, »Jugendliche sozialethisch zu verwirren und in der Entwicklung zu gefährden«. Daraufhin beauftragte das zwölfköpfige Gremium der BPjS das vom Bund und den Ländern finanzierte Münchener Institut für Zeitgeschichte, in einem Gutachten den Wahrheitsgehalt des Buches festzustellen. Hermann Graml, Angestellter des Instituts, sprach dem Buch den Wahrheitsgehalt gänzlich ab. WAHRHEIT FÜR DEUTSCHLAND sei »als gefährlich« zu bezeichnen. Auch Graml lieferte keine Beweise für seine folgenreiche Behauptung. Das hinderte die BPjS jedoch nicht, das »gefährliche« Buch 1979 zu indizieren.

1980 legte der Historiker Georg Franz ein weiteres, allerdings der Auffassung des »Instituts für Zeitgeschichte« entgegengestelltes Gutachten beim Verwaltungsgericht Köln vor, in dem die Wissenschaftlichkeit des Buches sehr wohl bestätigt und ausdrücklich hervorgehoben wurde. Daraufhin hob 1984 das Oberverwaltungsgericht Münster die 1979 von der BPjS angeordnete Indizierung des Buches mit der Begründung auf, daß ein Großteil des Gutachtergremiums das Buch entweder nicht gelesen hatte oder aber die Prüfer nicht über die notwendige fachliche Sachkompetenz verfügten. Wörtlich heißt es in dem Urteil (Az.: 20 A 1143/81), daß die Entscheidung der Bundesprüfstelle, das Buch zu indizieren, »an einem Informationsdefizit der beurteilenden Personen« leide und damit gegen anerkannte Grundsätze der Ausübung des der Bundesprüfstelle zustehenden Beurteilungsspielraums« verstoße.

Trotz dieser eindeutigen Entscheidung glaubte die Bundesregierung am 20.3.1984 gegen dieses Urteil mit der Behauptung, das Buch sei »nicht zu Zwecken der Wissenschaft zu dienen bestimmt«, Revision einlegen zu müssen. Daraufhin beschloß das Bundesverwaltungsgericht am 3.3.1987, das Buch wieder zu indizieren.[187] Der politische Tischtennismeinungsfreiheitsthriller war bei weitem noch nicht ausgestanden. Das neuerliche Urteil des BVerwG wurde vom Autor nicht akzeptiert. Walendy beantragte Revision beim Bundesverfassungsgericht, das am 11.1.1994 zu seinen Gunsten entschied, da das Buch sehr wohl in den Schutzbereich des Art. 5 Abs.1 Satz 1 GG falle.

> »Die Annahme der Bundesprüfstelle und – ihr folgend – des Bundesverwaltungsgerichts, das Buch des Beschwerdeführers könne schon deshalb indiziert werden, weil es die NS-Ideologie durch eine falsche historische Darstellung aufwerte, trägt jedoch der Bedeutung des Grundrechts auf Art. 5 Abs. 1 Satz 1 GG nicht ausreichend Rechnung [...] Tatsächlich vermeidet es der Beschwerdeführer, die NS-Ideologie zu rechtfertigen, den Krieg zu verherrlichen oder die Ermordung von Millionen von Juden zu leugnen oder zu verteidigen. Eine Gefährdung der Jugend durch die Propagierung von Ideen, die offensichtlich mit den Grundprinzipien von Menschenwürde und Freiheitlichkeit, von denen die Verfassung ausgeht, unvereinbar wären, läßt sich also nicht feststellen [...] Auch Jugendliche können nur dann zu mündigen Staatsbürgern werden, wenn ihre Kritikfähigkeit in Auseinandersetzung mit unterschiedlichen Meinungen gestärkt wird. Das gilt in besonderem Maße für die Auseinandersetzung mit der jüngeren deutschen Geschichte. Die Vermittlung des historischen Geschehens und die kritische Auseinandersetzung mit abweichenden Meinungen können die Jugend sehr viel wirksamer vor Anfälligkeit für verzerrende Geschichtsdarstellungen schützen als eine Indizierung, die solchen Meinungen sogar eine unberechtigte Anziehungskraft verleihen könnte.«

Damit wurde die Indizierung von WAHRHEIT FÜR DEUTSCHLAND aufgehoben. Der Schlußsatz in dem Entscheid des BVerfG beinhaltete die Frage, ob die BPjS bei einer erneuten Prüfung zu demselben Ergebnis gelangen könne. Das konnten die eigenwilligen Sittenwächter der Bundesprüfstelle offensichtlich nicht. Die deutsche Zensurbehörde setzte sich einmal mehr über das Urteil des höchsten deutschen Gerichts hinweg. So wurde das Buch am 3.11.1994 mit der Begründung, es würde auf eine »Reinwaschung Hitlers von jedweder Schuld am Ausbruch des Zweiten Weltkrieges« abzielen und sei damit als »jugendgefährdend im Sinne von § 1 Absatz 1 GjS« zu betrachten, erneut indiziert, was wiederum eine weitere Revision zur Folge hatte, die bis dato noch nicht entschieden ist. Interessant dürfte die Stellungnahme der Bundesrepublik Deutschland bezüglich des Inhalts von WAHRHEIT FÜR DEUTSCHLAND sein. Sich auf die Entscheidung des Bundesverfassungsgerichts berufend, heißt es in der Stellungnahme, das Buch enthalte eine Bewertung komplexer historischer Zusammenhänge. Es sei durch die Meinung des Autors zur Kriegsschuldfrage geprägt und lasse sich nicht auf eine unrichtige Tatsachenbehauptung reduzieren, zumal es der Autor gerade vermieden hat, die NS-Ideologie zu rechtfertigen, den Krieg zu verherrlichen oder die Ermordung von Millionen von Juden zu leugnen.[188] Diese Tatsachen sind der BPjS freilich schnurz. Offenbar glauben die Gedankenwächter bei der Bundesprüfstelle, über den Dingen stehen zu können und die Weisheit mit dem Löffel gefressen zu haben. Fällt einem doch das Wort Metternichs ein: »Ich habe eine Art Titularprofessur für fundamentale Wahrheiten inne.«

Grundlagen wofür?

1995 wurde die von Ernst Gauss (Pseudonym von Germar Rudolf Scheerer) herausgegebene zeitgeschichtliche Anthologie GRUNDLAGEN ZUR ZEITGESCHICHTE nebst ihren Druckplatten beschlagnahmt. In einem Brief berichtet der Herausgeber über bei ihm durchgeführte Hausdurchsuchungen u. a.:

»Am 30.9.1993 drang die Staatsanwaltschaft Stuttgart [...] mit etwa 10 Beamten des Landeskriminalamtes in meine Wohnung ein, um alles Material zu beschlagnahmen, das in irgendeinem Zusammenhang mit der Erstellung und Verbreitung meines Gutachtens über die Chemie der Gaskammern in Auschwitz stand. Damals raubte man mir neben meinem kompletten Quellenarchiv und aller Korrespondenz auch meine EDV-Anlage und sämtliches Datenmaterial. Am 18.8.1994 drang die Staatsanwaltschaft erneut in meine Wohnung ein [...] Besonders schmerzlich war allerdings, daß man mir auch jenes Material wegnahm, das ich für meine Verteidigung in meinem anstehenden Prozeß brauchte. Dieser Prozeß, der nun seit dem 22.11.1994 läuft, dreht sich um den Vorwurf der Staatsanwaltschaft, ich hätte mein Gutachten [...] mit politischen Kommentaren versehen und verbreitet [...] Wenige Tage nach Klärung der Identität von Ernst Gauss erwirkte die Staatsanwaltschaft Tübingen beim dortigen Amtsgericht einen Beschluß, dem zufolge das Buch GRUNDLAGEN ZUR ZEITGESCHICHTE einzuziehen war und die Geschäftsräume des Grabert Verlages sowie meine Wohnung erneut zu durchsuchen seien, diesmal auf Unterlagen bezüglich der Erstellung und Verbreitung des genannten Buches. Am 27.3.1995 standen die Freunde und Helfer der Landeskriminalpolizei, Dezernat Staatsschutz, wiederum vor meiner Haustür. Da ich mit meiner Frau und meiner 6 Monate alten Tochter beim Arzt war, entschied man sich, das Schloß meiner Wohnung aufzubohren und meine Wohnung in meiner Abwesenheit auszurauben. Als ich gegen 11.30 Uhr zurückkam, konnte ich nur noch zur Kenntnis nehmen, was man alles beschlagnahmt hatte. Hierunter befanden sich nicht nur private Korrespondenz, Tagebuchaufzeichnungen meiner Frau über die Entwicklung unserer Tochter, ihre Kontoauszüge, Bücher und Hefte, die nichts mit dem Buch zu tun haben, sondern wiederum meine EDV-Anlage, diesmal mit Unterlagen, die für meine Verteidigung im laufenden Verfahren unentbehrlich sind, Kundendaten, die für die Ausübung meines Berufes unerläßlich sind, etc. Auch meine Sicherheitskopie dieser Daten, die ich an meinem Arbeitsplatz aufbewahrte, wurde beschlagnahmt, da auch mein Arbeitsplatz geplündert wurde. Verlor ich nach der 1. Hausdurchsuchung die Möglichkeit, meine Ausbildung zum promovierten Chemiker abzuschließen – die Universität Stuttgart weigert sich seither, einen Termin für mein Rigorosum zu geben –, so verlor ich nach der 2. Hausdurchsuchung meine Wohnung, da die Gemeinde auf meinen Vermieter einen so starken Druck ausübte, daß er sich genötigt sah, mir zu kündigen. Man darf gespannt sein, welcher nächste Schritt zur Existenzvernichtung einer jungen Familie nun folgen wird. Schon ist ein Fernsehteam bei meinem Arbeitgeber aufgetaucht, um diesen durch eine öffentliche Kampagne zu zwingen, mich zu entlassen. Meine neuen Vermieter werden bereits unruhig [...] Zum anderen geht es aber auch darum, den bisher tadellosen Ruf des Ernst Gauss in den Dreck zu ziehen und damit seine Bücher als Schundliteratur verleumden zu können, womit ihrem Verbot – frei nach dem Motto ›eine Zensur findet nicht statt‹ – nichts mehr im Wege steht.«

Tatsächlich wurde dem Diplom-Chemiker bei der Max-Planck-Gesellschaft fristlos gekündigt. Zudem wurde Germar Rudolf Scheerer am 23.6.1995 vom Stuttgarter Landgericht zu 14 Monaten Haft ohne Bewährung verurteilt. Dieses Urteil wurde im Frühjahr 1996 in höherer Instanz bestätigt. Darüber hinaus wurde der Verleger Wigbert Grabert im Juni 1996 zu einer Geldstrafe von 30.000 DM verurteilt.

»In der Bundesrepublik Deutschland gibt es keine politische Gefangene [sic!]«[189] heißt es wortwörtlich von offizieller Bonner Stelle. Klaus Wagenbach hat derartige politische Verfahren – als was sonst kann das staatliche Eingreifen gegen Stäglich, Walendy, Scheerer und viele andere Publizisten interpretiert werden – einmal »Zensurprozesse« genannt. Nichts anderes sind sie.

Die oben genannten und viele andere bezeichnende Fälle, auf die an dieser Stelle nicht eingegangen werden konnte, belegen den eklatanten Verstoß gegen die Meinungs- und Forschungsfreiheit in einem Rechtsstaat. Die ungeheuren Implikationen eines solchen Zustandes kumulierten bei vielen Wissenschaftlern, Publizisten, Verlegern und Buchhändlern zu einem Aufstand des Gewissens. 100 dieser um den Fortbestand des Rechtsstaates aktiv bemühten Persönlichkeiten wandten sich an die Öffentlichkeit und riefen in ihrem »Appell der 100« das aus, was Deutschland täglich bedroht: »Die Meinungsfreiheit ist in Gefahr«:

> »Wir, die Unterzeichneten, haben in letzter Zeit mit Besorgnis zur Kenntnis nehmen müssen, daß in Deutschland in zunehmendem Maße Sondergesetze und strafrechtliche Verfolgung gegen Verleger, Redakteure und Autoren – auch gegen Wissenschaftler – wegen deren begründeter Äußerungen zu bestimmten Fragen der Zeitgeschichte eingesetzt werden [...] Dadurch werden die wissenschaftliche Forschung und die öffentliche Diskussion dieser gerade für Deutschland wichtigen Fragen unerträglich eingeschränkt, und der notwendige Prozeß der Wahrheitsfindung wird verzögert oder ganz verhindert. Ohne zum Inhalt der strittigen Fragen Stellung nehmen zu wollen, weisen wir als verantwortungsbewußte Staatsbürger in großer Sorge um die grundgesetzlich garantierte Freiheit der Meinungsäußerung wie die der Forschung und Lehre auf diese gefährlichen Zustände hin und wenden uns an alle

Verantwortlichen und an die Öffentlichkeit im In- und Ausland, dafür einzutreten, daß derartige Verletzungen sowohl der Menschenrechte als auch der freiheitlich-demokratischen Grundordnung in Zukunft unterbleiben.«

Über Meinungsvielfalt

Die deutsche Tagespresse ist doch wirklich das schlaffste, schläfrigste und feigste Institut, das unter der Sonne besteht! Die größten Infamien können vor ihren Augen, gegen sie selbst geschehen, und sie schweigt, sie verheimlicht alles; wenn man es nicht durch einen Zufall erführe, durch die Presse würde man gewiß nicht erfahren, was die Gnade Gottes an einzelnen Orten für herrliche Märzveilchen zutage gefördert hat.

(Karl Marx)

Wir leben in einer Zeit, in der die öffentliche Meinung weitgehend von den Massenmedien geprägt wird.[190] 86 % der Deutschen leiten ihre Wahlentscheidung aus den Medien Fernsehen (50 %), Presse (27 %) und Radio (9 %) ab. Bereits diese Zahlen zeigten, so der Redakteur Harald Neubauer, »weshalb die Beherrschung der Medien, insbesondere des Fernsehens, einer Kontrolle des demokratischen Prozesses gleichkommt«.[191] Damit seien die Medien neben der Gesetzgebung, der Verwaltung und der Rechtsprechung die vierte Gewalt, deren Einfluß nicht deutlich genug hervorgehoben werden könne. Da allerdings in einer Demokratie die Gewalten kontrolliert werden, würde dies dann auch für die Presse gelten. Eine »kontrollierte Presse« führt den Begriff »freie Presse« jedoch ad absurdum.

Eine freie Presse wird logischerweise nicht zuletzt von ihren »freien Trägern« bestimmt. Von den 36.000 festangestellten und 18.000 freien Journalisten bekannten sich 1993 folgende Anteile zu untenstehenden politischen Gesinnungen[192]:

1. Linksliberal 21,4 %
2. Liberal 19,3 %
3. Sozialdemokratisch 16,4 %
4. Grün-alternativ 9,8 %
5. Christlich-demokratisch 8,1 %
6. Rechtsliberal 4,6 %
7. Neutral 4 %
8. Sozialistisch 3,2 %
9. Konservativ 2,4 %

In einem solchen Umfeld, urteilen Behrens und von Rimscha sicherlich nachvollziehbar, habe »eine konservative Werthaltung keine Chance«.[193] Von einer nationalen, die noch nicht einmal in der obigen Tabelle aufgeführt ist, einmal ganz zu schweigen.

In Deutschland nimmt die Zahl der Verlage, die Tageszeitungen herausgeben, seit den fünfziger Jahren kontinuierlich ab. Waren es 1954 noch 624 Verlagshäuser, wurden 1985 nur noch 382 Verleger gezählt.[194] Tendenz weiter fallend. Und dies schlägt sich bei den Marktanteilen in Form größerer Konzentration nieder. Der Springer-Konzern verkauft von der Gesamtauflage *aller* Zeitungen knapp 40 %, gefolgt von der weit abgeschlagenen zweiten Gruppe mit knapp 4 %.[195] Bei der Gesamttageszeitungsauflage liegt der Springerkonzern mit rund 30 % weit vor den folgenden Zeitungsgruppen, WAZ-Gruppe mit knapp 6 % und dem Stuttgarter Zeitungsverlag mit etwa 5 %.[196] Die fünf größten Zeitungsgruppen, entsprechend ihrer Marktanteile, gibt Heinrich H. Diederichs Ende der sechziger Jahre wie folgt an.[197] Für die neunziger Jahre gelten im wesentlichen dieselben prozentualen Größenverhältnisse:

1. Springer 29,6 %
2. Westdeutsche Allgemeine Zeitung 3,0 %
3. Süddeutscher Verlag 3,0 %
4. Societät/Frankfurter Allgemeine Zeitung 2,9 %
5. DuMont Schauberg 2,6 %

Aufgrund der zunehmenden Konzentrationsentwicklung in den sechziger Jahren berief die von CDU und SPD getragene Regierung 1967 eine Kommission unter dem Vorsitz des Präsidenten des Bundeskartellamtes Eberhard Günther ein, die die Gefährdung der wirtschaftlichen Existenz von Presseunternehmen und die sich hieraus ergebenden Folgen der Konzentration für die Meinungsfreiheit in der Bundesrepublik Deutschland zu untersuchen hatte. Der Mitte 1968 vorgelegte Abschlußbericht stellte fest, daß die Pressefreiheit bei einem Marktanteil eines Unternehmens von 20 % der Gesamtauflage deutscher Presseerzeugnisse gefährdet sei. Eine unmittelbare Beeinträchtigung der Pressefreiheit sei nach Ansicht der Kommission bei einem Prozentsatz von 40 erreicht.[198]

Ist die für eine freiheitliche Demokratie lebensnotwendige Pluralität der Meinungsbildung zu garantieren, wenn ein Verleger über ein Drittel der Bürger mit Informationen und seiner Meinung versorgt? Überlassen wir die Beantwortung dieser Frage den Medienforschern, Soziologen und Publizistikwissenschaftlern. Wesentlich für uns ist die Frage: Gibt es eine zum Meinungskartell alternative Presse? Bezeichnenderweise schmücken sich die meisten Medien mit den seriös klingenden Etiketten »überparteilich« und »unabhängig«. Will man angesichts der parteipolitischen Interessenverteilung bzw. Ausrichtung allen Ernstes von einer Ausgewogenheit sprechen? Insgesamt wird seitens der Kommunikationswissenschaft häufig kritisiert, daß die deutschen Medien nicht allzu meinungsfreudig seien. Tatsächlich findet man bei der täglichen Presseschau eine begrenzte Palette kommentierter Presseäußerungen, in der wirklich vom gängigen politischen Spektrum abweichende Meinungen recht selten sind.[199]

Der Deutsche Journalisten-Verband sieht die Pressefreiheit noch von einer weiteren Seite gefährdet:

> »Durch medienübergreifende Konzentrationsprozesse halten einzelne große Macht in den Händen, welches zur Einschränkung von Meinungsvielfalt und freier Berichterstattung führen kann. So hatte der Hauptaktionär der WELT-Zeitung z. B. gefordert, den Chefredakteur wegen eines ihm nicht passenden Kommentars zu entlassen.«[200]

Zwar sei 25 Jahre nach der »68er Revolution« auf diese Weise, dem Gang durch die Institutionen, kein marxistisch-sozialistisches, »aber lückenlos linksliberales Meinungsmonopol in Rundfunk, Fernsehen, Buchverlagen und Printmedien« entstanden, »das in nahezu geschlossener Pressure Group das Umerziehungwerk im Geist des Antifaschismus weiterzuführen sucht«.[201] Tatsächlich haben es viele der einst revolutionären Studenten geschafft, sich mittlerweile in den Chefetagen von Redaktionen, Anwaltskanzleien, Ministerien, Ämtern und Behörden, Verlagen einzunisten und dort ihre Machtstellung zu festigen und auszubauen. Mit anderen Worten konnte sich eine linksliberale kulturelle Hegemonie etablieren, die nach den semantischen Regeln der »Political Correctness« aufrechterhalten und mit subtilen Methoden rigoros verteidigt wird.[202]

Rolf Groß meint, daß ein Redakteur, unter der Voraussetzung, daß er die im Rahmen der Verfassung zulässigen gesetzlichen Schranken nicht überschreitet und auch sonst nicht gegen die Meinungsäußerungsfreiheit verstoßen hat, eine Publikation seiner eigenen Meinung auch gegen den Willen des Verlegers verlangen könne, d. h., der Verleger dürfe dem Redakteur die Publikation seiner Meinung nicht verwehren. Diese Feststellung dürfte mehr auf einer theoretischen Grundlage denn auf praktischer Realität fußen. Ein Journalist befindet sich als Angestellter seines Verlages in einem sozialen Abhängigkeitsverhältnis; somit ist der Gedanke naheliegend, daß eine den Ansichten und Interessen des Zeitungsbesitzers entgegengesetzte Meinungsäußerung nur unter dem Damoklesschwert der drohenden Entlassung vom Journalisten nach seinem eigenen Gewissen durchzuführen ist.

Bleibt die Möglichkeit für einen unabhängigen Journalisten, den Pressekonzernen gegenüber neue meinungsbildende Organe zu gründen. Damit käme er der Ausübung seines grundgesetzlich verbrieften Grundrechtes der Pressefreiheit nach. Allerdings befindet sich der Journalist oder Redakteur in einer dienstrechtlichen Abhängigkeit von seinem Verleger, so daß faktisch gesehen die freie journalistische Meinungsäußerung dadurch erheblich eingeengt wird.[203] In den meisten Fällen wird sich ein Journalist sehr wohl überlegen, ob er seinen Arbeitsplatz riskiert. Viel eher wird er in der Regel nach dem Motto handeln: »Denken Sie bei jedem Artikel, den Sie schreiben, was könnten die Herausgeber dazu sagen.«

Ferner wächst die Abhängigkeit des Journalisten vom Redakteur, Herausgeber oder Verleger in dem Maße, wie ihm die Möglichkeit, bei Unzufriedenheit zu einer anderen Zeitung oder zu einem anderen Verlag zu wechseln, durch Mangel an Auswahl verwehrt ist. Es bleibt also nur das ernüchternde Fazit: Solange dem Journalisten keine Bevormundung in personeller, politischer und materieller Hinsicht erspart bleibt, bleibt die Pressefreiheit unterbunden, kann von einer freien Presse in der Demokratie keine Rede sein.

Obgleich Eric F. Sidlers Überlegungen entgegen seiner Ankündigung nicht gerade kritisch sind – was die korrekten Moralwächter freilich nicht davon abhielt, im Frühjahr 1996 die Buchhandelskette Hugendubel wegen des Vertriebs des Buches zu boykottieren –, beantwortet der

Schweizer die sich aufdrängende Frage, über welche Wege Journalisten ihre Negativinformationen aus der Privatsphäre Dritter erlangen, pauschal und unzweideutig: »Immer von Neidern, von Verleumdern und nur sehr selten von seriösen und zuverlässigen Informanten.«[204]

Hermann Boventer zufolge hat sich unter dem Deckmantel der Aufdeckung von Mißständen eine Kommerzialisierung des Journalismus vollzogen, die den Medienerfolg an die Spitze der Berufsinteressen setzt, wobei Persönlichkeitsrechte wenig gelten[205] und Rufschädigung wie auch Rufmord gesellschaftsfähig geworden sind. Kuno Kruse und Sabine Rückert zufolge, und wer möchte ihnen guten Gewissens widersprechen, geraten auch seriöse Zeitungen und Zeitschriften zunehmend in den Sog der Boulevardisierung. Es geht um den Kampf um die Story, die eine entsprechende Auflage und somit einen entsprechenden Umsatz garantiert. Und hierbei werden ethische Grenzen immer weiter zurückgestellt. Beispielsweise werden Skinheads von Journalisten oft bezahlt, um den rechten Arm vor laufender Kamera emporzureißen oder auch mal ein »Sieg Heil« zu grölen. Die der Öffentlichkeit vorgestellten Neonazis sind meist versoffene und so manches Mal vollgepinkelte Proleten oder, wie uns kein Geringerer als der Verfassungsschutz selbst präsentiert, bis zur Unkenntlichkeit tätowierte, geschminkte asoziale Subjekte, die sich zweifelsohne für Geld in mehr oder weniger photogenen Posen ablichten lassen.[206] Man kann nur daraus schließen, daß die Anzahl der von den »Photomodellen« täglich geleerten Dosen Bier den Wert ihres Intelligenzquotienten bei weitem übersteigt.

Das Repertoire der Verfälschung und Diffamierung ist ein weites: Boulevardphotographen, die alberne Halbwüchsige als Handtaschenräuber posieren lassen, Polizeireporter, die von Zeugen oder Verdächtigen ganze Stapel privater Photoalben mitgehen lassen, Fernsehmoderatoren, die Stricher oder Huren einladen, damit sie vor laufender Kamera bestimmte Politiker als ihre angeblichen Kunden rufmorden, die Vertreter der Regenbogenpresse, die erfundene Geschichten und/oder getürkte Photos reißerisch auf der Titelseite plazieren und somit dem Unglücklichen das Leben versauen, und unzählige mehr.[207] Auffallend bei diesen vielfältigen Beispielen ist der fehlende Respekt der Medien vor der Ehre des einzelnen.[208] Mit Recht ist also festzustellen: Solange

> »sich die Journalisten nicht einer erzieherischen Aufgabe unterworfen sehen, solange sie ihr Gewissen ausschalten oder ausschalten lassen, solange sie nicht wirklich frei und unabhängig schreiben können, was sie sich selbst als Urteil erarbeitet haben, und solange sie den heutigen Zustand widerstandslos dulden, so lange sind nicht der Staat, Verbände und sonstige Institutionen eine Gefahr für die Pressefreiheit, sondern einzig und allein die Presse selbst. Die Lage entspricht etwa der eines Entmannten oder Impotenten, der zur Täuschung des Partners über seinen Mangel dauernd erotische Reden hält.«[209]

Die freien Quellen

Bereits 1979 hielt die Mehrheit deutscher Journalisten, Redakteure, Abteilungsleiter und Intendanten, dem Bielefelder emnid-Meinungsforschungsbüro zufolge, ihre journalistische Freiheit für gefährdet. Mehr Selbstzensur und weniger Meinungsvielfalt, mit anderen Worten Unterdrückung unliebsamer Meinungen, zeichneten zunehmend das Bild der Pressefreiheit.[210] 15 Jahre später, am 24.2.1994, beschwert sich der Deutsche Journalisten-Verband in einer Pressemitteilung darüber, daß die herrschende politische Klasse, SPD und CDU, die Pressefreiheit aushöhle. Wohnungsdurchsuchungen bei Redakteuren, erkennungsdienstliche Erfassung freier Journalisten, Beschlagnahme von Redaktionsmaterial aus renommierten Tageszeitungen und Zeitschriften nahmen seit Anfang der neunziger Jahre derart überhand, daß sich die Gewerkschaft der Journalisten im Interesse der Freiheit der Presse endlich dazu aufraffte, sich zu wehren. Am 14.3.1994 heißt es in einer weiteren Pressemitteilung:

> »Justizbehörden und Politiker gefährden die Pressefreiheit in der Bundesrepublik: In jüngster Zeit haben sich die Übergriffe von Staatsanwaltschaften gegen Journalisten und Redaktionen in Presse und Rundfunk gehäuft; das Redaktionsgeheimnis wurde grob verletzt, das Zeugnisverweigerungsrecht der Journalisten ausgehebelt. Parallel dazu drohen Politiker mit Einschränkungen der Pressefreiheit. Gesetzesinitiativen zur Verschärfung der Landespressegesetze – wie zum Beispiel im Saarland – tragen zu einem Klima bei, in dem solche Übergriffe eher möglich werden. Der Deutsche Journalisten-Verband sieht durch diese Aktionen und Initiativen von Justiz und Politik eine Grundlage der demokratischen Verfassung, das Informationsrecht der Medien und aller Bürger/innen, gefährdet.«

Der Deutsche Presserat versteht sich als Einrichtung der freiwilligen Selbstkontrolle der gedruckten Medien. 1965 gegründet, wird er getragen durch den Bundesverband Deutscher Zeitungsverleger, den Deutschen Journalisten-Verband, die Industriegewerkschaft Medien und den Verband Deutscher Zeitschriftenverleger. Diese Presseorganisationen, zum Presserat zusammengeschlossen, haben es sich zur Aufgabe gemacht, für die Pressefreiheit in Deutschland, den ungehinderten Zugang zu den Nachrichtenquellen und gegen die Gefährdung der freien Information und Meinungsbildung des Bürgers einzutreten.

Diverse Äußerungen des Deutschen Presserats muten

indes überaus zweifelhaft an. 1995 mahnte er schließlich die Zeitungsredaktionen an, sie möchten in Zukunft erhöhte Wachsamkeit und Sorgfalt bei der Auswahl von Leserbriefen walten lassen. Der Leserbriefteil müsse künftig von Beiträgen »streitbaren Inhalts« freigehalten werden. Mit anderen Worten sei mißliebigen Meinungen kein Forum mehr zu bieten. Als derartige Unmeinungen gelten, Manfred Protze, dem Vorsitzenden des Beschwerdeausschusses des Presserates zufolge, insbesondere Schilderungen über die Besetzung Ost- und Sudetendeutschlands und die Vertreibung von Millionen von Deutschen aus diesen Gebieten, da *Erinnerungen* an diese zeitgeschichtlichen Ereignisse einer Beschimpfung osteuropäischer Nationen gleichkämen.

Pikanterweise brachte die Deutsche Bundespost etwa zum selben Zeitpunkt eine Sonderbriefmarke heraus, die der Freiheit der Meinungsäußerung in Wort, Schrift und Bild gewidmet ist. Um dem Hohn sein Krönchen aufzusetzen, noch dies: Die damalige Justizministerin Sabine Leutheusser-Schnarrenberger versuchte gegen das Votum aller 16 deutschen Bundesländer, den Aufdruck »Deutschland« auf dieser Briefmarke zu verbieten, da er »nationalistische Tendenzen« fördere.

Sind Journalisten Schweine?

1993 taten Journalisten im Saarland das, was man von ihnen – und dies gilt für den gesamten Berufsstand – wohl erwarten darf: Sie recherchierten und trugen durch eine Vielzahl von Artikeln zur Meinungsbildung des Volkes bei. Nur auf diese Weise wurde beispielsweise bekannt, daß der saarländische Ministerpräsident Oskar Lafontaine doppelte Pensionssätze bezieht. Recherchierende Journalisten entdeckten zudem aber auch, daß sich der rote Oskar gern in Stripperbars, Nachtklubs und in ähnlichen roten Etablissements amüsiert. Was des Normalbürgers gutes Recht ist. Nur steht Lafontaine als Ministerpräsident eines Bundeslandes, als Bundesvorsitzender und als allzu wahrscheinlicher Bundeskanzlerkandidat der SPD durchaus im Interesse des öffentlichen Lebens. Aber das ist nicht das entscheidende. Denn wer sagt, daß Lafontaine zum Zeitpunkt der nächsten Bundestagswahl noch im Interesse der Öffentlichkeit stehen wird? Wesentlich ist, gerade wenn bei Politikern – und nicht nur diesen – der dringende Verdacht besteht, daß sie nicht mehr genügend zwischen dem von ihnen bekleideten Amt und ihren privaten Interessen zu unterscheiden vermögen, mündige Bürger sehr wohl ein Recht haben, Näheres beispielsweise über den Volksvertreter Lafontaine zu erfahren, vor allem, wenn diese Informationen nicht aus dem jeweiligen Parteibuch oder offiziellen Protokollen zu entnehmen sind. Verhaltensweisen von Repräsentanten des Staates beschäftigen die Medien zu Recht dann, wie der ehemalige Präsident des Bundesverfassungsgerichts Ernst Benda urteilt, »wenn es um die Ausnutzung einer amtlichen Stellung zum Erlangen privater Vorteile geht«.[211]

Nichtsdestotrotz behauptete Lafontaine, daß die Presse einen »Schweinejournalismus« betreibe, und regte im Saarland aus diesem Grunde ein neues Pressegesetz an. Sollte der Presse durch restriktive Gesetze ein Maulkorb verpaßt werden, da sie immer wieder neue Skandale, Schiebereien, Steuerhinterziehungen und Affären von Politikern aufgedeckt hat? Oder wie sich DER SPIEGEL ausdrückt: »Unter dem Vorwand, die Bürger, die Leser, vor ihren Blättern schützen zu müssen, räumen sich Parteipolitiker alle möglichen Kontroll- und Schikanebefugnisse gegenüber den Medien ein.«[212] Oskar Lafontaine jedenfalls reagierte sauer, sehr sauer. Im Januar 1994 legte die Regierung des Saarlandes einen Entwurf zur Änderung des Saarländischen Presse- und Rundfunkgesetzes vor. Dieser Gesetzesentwurf enthielt u. a. folgende Forderungen:

1. Abdruck der Gegendarstellung an gleichwertiger, der Seite der Erstmitteilung entsprechender Stelle mit gleicher Aufmachung.
2. Verwendung graphischer oder photographischer Mittel, die im Zusammenhang mit dem einzelnen Text stehen.
3. Verbot der Erwiderung seitens der Redaktion auf derselben Seite.

Der Deutsche Presserat und viele bedeutende Medien innerhalb des deutschen Blätterwaldes äußerten ihre verfassungsrechtlichen Bedenken, immerhin ist es mit dem Grundrecht der Pressefreiheit unvereinbar, wenn sich staatliche Stellen Einblick in die Vorgänge verschaffen, welche zur Entstehung eines Artikels oder der gesamten Zeitung führen. Das war dem erbosten Herrn Ministerpräsidenten jedoch Wurscht.

Das am Vorschlag von Lafontaine für die praktizierte Meinungsfreiheit Fatale ist, daß der Gesetzesentwurf angenommen wurde. Im Mai 1995 beschloß die im Saarland herrschende politische Klasse das »Gesetz zur Änderung des Saarländischen Pressegesetzes«. Damit können in Zukunft Betroffene in eigener Sache Gegendarstellungen ohne Rücksicht auf ihren Wahrheitsgehalt in Medien veröffentlichen, ohne daß die Redaktionen dazu ausreichend Stellung nehmen dürfen.[213] Daraufhin erhob die SAARBRÜCKER ZEITUNG, unterstützt vom Deutschen Presserat, 1995 Verfassungsbeschwerde. Man darf gespannt sein, wie sich das Bundesverfassungsgericht nun entscheidet – im Hinblick auf das »Auschwitz-Lüge«- und das »Soldaten-sind-Mörder«-Urteil darf man sicherlich nicht allzu optimistisch sein.

Nun ist es keineswegs so, daß nur die SPD-Genossen, die sich im Privileg der Volksvertretung wähnen, zugunsten solcher die Meinungs- und Pressefreiheit beschneidenden Bestimmungen entschieden hätten. Offensichtlich durch das saarländische Beispiel animiert und auf den

Geschmack gekommen, prüften die Volksvertreter Thüringens sogleich, inwieweit ein ähnliches Gesetz auch für dieses Bundesland notwendig sei, und man kam zu dem Entschluß, daß künftig bei Nichtabdruck von Gegendarstellungen ein Bußgeld bis zu der stolzen Summe von 100.000 DM zu erwarten ist. Die Kollegen von der CDU fanden an den von der SPD ins Leben gerufenen Maßnahmen Gefallen. So beschloß der Hamburger CDU-Parteitag bereits einige Wochen später ein neues Grundsatzprogramm, in dem die gewagte Forderung aufgestellt wird, daß jeder Bürger einen gesetzlich geregelten Auskunftsanspruch gegen Presseorgane, Rundfunk und Fernsehen über die ihn betreffenden gesammelten Informationen erhalten müsse. Natürlich geht es hierbei wieder einmal weniger um das Wohlbefinden des Bürgers, sondern um die Absicherung der Vertreter der herrschenden Klasse, denn würde der christdemokratische Entwurf Gesetz, könnten beispielsweise Manager oder Politiker, »die ahnen, daß über sie berichtet werden soll, schon bei einer Anfrage durch einen Journalisten Rechtsmittel einlegen und die Redaktionsarbeit blockieren«.[214]

Nein, im allgemeinen sind Journalisten natürlich keine Schweine, obgleich sie sich manchmal zu Ferkeleien hinreißen lassen. Was sind diese jedoch im Vergleich zu den Sauereien vieler Politiker, die ohne journalistische Arbeit niemals aufgedeckt werden würden?

Zur Ausgewogenheit der übrigen Medien

Die SPD war immer die Partei der Meinungsfreiheit. Es geht uns um die Verantwortung für die Gesellschaft und politische Kultur.

(Kurt Beck, rheinland-pfälzischer Ministerpräsident, SPD)

Die gängige Auffassung, was schwarz auf weiß in der Zeitung steht oder was die sympathische Sprecherin in den

Nachrichten verkündet, *muß* wahr sein – Kurt Ziesel hat in diesem Zusammenhang von einer »Art von Weihecharakter«[215] gesprochen –, ist überaus realitätsfremd und gereicht erstrangig der herrschenden Klasse zum Vorteil. Mitnichten ist von den Pflichten der Presse bzw. der Medien auch auf eine Rechtspflicht zur Wahrheit der Berichterstattung zu schließen. Es gilt vielmehr, nicht der Magie des gedruckten Wortes zu erliegen und dem Gedruckten dort ein Prestige zu verleihen, wo es gerade gilt, den Glauben an das gedruckte Wort zu erschüttern. Mit anderen Worten also eine distanzierte skeptische Einstellung zu schaffen und die gedruckten oder gesagten Worte zu prüfen und abzuwägen. Der Leser oder der Zuhörer muß sich fragen, ob das Gelesene oder Gehörte der Haltung des Schreibers oder des Redners entspricht oder desjenigen, in dessen Auftrag oder Interesse er sich äußert, und inwiefern bestimmte Informationen bewußt ausgewählt worden sind.[216]

Lobenswert ist der Vorsatz, die Medien sollten aufgrund ihrer immensen Bedeutung für das Kommunikationssystem von Staat und Gesellschaft und der damit verbundene kommunikative Einfluß und die kommunikative Macht staatsfrei sein, d. h. weder staatlich beschränkt noch instrumentalisiert sein. Sie dürfen aber auch nicht zum Instrument anderer Machtträger werden.[217] Diese wünschenswerte Vision wird jedoch zunichte gemacht und zur Illusion degradiert: Der ehemalige Herausgeber der NEW YORK TIMES, John Swainton, legte während einer Rede vor Journalisten ein bedeutsames Bekenntnis ab. Er sagte u. a.: »Eine freie Presse gibt es nicht [...] Nicht ein einziger unter Ihnen würde es wagen, seine Meinung ehrlich und offen zu sagen [...] Wir sind Werkzeuge und Hörige der Finanzgewaltigen hinter den Kulissen.«[218]

Im folgenden wollen wir darlegen, daß unter den oben dargelegten Umständen die Auffassung, der Leser besäße

»in Rundfunk und Fernsehen eine Kontrollmöglichkeit, die ein skrupelloses Manipulieren von Nachrichten«[219] seitens der Presse nicht zuließe, geradezu weltfremd anmutet.

Die mit der Meinungsfreiheit korrespondierende Verpflichtung der öffentlich-rechtlichen Rundfunkanstalten zur ausgewogenen und angemessenen Berichterstattung und Abbildung der verschiedenen Auffassungen in der Gesellschaft ist in den jeweiligen Landesrundfunkgesetzen festgelegt. Wie so oft klaffen auch hier Theorie und Wirklichkeit weit auseinander. Dem Juristen Bruno Schmidt-Bleibtreu zufolge ist die grundgesetzlich manifestierte Freiheit des Rundfunks nicht nur gefährdet, sondern bereits aufgehoben:

> »Die einseitige Politisierung von einzelnen Rundfunkanstalten hat die Grenzen der Rundfunkfreiheit überschritten, weil diese Anstalten weitgehend den Trägern linker Gruppen ausgeliefert wurden und das politische Gleichgewicht nicht mehr gewahrt ist.«[220]

Tatsächlich gibt es in Deutschland noch ein weiteres Problem. Es handelt sich hierbei um die Frage, inwieweit in der veröffentlichten und damit öffentlichen Meinung diejenigen kaltgestellt werden, die sich dem vorherrschenden Zeitgeist nicht anpassen. »Das ist keine Frage der Verfassung oder der Gesetze, sondern des Ethos derer, die über die Mikrophone verfügen, und deren Umgang mit der Wahrheit und der Wirklichkeit. Hier gibt es Defizite.«[221] In der Tat: Die Behinderung von politischer Willensbildung wird besonders bei Wahlkämpfen deutlich. Hiervon stark betroffen sind in erster Linie die Rechtsparteien, die, gleich wie man zu ihnen stehen mag, im demokratischen Prozeß der Meinungsbildung dieselben Rechte genießen dürfen müssen wie beispielsweise die etablierten und hofierten Parteien auch. Dem ist jedoch nicht so. Beispiel DVU: Etablierte Parteien versuchten in den vergangenen zehn Jahren nicht etwa eine sachgerechte Auseinandersetzung mit der Partei des Münchner Zeitungs- und Immobilienzaren Gerhard Frey, sondern glänzten primär durch Meinungsunterdrückung, obwohl die DVU mehrfach in die Parlamente gewählt worden ist und teilweise die drittstärkste Kraft darstellte. Zehntausende Plakate von Rechtsparteien werden während der Wahlkämpfe quasi in Volkssportmanier zerstört oder gestohlen, meist von Mitmenschen, die glauben, sich gerade für Freizügigkeit und Meinungsvielfalt zu engagieren. Werden derartige Sachbeschädigungen gewöhnlich als Untaten von Hooligans verurteilt, geschehen sie hier oft unter Zustimmung der herrschenden Parteien. Bei Veranstaltungen und Diskussionen werden Abgeordnete unliebsamer Parteien entweder nicht eingeladen oder kurz vor Beginn wieder ausgeladen oder die Versammlung abgesagt. Pressemeldungen werden ignoriert, Wahlkampfsendungen nicht ausgestrahlt. Nicht nur, daß hierbei die Medien gegen selbstverständliche Prinzipien verstoßen, die Studenten im ersten Semester von Journalistik und Kommunikationswissenschaften lernen[222], es ist zudem noch ein unverschämtes, rüpelhaftes Benehmen, das man von Menschen, die sich selbst als liberal und tolerant bezeichnen, nicht erwarten sollte.

So wird in Deutschland durch einen gewichtigen Teil der Presse und des Fernsehens linksextremistische Gewalt nicht nur verharmlost, »sondern beinahe mystifiziert«. Gerade beim öffentlichen Fernsehen habe man, so Eric F. Sidler, »immer das Gefühl, die Forderungen dieser gemeinen Verbrecher seien irgendwie berechtigt.«[223]

Bereits 1990 beschuldigte der Medienrechtler Reinhart Ricker die Fernsehmedien der einseitigen und tendenziösen Berichterstattung und forderte sie gleichzeitig zu sachlicherer Berichterstattung auf, um eine umfassendere Information zu gewährleisten. Aus diesem Grunde gedenkt Ricker Beschwerdeausschüsse zu gründen mit dem

Ziel, daß jedem einzelnen Zuschauer Beschwerderecht eingeräumt wird. Auf den ersten Blick vielleicht eine lobenswerte und notwendige Maßnahme – abgesehen davon, daß der mit einer solchen Maßnahme verbundene bürokratische Aufwand nicht zu meistern ist. Dem SPIEGEL graut es ferner vor einer perfektionierten Fernsehüberwachung. Ihm sind die bisherigen Kontrollmechanismen durch die Rundfunkräte schon zuviel, hätten sie doch »die Tendenzen zu Kritikvermeidung und steriler Ausgewogenheit mächtig gefördert«.[224] Was hier als Kritikvermeidung und Ausgewogenheit bezeichnet wird, ist eine überaus schmeichelhafte Wortkombination für eine unerträgliche Einseitigkeit. Es stellt sich überhaupt die Frage, ob eine oberste Kontrollinstanz für Funk, Presse und Fernsehen in einem freiheitlichen Staat wünschenswert ist, oder ob nicht die Etablierung einer solchen Einrichtung den freiheitlichen Staat ad absurdum führen würde. Nicht von der Hand zu weisen ist definitiv der Einwand, daß eine derartige Aufpasserzentrale die Meinungsfreiheit noch mehr behindern würde, als sie es ohnehin schon ist, da sie dahingehend wirken würde, daß sie letztlich ausschließlich der journalistischen Lenkung dienen würde. Die Verwirklichung der Überlegungen, wie Journalisten verstärkt zu kontrollieren seien und der Forderungen bezüglich eines erweiterten Korrekturrechts, das gegen mißliebige Berichte eingesetzt kann, würde den letzten Rest der in Deutschland verbliebenen Pressefreiheit ersticken. Andererseits ist es bei der jetzigen Regelung absehbar, daß die praktische Umsetzung der garantierten Grundrechte nur ein schmählicher Vorstoß zu wahrer, d. h. umfassender Informationsfreiheit sein kann. Insofern, und da ist die Überschrift des SPIEGEL-Artikels nicht verkehrt, obgleich das Magazin natürlich etwas anderes, mehr Vergangenheitsbewältigendes auszudrücken gedachte, hat die Lösung aus dem Schlamassel durchaus etwas mit Disziplin zu tun, und zwar beiderseitiger.

Die Redakteurin des Westdeutschen Rundfunks Gisela Marx zitiert Ernst Elitz vom Süddeutschen Rundfunk 1986 auf einer Tagung über »Ethische Realitäten im Mediengeschäft«: »Nachrichten waren immer eine Ware.« Frau Marx fährt, sich auf Elitz beziehend, fort: »In den Publikumsmedien müsse eine Nachricht nur dann wahrhaft sein, wenn ihr Realitätsgehalt leicht nachprüfbar sei. Das Volk wolle unterhalten werden.«[225] Aus diesem Grunde seien politische Sendungen mit Märchenstunden zu vergleichen.

Ein mündiges Volk benötigt die Medien aber, frei nach Bertolt Brecht, nicht als Verteilungsapparat vorgefaßter Meinungen und eines vorfabrizierten Klischees, sondern als Apparat zum Austausch autonomer Meinungen, eben als Kommunikationsapparat anstelle eines Distributionsapparates. Und hier gibt es in Deutschland, gelinde gesagt, Defizite.

Der Hüter *der* Meinung

Wenn ich erlebe, wie durch die Herrschenden alles Nationale unterdrückt, wie mit Verboten reagiert wird, dann spüre ich, daß es mir wieder so gehen könnte wie in der kommunistischen Zeit. Zum Beispiel, wenn ich mich heute für nationale Interessen einsetze und deswegen vom BND oder vom Verfassungsschutz einvernommen werde, daß ich dort vielleicht Offiziere der Stasi wiedertreffe. Ich wollte die Freiheit, meine Meinung sagen zu dürfen, und das wird heute schon wieder unterdrückt.

(Lothar Pieche, Alterspräsident der ersten frei gewählten DDR-Volkskammer)

»Grundsätzlich ist hervorzuheben, daß sich die Arbeit der Verfassungsschutzbehörden nicht gegen eine unliebsame Opposition richtet, sondern gegen Gegner der freiheitlichen demokratischen Grundordnung.«[226] Der Verfassungsschutz sei als wesentlicher Bestandteil einer praktizierten wehrhaften Demokratie[227] zu verstehen. Heißt es.

In die jährlich vom Verfassungsschutz herausgegebenen hauseigenen Berichte werden bezeichnenderweise keine verfassungswidrigen Aktivitäten etablierter Parteien aufgenommen. Gibt's doch auch gar keinen Grund dafür, hören wir da Unwissende oder Voreilige sich empören? Wie schaut es jedoch aus mit dem von Bundestagsmitgliedern vor der deutschen Teilvereinigung ausgesprochenen Verzicht auf die Vereinigung; war dies nicht ein eklatanter Verstoß gegen das Gebot der Präambel des Grundgesetzes? Ist die Behinderung nichtetablierter politischer Parteien und Organisationen in puncto Meinungs- und Versammlungsfreiheit nicht verfassungsfeindlich? Die bewußt manipulierte Zerstörung von Ehe und Familie fällt in die gleiche Kategorie. Wo finden der Barschel-Skandal, die Kießling-Affäre oder die Verbrechen des Kanzler-Kohl-Vertrauten Werner Nachmann ihren Niederschlag? Oder die Tatsache, daß im Kriegsfall zwar 100 % der Politiker, aber nur mickrige 2 % der Bevölkerung Schutz in entsprechenden Räumen finden können. Man wird sich ja noch Gedanken machen dürfen.

Die bösen Roten ...

Bundesinnenminister Manfred Kanther suggeriert, die Bundesregierung setze im Umgang mit politisch motivierten »Extremisten«

> »auf die Überzeugungskraft der geistig-politischen Auseinandersetzung, der sie grundsätzlich Vorrang vor administrativen und gerichtlichen Maßnahmen gegen extremistische Gegner der freiheitlichen demokratischen Ordnung«[228]

einräume. Schön wär's ja. Stehen wir dieser toleranten und sicherlich unterstützungswürdigen These offen gegenüber und überprüfen den Umgang des Hüters der Lehrmeinung mit politischen Extremisten. Werfen wir beispielsweise einen Blick in den von ihm herausgegebenen Jahresbericht. Der Überblick des Verfassungsschutzberichts 1994 beginnt mit dem Satz:

> »Die Bedrohung der inneren Sicherheit der Bundesrepublik Deutschland durch gewalttätige Linksextremisten war 1993 ernster als im Vorjahr. [...] Die Gewaltbereitschaft autonomer Gruppierungen war ungebrochen.

Auf ihr Konto ging wieder die Mehrzahl der erneut angestiegenen Gesamtzahl von Gewalttaten mit linksextremistischem Hintergrund.«[229]

Man erinnert sich: Gewalttaten haben wir eingangs nicht als eine Form von Meinungsäußerung definiert, die unter dem Schutz von Art. 5 GG steht, und als »Form der Meinungsäußerung« akzeptieren wir diese Straftaten auch nicht. Mit Recht fragt sich der gesetzestreue und mündige Bürger, was denn die Bundesregierung gegen die oben beschriebenen gewalttätigen Extremisten unternommen hat. Wir blättern also interessiert weiter und finden – nichts. Zu unserem großen Erstaunen müssen wir feststellen, daß uns der Verfassungsschutzbericht im Kapitel Linksextremismus nichts – aber wirklich gar nichts – darüber mitteilt, welche Maßnahmen gegenüber dieser »Bedrohung der inneren Sicherheit der Bundesrepublik Deutschland« unternommen worden sind.

Verwundert blättern wir wieder zurück. Der Rechtsextremismus stellt offensichtlich keine Bedrohung für die innere Sicherheit der Bundesrepublik Deutschland dar, ansonsten hätte es uns Manfred Kanther an dieser Stelle mitgeteilt. Steht aber nichts. Dafür erfahren wir, daß seit Ende 1992 von den Innenministern des Bundes und der Länder insgesamt sieben rechtsextremistische Organisationen verboten worden sind.

»Gegen zwei weitere wurden wegen ihres wahrscheinlichen Parteienstatus Verbotsanträge beim Bundesverfassungsgericht gestellt. Im Februar und Juli wurden bundesweite Exekutivmaßnahmen gegen Skinhead-Bands, -Musikverlage sowie die Hersteller und Vertreiber von Skinhead-Druckschriften, sogenannten Fanzines, durchgeführt.«[230]

Dies verwirrt uns noch mehr: Auf der einen Seite wird vor der »Bedrohung der inneren Sicherheit der Bundesrepublik Deutschland durch gewalttätige Linksextremisten« gewarnt, gegen die allerdings keine staatlichen Maßnahmen ergriffen wurden, andererseits wurden »bundesweite Exekutivmaßnahmen gegen« »rechte« Musiker durchgeführt. Nach dieser verfassungsschützerischen Einleitung wenden wir uns dem ersten Hauptkapitel »Deutscher linksextremistischer Terrorismus« zu, das mit dem bündigen Satz eingeleitet wird: »Die Bedrohung der inneren Sicherheit durch linksextremistische Gruppierungen besteht fort.« Damit bekräftigt der Bericht die eingangs hervorgehobene Warnung.

Ein wesentlicher Teil dieses Kapitels ist der RAF gewidmet, die sich mit »dem Sprengstoffanschlag am 27. März auf den bezugsfertigen Neubau der Justizvollzugsanstalt (JVA) in Weiterstadt bei Darmstadt (Sachschaden ca. 100 Millionen DM)« wieder zurückgemeldet habe. »Neben Aktionsbereitschaft und Handlungsfähigkeit wollte sie offensichtlich den eigenen Anhängern und dem Staat demonstrieren, daß sie es wieder für notwendig hält, mit terroristischen Aktionen zu intervenieren.«[231] Über staatliche Maßnahmen, wie z. B. Festnahmen oder Hausdurchsuchungen, erfahren wir nichts.

Das Kapitel über den Linksextremismus ist primär dadurch charakterisiert, daß es dem interessierten Leser darzulegen versucht, daß auf Verhandlungsebene ein Dialog zwischen den meisten kommunistischen Gruppierungen (PDS, DKP, KPD, MLPD, VSP u. a.) stattfinde und es teilweise zu gemeinsamen Aktionen und Bündnissen, z. B. zwischen der PDS[232] und der DKP[233], gekommen sei. Im Grunde genommen erfährt der interessierte Leser einige Details über das in die Praxis umgesetzte Recht auf Meinungsäußerung. Über staatliche Maßnahmen, wie z. B. Überwachungen oder Hausdurchsuchungen, erfahren wir nichts.

Als Hätschelkind des Medienkartells wird die PDS selbstverständlich nicht durch den Verfassungsschutz beobachtet. Schließlich *können* die Nachfolger und Erben der SED unmöglich verfassungsfeindlich sein. Sie stellen deshalb keine Gefahr für die freiheitlich-demokratische Grundordnung dar. Man fragt sich lediglich, warum die sonst so hypertonisch-cholerisch anmutenden Staatswächter das Parteiprogramm der Honecker-Jünger nicht lesen. Dieses verspricht immerhin sowohl denjenigen Menschen einen Platz,

> »die der kapitalistischen Gesellschaft Widerstand entgegensetzen wollen und die gegebenen Verhältnisse fundamental ablehnen, als auch jenen, die ihren Widerstand damit verbinden, die gegebenen Verhältnisse positiv zu verändern und schrittweise zu überwinden«.

Wobei es letztlich gleichgültig ist, auf welchem Weg diese Transformation stattfindet, schließlich befindet sich Deutschland, dem PDS-Vorsitzenden Lothar Bisky zufolge, auf dem Weg zur »Berliner Republik, und die kann ein völlig anderes Gesicht erhalten, als es sich die Herrschenden wünschen«.

... und die noch böseren Braunen

Wir wenden uns dem Kapitel der rechtsextremistischen Bestrebungen zu. Eingangs werden wir über Organisationen, Parteien sowie über rückläufige Mitgliederzahlen und allgemein abflauende Auflagenstärken rechtsextremistischer Publikationen informiert. Bereits das anschließende Kapitel sticht förmlich ins Auge und verwundert: »Staatliche Maßnahmen gegen den Rechtsextremismus«. Wir erfahren, daß die gemeingefährlichen Vereinigungen »Nationaler Block«, »Heimattreue Vereinigung Deutschlands« und »Freundeskreis Freiheit für Deutschland« verboten worden sind. Ein satter Schlag gegen zusammengewürfelte Haufen von Rentnern, seitengescheitelten Buben und Mädchen mit Zöpfen! Verbotsanträge gegen zwei Parteien, die »Freiheitliche Deutsche Arbeiterpartei« und die »Nationale Liste«, seien beantragt worden.

> »Alle bekannten Objekte dieser Organisationen und Privatwohnungen einer Vielzahl von Mitgliedern wurden durchsucht, umfangreiches Schrift- und Propagandamaterial sowie Vermögenswerte sichergestellt [...] Mit Folgedurchsuchungen und Beschlagnahmen wird die Beachtung der Verbote sichergestellt.«[234]

Na großartig. Mit ähnlich wehrdemokratischer Motivation dürfte auch die staatsgefährdende Wiking-Jugend verboten worden sein. Diese »rechtsextremistische« Jugendorganisation, die vor allem durch Sonnwendfeiern, Zeltlager, Paukenschlag und Fanfaren hervorstach, war immerhin fast so alt wie die Bundesrepublik Deutschland selbst. Im Laufe ihres 40jährigen Bestehens hatte sie es nicht geschafft, die magische Mitgliederzahl von 400 zu übersteigen. Gut, daß gegen einen solch expandierenden Feind der freiheitlichen Grundordnung endlich eingeschritten wurde.

Schließlich erfahren wir, daß 1993 in den meisten deutschen Bundesländern das Zeigen oder Verwenden der kaiserlichen Reichskriegsflagge in der Öffentlichkeit verboten und die Polizei angewiesen wurde, die Flagge »sicherzustellen«. Weitere Maßnahmen, die offensichtlich geeignet sind, die innere Sicherheit der Bundesrepublik Deutschland zu gewährleisten, waren u. a. das Verbieten von Liedern. »Am 3. Februar wurden im Rahmen von Exekutivmaßnahmen gegen zehn Skinhead-Bands und zwei Musikverlage in sieben Bundesländern zahlreiche Wohnungen durchsucht und umfangreiches Beweismaterial sichergestellt.« Etwa Schallplatten, Tonbänder, CDs oder gar Musikzeitschriften? Weitere Aktionen richteten sich im Laufe des Jahres

> »gegen die Hersteller und Vertreiber rechtsextremistischer Fanzines. Diese Druckschriften enthalten neben Informationen über szenetypische Aktivitäten wie Skinhead-Konzerte und Skinhead-Treffen auch Bestellhinweise für Tonträger.«[235]

Fürwahr eine Gefahr für die innere Sicherheit der Bundesrepublik Deutschland! Sicherlich der Grund, warum »über 100 Skinheadtonträger und -schriften [...] seit den 80er Jahren indiziert« wurden, »davon allein fast 90 im Jahre 1993«[236], wie dem Leser mit fast waidmännischem Stolz mitgeteilt wird. Und endlich wird der Joker gezogen:

> »Die Mehrzahl der 1993 angekündigten Konzerte kam aufgrund von staatlichen Zugriffen über das Planungsstadium nicht hinaus, wurde abgesagt oder verboten [...] So gingen die Veranstalter immer häufiger dazu über, die jeweiligen Konzerte [...] als Verlobungs- und Geburtstagsfeier oder musikalisches Grillfest zu tarnen. Die Veranstaltungstermine wurden kurzfristig und nur ›Insidern‹ per Telefon oder Mundpropaganda bekanntgegeben.«[237]

Warum kommen uns gerade jetzt die Worte in den Sinn, die Andreas Baader zugesprochen werden: »Weißt du, Mutter, in einem Staat, wo Polizei mit Gummiknüppeln gegen singende junge Leute vorgeht, da ist etwas nicht in Ordnung.« Das offensichtliche Ziel obiger Maßnahmen verdeutlicht die Herausgeberin des Fanzines SCHLACHTRUF in einem Flugblatt, in dem sie erklärt,

> »daß sie die Herausgabe ihres Fanzines einstellen werde. Das System habe es erneut geschafft, durch steten

Terror und Pressehetze eine Zine verschwinden zu lassen. Sie erwarte enorme Anwaltskosten, den Verlust ihres Arbeitsplatzes und eine nicht geringe Haftstrafe.«[238]

Derartige Maßnahmen richten sich jedoch gegen die politische Mündigkeit und kritische Auseinandersetzung mit Meinungen und Literatur, die nicht der herrschenden politischen Meinung entsprechen. Eine »Beschränkung auf eine bequeme »Mitte« ist aber nichts anderes als eine Fixierung auf die herrschenden Normen des Sprechens, Denkens, Handelns mit gefährlich sich verengenden Spielräumen«.[239]

Gerhard Boeden, ehemaliger Präsident des Bundesamtes für Verfassungsschutz, gibt zu, daß seit 1964 gegen keine (deutschen) linksextremistischen Organisationen bundesweite Verbote verhängt worden sind[240], von der (türkischen) PKK einmal abgesehen, die sich vom Verbot allerdings nicht allzu beeindruckt zeigt – die deutschen Sicherheitsbehörden und Ordnungskräfte im übrigen auch nicht. Von der anderen Feldpostnummer allerdings wurden Dutzende verboten – und diese Auflistung ist weit davon entfernt, vollständig zu sein; sie berücksichtigt lediglich einige bundesweite, nicht jedoch regionale und auf Länderebene erlassene Verbote:

Im Januar 1980 die »Wehrsportgruppe Hoffmann«, die Wehrübungen »mit, freilich unbrauchbar gemachten, Waffen«[241] abhielt. In dem dem Verbot vorausgegangenen Verfassungsschutzbericht des Jahres 1978, den der damalige Bundesinnenminister mit dem Bekenntnis vorstellte, daß rechtsextremistische Gruppen »auch 1978 keine Gefahr für die freiheitliche demokratische Grundordnung der Bundesrepubik Deutschland« gebildet haben, war die WSG beiläufig als eine unter »40 rechtsextremistischen Vereinigungen und Kleinzirkeln sonstiger Art« aufgeführt worden.

»Von einer nur durch ein Verbot abwendbaren Gefahr für die verfassungsmäßige Ordnung kann danach kaum die Rede sein. Es ist schwer erklärbar, warum die WSG [...] zu verbieten war, Organisationen der extremistischen Linken wie bestimmte Antifa- oder ›Knast‹-Gruppen hingegen nicht, die als Reservoir für den Terrorismus angesehen werden, oder wie bestimmte ›K-Gruppen‹, die Gewalt fordern und fördern.«[242]

Zu dem Bombenattentat am Münchener Oktoberfest vom 26.9.1980 erklärte der damalige Generalbundesanwalt übrigens, daß sich, wie er annehmen müsse,

»weder die Tat einer terroristischen oder kriminellen Vereinigung noch eine Beihilfehandlung Dritter nachweisen lassen. Jedoch spricht nach unseren Nachforschungen nichts konkret dafür, daß Angehörige rechtsextremistischer Organisationen mit dem Anschlag in Verbindung stehen.«[243]

Auch der Prozeßvertreter des Bundesinnenministeriums, der Bonner Rechtsanwalt Sellner, versicherte in der mündlichen Verhandlung vor dem BVerwG wegen der Anfechtung des Verbots der »Wehrsportgruppe Hoffmann«, daß der WSG »Sprengstoffverbrechen nicht vorgeworfen«[244] würden.

Der Agrarpolitiker Bernhard Steidle meint, daß im Verfassungsschutzbericht, den er als ein Pamphlet mit Propagandacharakter bezeichnet, demokratische Aktivitäten rechter Parteien mit Gaunereien und Gewalttaten politischer Wirrköpfe und Politverbrecher in einen Topf geworfen werden.[245] Die Vielzahl der bisweilen willkürlich gegen »rechts« ausgesprochenen Verbote und Strafmaßnahmen spricht für dieses Urteil:

1982 wurde die »Volkssozialistische Bewegung Deutschlands/Partei der Arbeit« verboten, dasselbe Schicksal ereilte 1983 die »Aktionsfront Nationaler Sozialisten/Nationale Aktivisten«, 1989 die »Nationale Sammlung«, 1992 die »Deutsche Alternative« und das Jahr darauf die »Nationalistische Front« und die »Deutsche Offensive«, bei denen es sich, Human Rights Watch zufolge, um politische Parteien handelte.[246] 1994, rechtzeitig zur Bundestagswahl, wurden schließlich die REP als verfassungsfeindlich erklärt und fortan vom Verfassungsschutz beobachtet. Seitdem wird ihnen ein eigenes Kapitel im Verfassungsschutzbericht gewidmet. 1995 wurde der ehemalige Leiter der verbotenen »Nationalistischen Front«, Meinolf Schönborn, zu einer Haftstrafe von zwei Jahren und drei Monaten ohne Bewährung verurteilt. Die Richter sahen es als erwiesen an, auch nach dem Organisationsverbot Propagandamaterial hergestellt zu haben. Die Haftstrafe wurde im Sommer 1996 in höherer Instanz bestätigt. Usw. usw.

Scharf verurteilt wurden diese Maßnahmen der Verfolgungen und Durchsuchungen sowie Verbote durch verschiedene Menschenrechtsorganisationen. Profiliert hat sich in dieser Hinsicht die nach Amnesty International zweitgrößte ihrer Art, Human Rights Watch (HRW). Das Motiv dieser Menschenrechtsorganisation ist u. a. die Besorgnis über die Verletzung von Menschenrechten, in unserem Falle vor allem die Verletzung des Grundrechts auf Meinungsfreiheit. HRW kritisierte nicht nur die überaus harten Strafen für politische Extremisten und die Parteienverbote sowie die Einstufung der REP als extremistisch. HRW wörtlich: »International human rights groups expressed concern that these groups not be singled out solely for excercising their protected right to hold political opinions without interference and to free expression.«[247] Das darauffolgende Jahr resümiert die Menschenrechtsorganisation nüchtern: »The government's firmer measures to combat right-wing violence, which included increased surveillance of far-right groups, sometimes went further than necessary by excessively restricting expression, association and assembly.«[248]

Tatsächlich ist es so, daß ein freiheitlicher pluralistischer Staat, in dem die Meinungsfreiheit garantiert ist, nicht durch polizeistaatliche Methoden und besondere Befugnisse – darüber hinaus bisweilen überaus fragwürdige noch dazu – vor extremistischer Bedrohung gerettet werden kann, da schon allein ein solcher Versuch im Widerspruch zur rechtsstaatlichen und freiheitlichen Definition des Staates steht und dessen eigenes Selbstverständnis Lügen straft. Dies haben Menschenrechtsorganisationen erkannt: Human Rights Watch ist der Auffassung

> »that such measures seriously restrict the protected right to freedom of expression, association and assembly [...] We believe that freedom of speech and equal protection of the laws are not imcompatible, but are rather mutually reinforcing rights.«[249]

Cui bono?

Politische – und seit den späten siebziger und frühen achtziger Jahren auch wissenschaftliche – Literatur wurde und wird in eine kriminelle Ecke gestellt. Horst Albert Glaser zufolge wurde eine »repressive Phase«[250] der Überwachung eingeführt. Bereits Mitte der siebziger Jahre warnte Wolfram Schütte, daß das zu diesem Zeitpunkt nivellierte Strafgesetz – vor allem § 88a – »ein duckmäuserisches Klima und eine verschwiegene Vorzensurpraxis schafft, worin für die Öffentlichkeit unmerklich die Grundrechtsgarantie auf die Freiheit der Kunst und der Wissenschaft außer Kraft gesetzt wird«.[251] Erst am 12.6.1980 beschloß der Bundestag, diesen Paragraphen wieder zu streichen – bis zu diesem Zeitpunkt waren von 1954 bis 1980 rund 9000 Indizierungen vorgenommen worden.[252] Seitdem gab und gibt es Hunderte von Polizeieinsätzen, die sich gegen Buchhandlungen und Verlage richten.[253]

Demokratie, erst recht, wenn sie sich freiheitlich und pluralistisch schimpft, lebt vom freien Austausch *aller* Meinungen und vom ungehinderten Engagement ihrer Bürger. Weder in einem Klima der Resignation und der Lethargie seitens der Bürger nach dem Motto »Ich kann doch sowieso nichts daran ändern« noch in einem Klima der Ignoranz seitens der Medien nach dem Motto »Lieber totschweigen als verarbeiten«, noch in einem Klima der Angst seitens publizistisch und politisch Aktiver und der Bespitzelung durch den Staatsschutz ist die Entwicklung eines freiheitlichen Staatswesens möglich. Der Zugang zu Meinungsquellen wie auch die Erlangung, die Verarbeitung und die Prüfung der Informationen, die Meinungsbildung und schließlich die Weitergabe der erworbenen Meinung müssen frei sein. Die Bespitzelung durch das Ministerium für Staatssicherheit wird heute in Deutschland allgemein »als undemokratisch, einem totalitären Staatswesen entspringend und gegen grundlegende verfassungsrechtliche Prinzipien gerichtet«[254] angesehen. Die Tätigkeiten des Bundesamtes für Verfassungsschutz und seiner Ländervertretungen, ohne diese nun mit dem Ministerium für Staatssicherheit gleichstellen zu wollen, sind aber, wie Klaus Damman bereits festgestellt hat, hauptsächlich undemokratische Schnüffel- und Bespitzelungsaktionen.

Der ehemalige Bundesvorsitzende der FDP und Bundeswirtschaftsminister Otto Graf Lambsdorff hat die Lage durchaus erkannt und richtig in der FRANKFURTER ALLGEMEINEN ZEITUNG zusammengefaßt. In den siebziger Jahren sei es abgrundtief falsch gewesen,

> »jeden deutschen Linken gleich mit Terrorismus-Verdacht zu belegen. Ich habe mich damals gegen solche Ausgrenzungen, gegen immer weiter reichende Verbote und Strafrechtsverschärfungen gewehrt. Heute wehre

ich mich wieder, wenn jetzt allem, was rechts ist, gleich die Ku-Klux-Klan-Kappe übergestülpt wird und bloße rechte Worte sehr voreilig zu Benzinkanistern in den Händen geistiger Brandstifter umdefiniert werden [...] Selbst moderate konservative Äußerungen werden an den Rand des Abgrunds der öffentlichen Akzeptanz gedrückt und haben Schwierigkeiten, überhaupt diskussionsfähig zu sein.«[255]

Aus diesem Bekenntnis jedoch schließen zu wollen, daß dies auch die Erkenntnis seiner Partei sei, ist freilich eine naive Annahme.

Politisch Oppositionelle werden in Deutschland allzu leichtfertig als Paria, als »Gegner der freiheitlichen Grundordnung«, etikettiert. Diese rufschädigende Klassifizierung reicht vom schlichten Begriff der »Feinde der Demokratie«[256] bis hin zu den bekannten Totschlagargumenten. Der Rechtsgelehrte Eckhard Jesse hat dieses Prinzip in verständlichen Worten formuliert:

> »Der Nationalsozialismus – Faschismus – repräsentiert das absolut Böse schlechthin. Wer es versteht, den Gegner in seine Nähe zu bringen, verschafft sich einen argumentativen Bonus. So gehört es zur politischen Strategie allerorten, den Kontrahenten mit dem Verdikt ›Faschist‹ zu erledigen.«[257]

Auf die geistig-politische Auseinandersetzung setzen

»Unser Land ist eine wehrhafte Demokratie«, mit diesen an sich ja nicht negativen Worten leitete der damalige Bundeskanzler Helmut Schmidt sein Geleitwort für ein Buch mit dem erhabenen Titel VERFASSUNGSSCHUTZ UND RECHTSSTAAT ein. Schmidt fuhr fort, daß es selbstverständlich sei, »daß der Verfassungsschutz bei seiner Arbeit im Rahmen unserer Gesetze und der Verfassung bleibt, die er schützt«.[258] Das müsse jedem Bürger deutlich werden, schließlich gehe es darum, so der damalige Bundesinnenminister Gerhart Rudolf Baum im Vorwort desselben Werkes, »das Vertrauen der Bürger darin zu stärken, daß der Verfassungsschutz und die anderen Sicherheitsbehörden ihre Aufgaben gesetzestreu erfüllen«.[259]

Nun spüren die Verfassungsschützer Verfassungsgegner nicht nur durch das Überwachen von Demonstrationen und Veranstaltungen auf. Genausowenig arbeiten Beamte des Verfassungsschutzes nur am Schreibtisch, um verfassungsfeindliche Bestrebungen aufzudecken. Ebensowenig erfüllen sie so manches Mal ihre Aufgabe gesetzestreu:

Inkognito schleusen sie sich in »verfassungsfeindliche« Organisationen ein und profilieren sich dort als Anstifter, als Brandstifter. Erst 1987 gab der Chef des niedersächsischen Landesamtes für Verfassungsschutz, Hellmuth Jüllich, zu, daß der Bombenanschlag auf das Gefängnis in Celle im Jahre 1978 auf Initiative des Verfassungsschutzes durchgeführt und vom damaligen Ministerpräsidenten Ernst Albrecht (CDU) abgesegnet worden sei.

Oder auch schon viel früher in der Geschichte Westdeutschlands. 1972 beispielsweise, als der nordrhein-westfälische Verfassungsschutz die »rechtsextremistische Terrororganisation« »Europäische Befreiungsfront« mitbegründete. Oder 1981: In jenem Jahr verurteilte das Oberlandesgericht Celle fünf Mitglieder der angeblich rechtsextremistischen Organisation »Braunschweiger Gruppe«, der mehrere Sprengstoffverbrechen und Vergehen gegen das Waffengesetz zur Last gelegt wurden. Schlüsselfigur dieser Gruppe war der Verfassungsschutzmann Hans-Dieter Lepzien, der gegen Bezahlung (aus Steuergeldern) dem Verfassungsschutz Informationen lieferte und innerhalb der Gruppe die These des bewaffneten Kampfes vertrat und zu Verbrechen anstiftete. Derartige Agitationen sind ausnahmsweise nicht nur auf Faschos beschränkt:

Im Jahre 1986 ging schließlich der Verfassungsschutzagent »Donner« hops. Das Landgericht München verurteilte ihn wegen Bombenlegung und Brandstiftung zu zwei Jahren und zehn Monaten Haft. Genosse »Donner« beabsichtigte durch seine Taten, tiefer in die linksextremistische Szene einzutauchen. Zwischen 2.000 und 4.000 Mark monatlich konnte »Donner« sich für seinen Dienst für den Verfassungsschutz in die Tasche stecken. Steuerfrei, versteht sich.

1995 erging ein Haftbefehl gegen den V-Mann des rheinland-pfälzischen Verfassungsschutzes, Klaus Steinmetz, der unter dem Verdacht stand, der RAF bei der Vorbereitung des Sprengstoffanschlags auf den Gefängnisneubau Weiterstadt bei Darmstadt geholfen zu haben. Tatsächlich seien die Ermittlungen gegen Steinmetz komplizierter, als ursprünglich erwartet werden konnte:

> »Steinmetz hatte im Auftrag der Mainzer Verfassungsschützer die Kommandoebene der Roten Armee Fraktion (RAF) ausgespäht; nach der blutigen Polizeiaktion im Juni 1993 in Bad Kleinen war er aufgeflogen. Jetzt fahndet die Bundesanwaltschaft wegen Unterstützung einer ›terroristischen Vereinigung‹ nach Steinmetz [...] Steinmetz war vom Bundesamt für Verfassungsschutz (BfV) im Rahmen des Zeugenschutzprogramms mit Geld und neuer Identität ausgestattet worden. Wo er sich heute aufhält, ist den Fahndern nicht bekannt. BfV-Präsident Hansjörg Geiger bestätigte jetzt, daß Steinmetz an einem ›sicheren Ort‹ lebe. Geiger drohte, notfalls ›die Reißleine zu ziehen‹ und Steinmetz anderswo unterzubringen, falls dessen Inkognito gefährdet werde.«[260]

Rührend, eine solche Solidarität. Und was kümmert es schon, daß das begangene Verbrechen den Steuerzahler über 100 Millionen Mark gekostet hat.

Ob das wirklich nur Ausnahmen sind? Wohl kaum, wenn man die Vielzahl aufgedeckter Fälle dieser Art betrachtet. Als Agents provocateurs sind in den vergangenen Jahren u. a. aufgedeckt worden: Peter Weinmann, der sich in der Volkssozialistischen Bewegung Deutschlands als Einpeitscher profilierte, oder Herbert Hegewald, der als Scharfmacher bei Wehrsportübungen zu glänzen wußte, oder Andreas Szypa, der selbiges innerhalb der FAP tat, und schließlich das Prunkstück des Verfassungsschutzes, der 17fach Vorbestrafte Bernd Schmitt, der über seine Kampfsportschule neue »Rechtsradikale« rekrutierte.

Joachim Wagner beklagt den Vertrauensschwund, dem der Verfassungsschutz in der Bevölkerung ausgesetzt sei. Selbstverständlich sei an der schwindenden Vertrauensbasis innerhalb des Volkes dem Verfassungsschutz gegenüber nicht der Verfassungsschutz selbst schuld, sondern, wie könnte es anders sein, das Dritte Reich:

> »Die Arbeit des Verfassungsschutzes ist noch heute mit der historischen Hypothek der Gestapo und des geheimen Sicherheitsdienstes im Dritten Reich belastet. Ihre Schreckensherrschaft war durch keine Gesetze, keine Gerichte und keine Parlamente beschränkt. Die Grenze zwischen Polizei und Geheimdienst war aufgehoben. Übergriffe und Exzesse der Ämter wecken daher noch heute schnell Assoziationen an die faschistische Vergangenheit unserer Nachrichtendienste.«[261]

Des weiteren habe die Reputation der Staatsschutzämter während der siebziger Jahre ohne Zweifel »auch unter ihrer Mitwirkung bei der Anwendung des von den Regierungschefs des Bundes und der Länder 1972 beschlossenen ›Extremistenbeschlusses‹ [gelitten] – obgleich die Ämter dabei nicht die geringste Schuld trifft«.[262] Schön, so ein reines Gewissen zu haben. Entbehrt die Forderung der Bündnisgrünen und der REP, den Verfassungsschutz als demokratiefeindliche Institution abzuschaffen, wirklich jeglicher Grundlage?

Seine Meinung zu äußern erfolgt auf eigene Gefahr. Parteifreunde haften nicht für ihresgleichen

Anhand der Beispiele Jenninger, Heitmann und Höhn werden wir erstaunliche Erfahrungen machen. Steffen Heitmann legte nach der Verleumdungskampagne gegen seine Person das beeindruckende Bekenntnis ab, das für alle drei zu schildernden Fälle, aber auch bezüglich nicht opportuner Autoren und Historiker gleichermaßen gilt:

> »Im Kampf gegen bestimmte Personen des öffentlichen Interesses benutzen manche Medien die gleichen Methoden der Diffamierung wie die Staatssicherheit, nur geschieht das nicht konspirativ, sondern öffentlich, und rechtsstaatlich wirksame Mittel, sich dagegen zu wehren, sind so gut wie nicht vorhanden.«[263]

Unabsehbare Folgen eines Faszinosums

Als amtierender Präsident des Deutschen Bundestages hielt Philipp Jenninger anläßlich des 50. Jahrestages der sogenannten Reichskristallnacht vom 10.11.1938 eine Rede, in der er die psychischen Gründe zu erschließen versuchte, die zu den Verhaltensweisen vieler Deutscher in dieser historischen Nacht geführt haben. In seinen Ausführungen enthielt sich Jenninger der bekannten parlamentarischen Selbstbeschuldigungen und Selbstanklagen. Er ging vielmehr davon aus, daß die damalige deutsche Generation in ihrer übergroßen Mehrheit weder aus Narren noch aus mutmaßlichen Mördern bestand. Auf dieser Basis versuchte der Präsident auf redliche Weise Ursachenforschung zu betreiben, die er mit rhetorischen Fragestellungen auflockerte. Unter anderem sagte Jenninger:

> »Die Jahre von 1933 bis 1938 sind selbst aus der distanzierten Rückschau und in Kenntnis des Folgenden noch heute ein Faszinosum insofern, als es in der Geschichte kaum eine Parallele zu dem politischen Triumphzug Hitlers während der ersten Jahre gab. Wiedereingliederung der Saar, Einführung der allgemeinen Wehrpflicht, [...] Besetzung des Rheinlandes, Olympische Sommerspiele in Berlin [...] Für die Deutschen, die die Weimarer Republik überwiegend als eine Abfolge außenpolitischer Demütigungen empfunden hatten, mußte dies alles wie ein Wunder erscheinen [...] War er nicht wirklich von der Vorsehung auserwählt, ein Führer, wie er einem Volk nur einmal in tausend Jahren geschenkt wird?«[264]

Sozialdemokratische und grüne Bundestagsabgeordnete konnten eine solche Argumentation nicht verkraften und verließen noch während der Rede aus Protest den Plenarsaal. Und gleichsam postwendend schossen sich die als Sittenwächter berufen fühlenden Medien wie z. B. STERN und SPIEGEL, ARD und ZDF auf Jenninger ein, und zwar derart, daß die Unionsparteien nebst der FDP in gewohnter Weise kalte Füße bekamen und sich, anstatt sich vor ihren bemerkenswerten Abgeordneten zu stellen, selbigen fallenließen und ihm den Rücktritt nahelegten. Der zu diesem Zeitpunkt ohnehin politisch Erledigte nahm zwei Tage später tatsächlich seinen Hut und fristet seitdem sein Dasein bis zu seiner Pensionierung auf dem diplomatischen Abstellgleis in Wien bzw. dem Vatikan. Eine Bemerkung noch zum ironisch-tragischen Abschluß der Jenninger-Angelegenheit: Der überwiegende Teil der deutschen Bevölkerung, die in gewohnt freiheitlich-demokratischer Weise nicht gefragt wurde, stimmte den Äußerungen Jenningers zu.[265]

Ehrlich währt doch nicht am längsten

Der sächsische Justizminister Steffen Heitmann ward von Bundeskanzler Helmut Kohl als Bundespräsidentschaftskandidat auserkoren. Unter dem Gesichtspunkt des halbherzigen und sich schier endlos dahinziehenden Wechsels vom Rhein in die Hauptstadt sicherlich eine gutgemeinte Geste. Heitmann gehörte zu den Kernfiguren des gewaltlosen Widerstandes gegen die SED. Seine natürliche und unbedenkliche Art zu sprechen hob ihn angenehm von den sich ewig von allem und nichts distanzierenden, betroffenen und geschockten Parlamentariern des Westens ab. Sollte man meinen: Die Hätschelkinder der politisch korrekten Sittenwächter (Frauen, Ausländer und »Vergangenheitsbewältiger«) brachen ihm das politische Genick. Oder vielmehr das von ihnen inszenierte Entsetzen, denn wo kommen wir denn in Deutschland hin, wenn jemand öffentlich seine Meinung sagt?

Die Kampagne gegen Steffen Heitmann begann am Tag seiner Nominierung. Der STERN, für den Heitmann ein »Nasenbär« ist, platzte mit der Frage heraus: »Wer zum Teufel ist Steffen Heitmann?« Die Antwort hatten die Kollegen von der Meinungsmache parat: Ein »nationales Unglück«, so DER SPIEGEL, »eine Katastrophe« meinte die TAGESZEITUNG, also »eine Zumutung« rekapitulierte der STERN. Zum Todesstoß setzte die SÜDDEUTSCHE ZEITUNG an. In einem Interview gab der Kandidat zu erkennen, nicht ein traditioneller deutscher Dauerbüßer zu sein. Ein solches Bekenntnis ist wahrlich verhängnisvoll. Schließlich stellt doch nur der »ewige Trauerarbeiter« den qualifizierten Bewerber dar, ein derartiges repräsentatives Amt wie das des Bundespräsidenten bekleiden zu können. Die SÜDDEUTSCHE ZEITUNG schlachtete jeden Satz aus, nachdem er aus dem Zusammenhang herausgerissen war, und rief auf zur öffentlichen Steinigung. Schließlich bricht Heitmann »mit dem Grundkonsens der alten Bundesrepublik«, wie sich der ehemalige Sprecher Richard von Weizsäckers, Friedbert Pflüger, entrüstete und deshalb die guten korrekten Geister beschwor: »Steffen Heitmann darf nicht Präsident werden.«

Warum eigentlich nicht? Wie repräsentative Meinungsumfragen ergeben hatten, teilten zwischen zwei Drittel und drei Viertel des deutschen Volkes Heitmanns Aussagen. Doch wen kümmert das? Natürlich zog die Union ihren Kandidaten wieder zurück. Nach seiner Rücktrittserklärung sagte Heitmann, daß er bis zu dem Gespräch mit der SÜDDEUTSCHEN ZEITUNG ein Bild von freier Presse hatte:

> »Ich wußte noch nicht, daß auch die Meinungsfreiheit im Westen eine eingeschränkte sein kann, daß man auch hier mit Zensur rechnen muß – mit einer Zensur, die ihre Maßstäbe aus dem Zeitgeist bezieht. Unterschätzt habe ich die Intoleranz einer linksliberalen Medienöffentlichkeit, die es längst verlernt hat, sich auch einmal selbst in Frage zu stellen. Bestraft wurde ich dafür, daß ich deren Tabus verletzte.«

Nebenbei: Als Roman Herzog nach seiner Wahl zum Bundespräsidenten freudig verkündete, der Präsident aller Deutschen sein zu wollen, um damit dem innerdeutschen Mißverhältnis entgegenzuarbeiten, schoß der korrekte Zeigefinger der FRANKFURTER RUNDSCHAU in die Höhe und belehrte den Rechtsgelehrten und ehemaligen Richter am Bundesverfassungsgericht, daß da in seinen Ausführungen sechs Millionen Ausländer fehlten. Niemand hat freilich daraufhin die FRANKFURTER RUNDSCHAU aufmerksam gemacht, daß sie offenbar die in Deutschland lebenden zwei Millionen illegalen Ausländer auszuschließen gedachte. Sollte diesen bedauernswerten Menschen etwa der Bundespräsident vorenthalten werden? Natürlich nicht. Der höchste Repräsentant des deutschen Staates erwies sich als lernfähig und vor allem als lernwillig. Herzog verinnerlichte die Grundprinzipien deutscher Umerziehungspolitik in kürzester Zeit und lernte sie anzuwenden. Inzwischen imitiert er seinen Vorgänger Weizsäcker gar nicht schlecht (vgl. Lübeck). Das Lob der Meinungsmache ist ihm mittlerweile gewiß.

Alle Menschen sind gleich schlau

Charlotte Höhn, der ehemaligen Direktorin der Bundesinstituts für Bevölkerungsforschung in Wiesbaden, war es beschieden, zu spüren, was in Deutschland mit jemandem geschieht, der ein Tabuthema unvoreingenommen angeht. Im September 1994 fand in Kairo eine Weltbevölkerungskonferenz statt, die Fragen des Bevölkerungswachstums, des Hungers und der Entwicklungshilfe als Themen behandelte. Die Professorin wagte es festzustellen, daß es nötig sei, den Bewohnern südlich der Sahelzone das seit der Entkolonialisierung verlorengegangene Wissen bezüglich Bewässerung und produktivem Ackerbau wieder zu vermitteln und zu kontrollieren. Frau Höhn erlaubte sich unter Berufung auf einschlägige, international anerkannte Forschungsergebnisse vergleichender völkerpsychologischer Untersuchungen, in die auch Ergebnisse über ethnische Intelligenzquotienten fallen,

> »anzumerken, daß über Jahre planende Vorschau im Sinne europäischer Tradition bei den Bewohnern der Sahelzone nicht vorausgesetzt werden darf, dies sei ein

> Fehler bisheriger Entwicklungspolitik in jenen Regionen gewesen«.[266]

Und wie recherchierte und informierte DER SPIEGEL? Mit einem aus dem Zusammenhang herausgerissenen Satz, der obendrein aus einem Monate vorher aufgezeichneten Gespräch stammte, das in der TAZ ohne die Autorisierung von Frau Höhn abgedruckt worden war: »Die durchschnittliche Intelligenz der Afrikaner ist niedriger einzustufen als die anderer« Rassen, wobei schon letzteres Wort in Deutschland – außer in Verbindung mit Hunden und Pferden – negativ belastet ist und deshalb von Frau Höhn schon mal vorsichtshalber verschluckt wurde. Natürlich wurde Frau Höhn wegen »ausländerfeindlicher Äußerungen« umgehend abberufen – verständlich als »Erbin Hitlers«, wie der SPD-Bundestagsabgeordnete Freimut Duve in üblicher Burschikosität das Urteil fällte.

Die Kontroverse um Frau Höhn war ein erfolgreicher Angriff auf die Wissenschaftsfreiheit, schließlich kann man auch bei noch so fundierten Unterlagen und Erkenntnissen nicht die Meinung vertreten, daß es eine Korrelation zwischen Intelligenzquotient und Rasse gibt. Michael Behrens und Robert von Rimscha machen deutlich, worum es in dem Feldzug gegen Frau Höhn ging:

> »Als der SPIEGEL unter der Überschrift ›Gefährliche Fragen‹ das Bild von Frau Höhn zusammen mit dem Photo einer NS-›Rassehygienikerin‹ veröffentlichte, die einer Zigeunerin den Kopf vermaß, war klar, welche Zielrichtung diese Auseinandersetzung hatte: Fragen der Bevölkerungspolitik wie zu Völkerwanderungen aus der Dritten Welt, zu Armutsflüchtlingen und Geburtenraten sollen in Deutschland tabu sein. Diejenigen, die auf Biegen und Brechen die Multi-Kulti-Societas durchsetzen wollen, halten nichts von rückläufigen Asylbewerberzahlen, Visumspflicht, sicheren Drittländern.«[267]

Mit dem bloßen Verlust ihrer beruflichen Anstellung in Wiesbaden und der Verletzung ihrer Reputation war es jedoch noch nicht getan. Als weitere Folge erhielt die Wissenschaftlerin mit der Begründung, daß man Anlaß zu Zweifeln habe, ob sie die gesellschaftspolitische Verantwortung der Bevölkerungswissenschaft reflektiere und in der Lehre vertrete, von der Universität Gießen keinen Lehrauftrag für das Sommersemester 1995 mehr.

In einer Demokratie ist das Volk und nicht die Verfassung der Souverän, sollte man annehmen dürfen. Bei keiner der für das Leben und für die Zukunft der Nation wichtigen Entscheidungen ist bislang das Volk durch Volksabstimmungen gefragt worden, nicht bei den Ostverträgen, nicht bei den Einigungsverträgen, nicht zu Maastricht, nicht zur sogenannten Rechtschreib*reform*, nicht zur Abschaffung der eigenen Währung. Nie. Auch nicht, was die Schicksale von Philipp Jenninger und Steffen Heitmann betrifft, denn in beiden Fällen war das Volk zugunsten der Äußerungen der beiden Politiker eingestellt. Herbert von Arnim ist deshalb zuzustimmen, wenn er die desillusionierende deutsche Wirklichkeit wiedergibt: »Das Grundübel unserer Demokratie liegt darin, daß sie keine ist. Das Volk, der nominelle Herr und Souverän, hat in Wahrheit nichts zu sagen.« Ein Professor für Buch- und Verlagswesen aus München schrieb dem Autor im Februar 1996 u. a., daß von Textzensur in Deutschland nicht die Rede sein könne. »Jeder kann entsprechend unserer Verfassung reden und schreiben, was er will [...] Wenn von Zensur geredet werden kann, dann allenfalls von einer Verhinderung des Disqualifizierten.« Sicher, nur sind es die selbsternannten Zensoren, die bestimmen, was disqualifiziert wird und was nicht. Dies legt vor allem das folgende Kapitel dar.

Political Correctness

»Political Correctness« ist ein Lügengespinst, das einen rigiden und humorfreien Persönlichkeitstypus schafft – den Typ des Dauerempörten, der nur darauf wartet, Protest abzusondern und zu bestrafen.

(Hans Peter Duerr)

Seit Beginn der neunziger Jahre mehren sich in den Vereinigten Staaten von Amerika die Stimmen von Autoren, unter ihnen Dinesh D'Souza, die die »Political Correctness« schärfstens verurteilen. Ihr sei an verschiedenen Universitäten, hierunter Harvard, Berkeley und Stanford, die akademische Freiheit zum Opfer gefallen.

> »At several universities, certain groups that administrators considered politically dissident were denied university recognition and, accordingly, were prevented from having speakers on campus or from holding meetings in university buildings, privileges routinely accorded conservative groups.«[268]

Political Correctness war ursprünglich der jüngste Versuch der Vereinigten Staaten von Amerika, die Welt zu verbessern. Wen wundert es, daß auch diese Errungenschaft des Landes der unbegrenzten Möglichkeiten in Deutschland leicht Fuß fassen konnte und darüber hinaus noch diverse »Feinheiten« erfuhr. Der aus Political Correctness hervorgegangene US-amerikanische Tugendterror gilt heutzutage als eine von Antifaschisten, Feministinnen,

Vergangenheitsbewältigern und Trauerarbeitern verordnete Verhaltensnorm, sein eigenes Denken entsprechend auszurichten. Sie wähnen sich im Besitz der alleinigen Wahrheit und verweigern darum jedes Recht auf Widerspruch. Und wehe dem (oder der natürlich), der (die) es wagen sollte, eine von der offiziellen Linie abweichende Meinung zu vertreten. Solche Themen sind, wie Martin Walser aufzeigt, vor allem die nationalsozialistische Geschichte Deutschlands, Frauen und Ausländer. Ein problematischer oder negativ belasteter Begriff wird so lange gedreht und gewendet, bis an ihm nichts vermeintlich Anstößiges mehr zu finden ist. So wird der Behinderte zum anders Befähigten oder besonders Herausgeforderten hochstilisiert, das Gefängnis wandelt sich zur Justizvollzugsanstalt, und die Genforschung muß ihre wissenschaftliche Bezeichnung in die Diffamierung Genmanipulation eintauschen.

Der Ethnologe Hans Peter Duerr, ein erklärter Gegner der korrekten Tugendaufpasser, betrachtet die Political Correctness als ordinäre Realitätsflucht. Ihre Verfechter zimmerten »sich ein dualistisches Weltbild zusammen, eine infantile Disney-Idylle, mit guten und mit bösen Menschen«.[269] Und Duerr kann natürlich kein Guter sein: Während eines Seminars über die Kulturgeschichte sexueller Gewalt wurde ihm von einem »Lesbenrat« mit Mord und Kastration gedroht.

Wie Klaus J. Groth belegt, steht Duerr mit seiner Auffassung keinesfalls alleine da: »Die Minderheit der Political Correcten terrorisiert mit ihrem einseitig erklärten Tugendkanon« das ohnehin nur äußert dürftig ausgebildete deutsche Gemeinschaftsgefüge und »erstickt in Deutschland die Meinungsfreiheit«.[270] Political Correctness »ist zur Neusprechfloskel geworden, die in Wahrheit Inkorrektheit bedeutet, eine Liturgie der inhumanen Denk- und Kampfschablonen, des linken Konformitätsdrucks und letztlich der Zensur«.[271]

In einer Erklärung des Deutschen Autorenrates heißt es:

»Politische Korrektheit ist die Diktatur von Tabus und Meinungen, deren Urheber oft nicht festgestellt werden können. Denn die ›politisch korrekt‹ Denkenden glauben zu wissen, was moralisch ist, und erheben ihre Ansicht zum Dogma der Rechtgläubigen. Sie schließen andere Meinungen als unkorrekt aus, schränken damit die freie Diskussion ein und errichten Tabus, wo ihre Argumente schwach sind. Daß man diese Tabus verletzt hat, merkt man daran, daß nicht mit vernünftigen Argumenten geantwortet, sondern daß moralisch Verdächtige ins Abseits gestellt werden. Der Deutsche Autorenrat tritt für eine offene Diskussion ohne Beschränkung der Themen und Meinungen ein. Er ruft dazu auf, Denkverbote und Gebotsschilder ›politischer Korrektheit‹ nicht zu beachten; von welcher Seite sie auch aufgestellt werden.«[272]

Lustig ist das Zigeunerleben

Betrachten wir anhand einiger Beispiele die praktische Umsetzung der Political Correctness und ihre Auswirkung auf die freie Meinungsäußerung. In Deutschland ist es nicht mehr korrekt, vom Zigeuner zu sprechen. Hiervon unbeeindruckt zeigen sich natürlich der Deutschen europäische Nachbarn. Der Franzose beispielsweise bezeichnet den Zigeuner selbstverständlich weiterhin als »tzigane«, oder der Isländer nennt ihn »sígauni«, der Norweger »sigøyner«, der Spanier »gitano«, der Serbe »Ciganin« und der Pole »Cygan«. Nur im Deutschen heißt es jetzt politisch korrekt »Roma und Sinti«, wobei diese Bezeichnung vollkommen inkorrekt ist, da es sich hierbei lediglich um die zwei Hauptstämme der Zigeuner handelt. Im Grunde genommen ist die generalisierende Bezeichnung »Roma und Sinti« sogar rassistisch, da sie die kleineren Zigeunerstämme, wie z. B. die Lalleri, die Manusch oder die Calè, ignoriert und damit ausgrenzt. Und das in Deutschland!

Steht künftig im Verdacht ein Rassist zu sein, wer sich am Lied »Lustig ist das Zigeunerleben« erfreut? Falls ja, welches Strafmaß wird hierfür anberaumt? Vielleicht sollte man auch die deutschen (und österreichischen) Speisekarten unter dem Stichwort Schnitzel redigieren sowie die deutschen (und österreichischen) Opern- und Operettenführer säubern. Kann man in Zukunft, will man gesellschaftlich nicht an den Pranger gestellt werden, im Gasthaus nur noch Romaschnitzel bestellen, und wird man in der Oper künftig dem Sintibaron lauschen müssen?

Probleme gibt's natürlich auch bei Negerkuß und Mohrenkopf – und was sagt schließlich der Sarotti-Mohr dazu, wenn fröhliche Kinder ihr Lied von den »zehn kleinen Negerlein« singen? Nicht zu vergessen sind Witze. Ja, Witze sind besonders gefährdet. Die korrekte Spaßhaftigkeit findet nämlich schnell ihre Grenzen. Sicherlich ist es noch möglich, über Ostfriesen, Österreicher und Sachsen zu lachen. Aber über Neger, Türken und Juden? Gott bewahre! Dann ist freilich auch der Autowitz »Kaum gestohlen, schon in Polen« unstatthaft, kollidiert er doch eklatant mit dem Völkerverständigungsgedanken.

Anmaßung und Unsinn kennen keine Grenzen

Ein 30jähriger türkischer Abgeordneter der Bundestagsfraktion Bündnis 90/Die Grünen setzte in seiner Fraktion eine Sprachregelung besonderer Art durch, die ihren Einzug kurz oder lang auch ins Umgangsdeutsche finden dürfte – alles eine Frage der Manipulation. Es ist künftig für Grüne untersagt, den Begriff »Türke gebaut« zu gebrauchen, ebenso wie nicht mehr von »getürkten Zahlen« gesprochen werden darf. Interessanterweise gehen beide Wortwendungen auf das 19. bzw. 18. Jahrhundert zurück, was an dieser Stelle lediglich belegen soll, daß diese Redensarten in keinster Weise negativ auf türkische Gastarbeiter in der Bundesrepublik Deutschland zu beziehen oder gar entsprechendem Ressentiment entsprungen sind.

Nach den großen Wahlerfolgen der Front National 1995 in Frankreich kündigte der badische Oberbürgermeister von Rastatt – in großdeutscher Kompetenzumnachtung? – die bis dahin seit Jahren währende Städtepartnerschaft mit der südfranzösischen Stadt Orange. Der Beweggrund hierfür war, daß in Orange künftig die Front National als stärkste Partei den Bürgermeister stellt.

Im schleswig-holsteinischen Ministerium für Wirtschaft, Technik und Verkehr war man sich nicht zu blöde, um im Frühjahr 1996 die Gemeinde Lutterbek bei Kiel darauf hinzuweisen, den Begriff »Fremdenverkehr« von nun an durch »Tourismus« zu ersetzen, da das Wort »fremd« negativ besetzt sei und »man« an Fremdenfeindlichkeit denke. Hieraus schlußfolgernd sollte sich die gesamte Hotel- bzw. Pensionsbranche überlegen, ob es noch zeitgemäß ist, »Fremdenzimmer« anzubieten – nachdem es keine Fremden mehr gibt und wir alle eine große Familie sind.

Den Bock schossen freilich die Korrekten des Evangelischen Missionswerkes ab. Im Frühjahr 1996 gaben sie allen Ernstes in der missionswerkseigenen Zeitung mit dem bezeichnenden Titel EINE WELT die Parole aus: Menschenrechte für Menschenaffen! Keine Absurdität scheint dekadent genug zu sein. Sie begründeten ihre Forderung damit, daß sich Mensch und Schimpanse genetisch kaum voneinander unterschieden. Der Theologe Martin Brückner schlußfolgerte daraus genial eine »unglaubliche Nähe« und meinte, daß die Vorenthaltung der *menschlichen* Grundrechte den Affen gegenüber prinzipiell nichts anderes als Rassismus oder die Abwertung der Frau sei. Ohne dem Gottesdiener unterstellen zu wollen, daß er bei seinem Geistesblitz die Gleichung Frau gleich Affe aufzustellen gedachte, ist der nächste Schritt zur gesellschaftlichen Akzeptanz der sexuellen Tierliebe wohl nicht mehr weit. Das heißt, daß dieses Thema im Grunde genommen bereits enttabuisiert ist: In der Fernsehsendung des Kanals Pro Sieben Arabella Night wurde am 25.3.1996 zum erstenmal in der Mediengeschichte Deutschlands »Sex mit Tieren« propagiert. Innerhalb dieser Sendung fiel der interessierten Moderatorin Arabella Kiesbauer nicht mehr ein, als die umwerfende Frage an einen eingeladenen Sodomisten zu stellen, ob er mit verschiedenen Pferden Sex habe oder seiner Stute treu bliebe.

Im Sommer 1995 kam es endlich zur großdeutschen Wiedervereinigung, allerdings auf sozialdemokratisch-feministisch: Die SPD-Gleichstellungsbeauftragte (es gibt schon phantastische Kreationen, einen Arbeitsplatz zu schaffen) im Bundestag, Ulla Schmidt, *forderte* die »Spülpflicht für Männer«, die gesetzliche Pflicht zu Hausputz, Bügeln, Waschen, Spülen, Nähen und Kinderbetreuung durch Männer. Brandenburgs Frauenministerin Regine Hildebrandt war über diesen intelligenten Gleichstellungsantrag entzückt. Und die Frauenministerin Österreichs, Helga Konrad, brachte rasch einen entsprechenden Gesetzesvorschlag ein. Künftig, da sind sich die drei Gleichstellerinnen einig, soll Mann nichts mehr zu lachen haben. Es ist zu bezweifeln, daß sich unsere HeldInnen darüber bewußt sind, daß es die Nationalsozialisten waren, die die feminine Betonung »Volksgenossin« in den Sprachgebrauch eingeführt haben.

Eine direkte, in Deutschland täglich erlebbare Konsequenz der Durchsetzung korrekter Verhaltensweisen ist die Bildung einer geschlechtslosen und aussageschwachen Einheitssprache, hinter der nichts anderes als politisches Kalkül steht. Der ursprüngliche Fremdarbeiter avancierte über den Gastarbeiter zum ausländischen Arbeitnehmer und ausländischen Mitbürger und wird endlich als Immigrant gehandelt. Der Lehrling wurde im Zuge der Gleichstellung ein pseudoaristokratischer Auszubildender, der allerdings rasch zum infantilen Azubi verkümmerte. Geradezu ein sozialer Shooting-Star ist die Putzfrau, die über die Raumpflegerin als Parkettkosmetikerin natürlich nicht mehr putzt, sondern sich der räumlichen Schönheitspflege widmet. Fraugott! Mutter unser im Himmel, sei keine Feiglingin und führe endlich die gleichstellende Kumpelin ein!

Inkorrekt sein heißt, geächtet zu werden

Es geht freilich nicht darum, deswegen gegen die Political Correctness zu sein, weil man nicht auf Negerwitze verzichten möchte. Nicht jeder, der über einen Judenwitz lachen kann, ist aber notwendigerweise gleich ein Verbrecher, genausowenig wie nicht jeder, der einen Judenwitz gar nicht spaßig findet, gleich ein politisch Korrekter sein muß. Es geht darum, gegen Denkverbote anzukämpfen.

Hans-Adolf Jacobsen meinte einmal, die Meinungsäußerungsfreiheit in Deutschland durch die Behauptung belegen zu können: »Nach wie vor gibt es in Deutschland für fast jede Richtung ein Organ, in dem u. a. die unsinnigsten Behauptungen aufgestellt werden können.«[273] In einem freiheitlichen Staat kann es doch nicht darum gehen, den größten Mist sagen und schreiben zu dürfen! In einem freiheitlichen Staat geht es darum, eine kritische Haltung gegenüber anderen Meinungen – auch und erst recht der Lehrmeinung der herrschenden politischen Klasse gegenüber – vertreten und frei äußern zu können!

Das Fatale an der Political Correctness für die Meinungsäußerungsfreiheit ist, daß manche Auseinandersetzungen und Diskussionen von vornherein nicht oder nur in Form einer Diffamierungskampagne oder eines Schauprozesses stattfinden können. Denn sobald jemand von der Faschismus-Keule getroffen oder beispielsweise als Nazi oder Sexist erfolgreich verunglimpft worden ist, hat er die asoziale Krätze. Und mit einem derart Aussätzigen spricht man nicht. Man gibt sich mit ihm erst gar nicht ab. Er wird nicht zu Diskussionsrunden eingeladen. Mit ihm redet man nicht. Man publiziert nicht im selben Medium. So einer bekommt keine Gelegenheit, seinen Standpunkt darzustellen. Er stinkt halt, wie Dieter E. Zimmer einmal in der ZEIT feststellte, und deshalb geht man so einem aus dem Weg. Und Aussätzigkeit impliziert auch, gewissermaßen vogelfrei zu sein, folglich kann die größte Gemeinheit nicht widerlich genug sein, um Gefahr zu laufen, juristisch verfolgt zu werden. Die korrekten Inquisitoren genießen quasi volle Freizügigkeit in puncto Meinungsäußerung. Und wehe dem, der sich besinnt und dem die Hetze aus welchen Gründen auch immer dann doch zu weit geht, im Nu ist er als Sympathisant des Aussätzigen erkannt und erhält die ihm gebührende Bestrafung. In den siebziger Jahren trällerte der Liedermacher Franz-Josef Degenhardt seine Ode von den Schmuddelkindern, mit denen man nicht zu spielen hatte. Freilich besang er hierbei ironisch die Straßenkinder aus proletarischem Milieu, von denen sich die »anständigen« Kinder fernzuhalten hatten. Heute mehr denn je sind diese Schmuddelkinder die »rechtsextremen Außenseiter« – wobei die Rangierbreite überaus großzügig gespannt ist –, mit denen man sich nicht abzugeben hat.

Gerd-Klaus Kaltenbrunner richtet sein Augenmerk u. a. auf ein hochbrisantes Thema, das vom überwiegenden Teil des Volkes nicht erkannt oder nicht gebührend beachtet wird. Es ist die Tatsache, daß man den Standpunkt eines Redners oder eines Schreibers, unabhängig vom Inhalt seiner Äußerung, bereits durch die von ihm gebrauchten Worte einstufen kann. Diese offenkundige, aber aus dem Bewußtsein gerückte Weisheit verdeutlichte schon Aristoteles am Beispiel der mythischen »Gestalt des Orestes, den man, je nachdem, ob man seine Tat billigt oder verabscheut, sowohl als ›Muttermörder‹ oder als ›Rächer des

Vaters‹«[274] bezeichnet. Orest hat tatsächlich seine Mutter getötet. Faktisch gesehen ist er also ein Muttermörder. Allerdings hatte die Dame zuvor ihren Gatten umgebracht. In diesem Licht kann das von Orest begangene Verbrechen sehr wohl als Rache interpretiert werden. Dieses Prinzip wird heute, vielleicht intensiver denn je, durch die Medien und Propagandisten gebraucht. Bestimmte Ziele, Taten, Verhaltensweisen, Eigenschaften werden entweder euphemistisch oder aber pejorativ bezeichnet. Führt man sich einige Beispiele vor Augen, wird diese Art der unauffälligen Wertung (auch eine Meinungsäußerung!) deutlich. Man kann andere Meinungen, historische Ereignisse, aber auch Menschen entweder positiv umschreiben, also mildernd bis beschönigend, oder negativ beschreiben, also herabsetzend und verunglimpfend beurteilen. Ein paar Beispiele mögen dies verdeutlichen: Im allgemeinen kommt der Bezeichnung »Nationalist«, jedenfalls in Deutschland, eine negative Bedeutung zu. Bezieht man sie jedoch auf »Freiheitsbewegungen« der Dritten Welt, empfindet man sie als positiv. Vorausgesetzt, daß man eine Freiheitsbewegung als solche anerkennt und deren Mitglieder nicht als Terroristen oder Guerilleros betrachtet. Oder wie bezeichnet man den (ost)deutschen Flüchtling, vor allem den des Zweiten Weltkrieges? Als »Vertriebenen«, als »Umsiedler« oder gar als »Wanderer«, wie dies Weizsäcker in grenzenloser Geschichtsverachtung tat, wobei das Wörtchen »gar« natürlich schon wieder eine Wertung für sich darstellt. Oder wie bezeichnet man das Töten eines Menschen? Als »Mord«, »Hinrichtung« oder als »Säuberung«? Spricht man vom »Regierungschef«, vom »Despoten«, vom »Tyrannen« oder von einer »Marionette«? Bezeichnet man ein »Atomkraftwerk« als solches, oder verniedlicht man es als »Kernkraftwerk«? Ist der Einmarsch der deutschen Wehrmacht in die Sowjetunion ein »Überfall« oder ein »Präventivschlag« gewesen? Wurde 1919 in Versailles ein »Vertrag« oder ein »Diktat« unterzeichnet? Ist der 8. Mai in Deutschland ein »Tag der Befreiung«, oder wird mit diesem Datum eine Katastrophe bezeichnet? Es kommt bei den oben willkürlich ausgewählten Beispielen immer darauf an, aus welcher Perspektive man ein Objekt betrachtet. Von welchem Standpunkt aus betrachtet ein Mensch ein bestimmtes Geschehen oder ein spezifisches Problem? Die meisten Menschen werden ihre Meinung, ihre Studie, ihr Gutachten oder ihre Erkenntnisse als »Tatsache« darzustellen wissen. Und dem Hörer oder Leser obliegt es, welcher Version man sich anschließt oder verschließt. »Kleider machen Leute«, gewiß. Aber Worte erst recht. Nomen est omen.

Political Correctness kann für einen freiheitlichen Staat nur tödlich ausgehen. Nährboden findet diese Krankheit jedoch, wie es Reiner Kunze nennt, in der gnadenlosen Ideologisierung des geistigen Lebens in Deutschland, und diese wiederum ist für Steffen Heitmann Ausdruck eines seelisch kranken Volkes.[275] Und man braucht kein Psychiater zu sein, um hierin dem sächsischen Justizminister zuzustimmen.

Politische Justiz und richterliche Politik

Die Freiheit der Forschung darf von keiner Macht in dem Sinne eingeschränkt werden, daß dem Suchen nach Erkenntnis und Wahrheit vorgeschrieben würde, was als wahr zu gelten hat.

(Deutsche Bischofskonferenz)

DIE ZEIT warb im November 1995 mit einer ganzseitigen Anzeige im SPIEGEL anläßlich ihres 50jährigen Bestehens u. a. mit den Worten »Liberalität bedeutet für uns mehr, als die andere Meinung gelten zu lassen – wir bieten ihr ein Forum.« Dem Jargon der ZEIT aus dem Jahre 1995 nicht unähnlich heißt es bereits 1967 bei Wilmont Haacke und Hartmut Visbeck, daß nur Demokratie das Bilden einer Meinung ermögliche, da sie eine entgegengesetzte Auffassung nicht nur ermögliche, sondern ihr auch grundsätzlich die gleichen Chancen einräume.[276]

Deutsche Soldaten sind Mörder

Das Bundesverfassungsgericht hat 1995 mit seinem »Soldaten sind Mörder«-Urteil eine große und zugleich überaus zweifelhafte Toleranzbreite in puncto Meinungsäußerungsfreiheit zugelassen. Nach internationalem Kriegsrecht (Genfer Konvention, Haager Abkommen etc.) wird das Töten eines Kombattanten seitens eines Kombattanten im Kriege nicht als Mord definiert. Das Gericht befand trotzdem, daß die Aussage »Soldaten sind Mörder« als freie Meinungsäußerung hingenommen werden muß und daß hierin eine Verunglimpfung der Soldaten der Bundeswehr und ihrer Angehörigen nicht enthalten sei, da allgemein bekannt sei, daß die Bundeswehr seit ihrer Gründung bislang nicht an einem bewaffneten Konflikt teilgenommen und folglich auch nicht getötet habe. Entscheidend bei der Beurteilung des BVerfG ist, daß das Urteil die Wehrbereitschaft in der Gesellschaft moralisch auf die Stufe mit ordinären Mördern stellt. Mit welchem Recht bzw. Unrecht haben sich Menschen, von denen erwartet wird, ein freiheitliches Land im Ernstfall mit ihrem Leben zu verteidigen, als »Mörder« diffamieren zu lassen? Mit dem Recht auf Meinungsfreiheit? Das BVerfG ist der Auffassung, daß der Ausspruch »Soldaten sind Mörder« nicht zwingend als Herabwürdigung von Soldaten als Personen gedeutet werden müsse, sondern daß es eher um die Verurteilung von Soldatentum und Kriegshandwerk ginge, »weil diese im Ernstfall mit dem Töten anderer Menschen verbunden sind«. Die herabsetzenden Bemerkungen müssen also einzelne Personen oder aber Soldaten eines einzelnen Staates betreffen, damit der Schutz von Meinungsfreiheit nicht mehr gewährleistet ist. Gewährleistet ist sie allerdings, wenn der Ausspruch sich auf Soldaten schlechthin bezieht.[277] Na ja, freilich nur auf deutsche Soldaten. Oder wie sich ein deutscher Redakteur auszudrücken pflegte: »Ich selbst würde mich beispielsweise sehr stark dagegen verwahren, daß Soldaten der Alliierten, welche die Aufgabe hatten, Deutschland zu besiegen, als Mörder abqualifiziert würden.«[278]

Edmund Stoiber dagegen, in diesem Falle federführend für Vertreter eher konservativer Werte, bedauert es außerordentlich, daß das Bundesverfassungsgericht in diesem Urteil den Soldaten der Bundeswehr einen wirksamen Ehrenschutz vorenthalte. Das höchste deutsche Gericht habe den selbstverständlichen Anspruch der Soldaten der Bundeswehr auf wirksamen staatlichen Schutz vor ehrverletzenden Äußerungen nach Ansicht Stoibers verletzt. »Die Vorgaben des Verfassungsgerichts in dieser Entscheidung, die darauf abzielen, daß alle anderen Deutungsmöglichkeiten als eine Kränkung ausgeschlossen sein müssen, stellen an die Tatsacheninstanzen Anforderungen, die bei realistischer Betrachtungsweise dem Schutz der Meinungsfreiheit gegenüber dem Ehrenschutz eine so starke Stellung einräumen, daß es den Strafgerichten nahezu unmöglich gemacht werden wird, bei Äußerungen ›Soldaten sind Mörder‹ oder ähnlichen Bemerkungen zu einer strafgerichtlichen Verurteilung zu gelangen. Damit wird der Konflikt zwischen Meinungsfreiheit und Ehrenschutz aber im Ergebnis immer zugunsten der Meinungsfreiheit entschieden.«[279] Voreilig könnte man annehmen, daß das Recht auf freie Meinungsäußerung gerade durch das »Soldaten sind Mörder«-Urteil bestätigt worden sei und somit von einem mangelnden Schutz der Meinungsfreiheit in Deutschland beim besten Willen nicht die Rede sein könne. Es ist nur merkwürdig, daß das höchste deutsche Gericht zu wissen vorgibt, wie die Mehrheit der Bevölkerung über den Ausspruch denkt, ohne vorher, wie sonst üblich, ihrer Entscheidung demoskopische Umfragen zugrunde zu legen. Dann nämlich hätten die Richter erkannt, daß die Mehrheit der Deutschen das Tucholsky-Zitat sehr wohl als Beleidigung gegenüber Soldaten der Bundeswehr empfindet und nur ein Drittel die Meinung des Gerichts teilt.[280]

Einige intellektuelle und weniger intellektuelle Kritiker meinten die Feststellung äußern zu müssen, daß es nunmehr Zeit sei, beispielsweise Ärzte, Bahnhofsvorsteher, Müllmänner oder Politiker gesetzlich zu schützen. Auf den allerersten Blick haben diese spaßig anmutenden Forderungen sogar ihre Berechtigung: gesetzlicher Schutz vor Diffamierungen für alle Berufsgruppen. Ehrenschutz verlangt, daß eine fest umrissene Gruppe beleidigt wird, also z. B.: *Die* deutschen Ärzte sind Quacksalber. Und sosehr die Arbeit des Müllmanns, der Putzfrau oder des Bahnhofsvorstehers auch unentbehrlich ist, außer den Soldaten verteidigt niemand die freiheitliche Republik gegen potentiell von außen eindringende Feinde. Der frühere Bundesaußenminister Hans-Dietrich Genscher formulierte in einer Sondersitzung des Bundestages, »daß der freiheitliche Rechtsstaat sich selber in Frage stellen würde, wenn er denen den Schutz verweigern sollte, die in der Bundeswehr ihre vom Grundgesetz vorgeschriebene Verantwortung für den Frieden erfüllten«.[281]

Einer der wenigen namhaften Repräsentanten des öffentlichen Lebens bzw. der Betroffenen selbst, der sich diesem Urteil entgegenstemmte, war Generalmajor Gerd Schultze-Rohn, der meinte, daß der Vergleich seiner Soldaten mit Mördern genauso inakzeptabel sei wie der des Bundesverfassungsgerichts mit dem Volksgerichtshof im Dritten Reich. Quasi im selben Atemzug erhob sich das bestürzte Geschrei des Kartells der politisch korrekten Wächter. Bislang sind noch keine Köpfe gerollt, die Kontroverse ist allerdings auch noch nicht ausgestanden.

Von der Unumstößlichkeit von Tatsachen

Der Tathergang des Reichstagsbrands; die Umstände in der sogenannten Reichskristallnacht; die Ursachen des Kriegsausbruchs 1939; die Authentizität der Schriften TAGEBUCH DER ANNE-FRANK sowie Hermann Rauschnings GESPRÄCHE MIT HITLER, die oft als Grundlagenwerke zur Erforschung des Dritten Reichs, insbesondere hinsichtlich der Judenverfolgung, suggeriert wurden; die Ermordung polnischer Offiziere in Katyn durch die Sowjetarmee; die Umstände, die zum deutschen Einmarsch in die Sowjetunion geführt haben; letztlich auch die Mär, Deutsche hätten aus Knochen von Juden Seife bzw. deren Haut Lampenschirme hergestellt; die Behauptung, in den Konzentrationslagern Dachau, Mauthausen und Bergen-Belsen seien Menschen vergast worden. Alles historische Tatsachen?

Neue Erkenntnisse werden nicht nur in allen geisteswissenschaftlichen, sondern vor allem auch in naturwissenschaftlichen und technischen Bereichen beinahe täglich gewonnen. Greifen wir uns ein stellvertretendes Beispiel aus der Paläontologie. Im September 1995 legten argentinische Paläontologen im Nordwesten Patagoniens die versteinerten Überreste einer bislang unbekannten Dinosaurierart frei, den Gigantosaurus carolinii, der noch größer als der Tyrannosaurus rex ist und vor rund 70 Millionen Jahren in der Kreidezeit lebte. Doch wer sich nunmehr im Besitz der Wahrheit glaubte und meinte, als historische Tatsache verkünden zu können, daß der Gigantosaurus der größte fleischfressende Saurier, der jemals auf der Erde lebte, gewesen sei, wurde bereits im Mai 1996 eines Besseren belehrt: In Marokko entdeckten Wissenschaftler den um 20 Millionen Jahre älteren und noch größeren Carcharodontosaurus saharicus, was alle notwendigen revidierenden Konsequenzen nach sich zog.

In den siebziger und achtziger Jahren degradierte Willy Brandt die deutsche Frage zur »Schizophrenie«.[282] Lebenslüge und so, man erinnert sich, nicht? Die deutsche Teilung sei eine historische Tatsache und als solche eine Realität, mit der man sich abzufinden habe. Die 17.-Juni-Heucheleien sind nicht vergessen. Nicht zu unterschlagen, daß Otto Schily, der »Realität« ins Auge schauend, forderte, die Präambel des Grundgesetzes, die den Deutschen Deutschland als Pflicht aufgetragen hatte, zu streichen. Sicher, es gibt auch herausstechende Ausnahmen; Uwe Johnson zum Beispiel, der darauf bestanden hatte, mit seinem Wechsel von der DDR in die BRD nicht den Staat, sondern lediglich den Wohnort gewechselt zu haben. Charakteristisch bleibt jedoch für das Verhalten und das Meinungsäußern deutscher demokratischer Politiker ihr Betroffensein und

Distanzüben von gewissen Ereignissen und ihr Ad-acta-Legen als historische Tatsachen.

»Die im Grundgesetz garantierte Forschungsfreiheit in Deutschland ist in Gefahr.« Mit diesem erschütternden Satz beginnt der Artikel »Forschungsfreiheit gefährdet« in der FRANKFURTER ALLGEMEINEN ZEITUNG vom 27.3.1996. Unter Berufung auf jüngste Erkenntnisse der Deutschen Forschungsgemeinschaft wird dem Leser mitgeteilt, daß die Wissenschaft zunehmend durch Gesetze und Normen, das Handeln der Verwaltung, rechtliche Belastungen und steuerrechtliche Regelungen bis hin zu physischer Bedrohung von Forschern und Forschungseinrichtungen gefährdet werde. Forschungen würden kriminalisiert und damit erstickt werden. Besonders deutlich würden derartige Behinderungen bei der Gentechnik, der Biotechnologie, der Embryonenforschung, der Fortpflanzungsmedizin, dem Umweltschutz und dem Datenschutz zutage treten. Als Ergebnis einer solchen Gefährdung werden Forschungsaufträge aus Deutschland verdrängt und deutsche Forscher genötigt, im Ausland ihre Experimente vorzunehmen.

Überhaupt gilt des Menschen Wissensdurst als ein wesentliches, ein entscheidendes Merkmal seiner Spezies, ohne den die Entwicklung und die Leistungen des Homo sapiens nicht hätte stattfinden können. So ist es nur allzu verständlich, daß Wissenschaft und Forschung auf der Basis der Revision beruhen, wollen sie Wahrheit erkennen. Solange der Mensch noch nicht einmal über »historische Tatsachen« verfügt, woher er eigentlich stammt, sollte er etwas bescheidener mit dem Umgang mit Absoluta und Superlativen sein. Ansonsten wirkt sein Verhalten anmaßend und lächerlich zugleich. Die in vielen Gerichtsurteilen zu findende Formulierung, daß ein von gesicherten historischen Tatsachen abweichendes Geschichtsbild zu vertreten nicht strafbar sei, hingegen aber die Leugnung von historischen Tatsachen, ist paradox. Was für Paläontologen oder Gentechniker oder irgendwelche anderen Forscher gilt, gilt selbstverständlich auch für den Historiker: Zu Beginn seines Forschens bezweifelt oder überprüft er nämlich die Ausgangslage, die bisherigen Erkenntnisse. Demnach wäre jeder Historiker schon bei Beginn seiner Untersuchungen ein Straftäter, da seine Studie über einen bestimmten Sachverhalt, dem er eben zunächst kritisch gegenübersteht, bereits mit der staatsanwaltlichen Auffassung der Strafwürdigkeit kollidiert. Nur ist es so, daß wissenschaftliche Forschung gar nicht auf andere Weise betrieben werden kann, als vorgegebene Prämissen zu untersuchen und Ergebnisse nicht vorwegzunehmen. Nur auf diese Weise hat Forschung den geistigen Erkenntnisbereich des Menschen erweitert.

Willy Brandt meinte im gleichen Jahr, daß die Freiheit der Forschung untrennbar mit der Verantwortung für die Freiheit verbunden sei. Wenn dem wirklich so wäre, führte diese Verbindung, wie dies Rolf Kosiek richtig interpretiert, zu einer erheblichen

> »Einschränkung der grundgesetzlich garantierten Freiheit der Forschung in dem Sinne, daß nur das aus seiner Sicht volkspädagogisch Wünschenswerte und seinem Freiheitsbegriff Dienende erforscht und verbreitet werden dürfe«.[283]

Fragwürdig sind allerdings diejenigen, die glauben, die Weisheit gepachtet zu haben und ihre Ansicht sei die alleinseligmachende, die allein zu vertretende, kurzum *die* richtige. Sobald eine Meinung als die absolute dargestellt wird, mit einem Superlativ in Verbindung gebracht wird, ist Vorsicht geboten, da diese Art der Meinungsäußerung in der Regel weniger ein sachlicher Beitrag zur politischen Willensbildung, sondern allzu leicht ein propagandistischer Schachzug ist – der selbstverständlich und erst recht Meinungen beeinflußt und ein wesentlicher Beitrag zur Willensbildung ist.

Robert Zippelius stellt zu Recht fest, daß Institutionen, die sich im Besitz absoluter ethischer und politischer Gewißheit glaubten, auf den liberalen Meinungsausgleich verzichteten, der durch Diskussion und Abwägung ermitteln wolle, welcher Auffassung zu folgen sei. Eine derartige Monopolisierung kann kraft verbindlicher Autorität oder entsprechender Gesetze geschehen oder aber faktisch durch monopolisierte Meinungslenkung ausgeübt werden. Aus diesem Grunde sei in dem Prozeß der Meinungsfindung das Verbot einer Monopolisierung des Wahrheitsanspruchs von essentieller Bedeutung.

Beleidigung muß nicht immer gleich Beleidigung sein

Es gibt freilich auch eine andere Art der Zensur, die allerdings als solche nur schwer erkennbar ist. Wir erinnern uns, daß niemand das Recht hat, gehört oder gelesen zu werden, schon gar nicht, daß jemand gezwungen werden kann, etwas Bestimmtes zu lesen oder zu hören. Niemand hat ein Anrecht auf einen Platz in den Medien. In dieser Hinsicht beklagt sich Gerhard Zwerenz und ruft die Verlage auf, von ihm wieder einmal etwas zu drucken, schließlich »wäre so manches neu aufzulegen von den Büchern, die sie aus Ängstlichkeit nicht mehr drucken, was auch eine Art Zensur«[284] sei. Auf den Gedanken, daß Verlage und Leser im Laufe der Jahre ihren Geschmack geändert haben könnten, kommt Zwerenz natürlich nicht. Realistischer beurteilt die Lage da schon der Kölner Schriftsteller Wolfgang Bittner:

> »Im deutschen Literaturbetrieb ist ganz deutlich ein Trend zu verzeichnen: Literatur mit einem gesellschaftspolitischen Hintergrund, wie ich sie zum Beispiel schreibe, ist zur Zeit nicht gefragt. Ich kann als Schrift-

steller schon seit Jahren nur noch durch meine Kinder- und Jugendbücher überleben.«[285]

Nun gibt es allerdings auch Fälle, in denen aus bestimmter Richtung Publikationsverbote gewünscht werden, ohne daß diesem Begehr jedoch entsprochen wird. Wir greifen uns aus diesen Fällen das Paradebeispiel heraus, da dieses auch international für gehöriges Aufsehen gesorgt hat – und in bestimmten Kreisen immer noch für Furore sorgt. Es geht um DIE SATANISCHEN VERSE des Salman Rushdie. Aus Bonner Sicht wurde und wird stets die Behauptung aufgestellt, ein Verbot dieses Buches käme nicht in Frage, da es sich hierbei um ein belletristisches Werk, um eine fiktive Geschichte in Romanform handele, die deshalb nicht als Beleidigung aufgefaßt werden könne – als ob bislang in Deutschland keine fiktiven Romane gerade mit der Begründung der Beleidigung (= Volksverhetzung) verboten worden wären. Dieses Bonner Argument ist also nicht nur unzutreffend, sondern auch irreführend, denn es ist nicht entscheidend, ob eine Beleidigung gegen lebende oder verstorbene Personen direkt ausgeschrieben oder verdeckt, quasi zwischen den Zeilen, veröffentlicht wird.

> »Für einen Muslim zumindest ist es völlig unerheblich, ob ihn jemand direkt ins Gesicht beschimpft: ›Deine Mutter ist eine Hure‹ oder ob er sagt: ›Ich schreibe einen fiktiven Roman, daß jemand träumt, daß eine Frau, die alle Merkmale und den Namen deiner Mutter trägt, eine Hure ist.‹ In beiden Fällen wäre die Schwere der Beleidigung gleich.«[286]

Auch für einen Nichtmuslim sollte diese Argumentation nachvollziehbar sein. In der englischen Ausgabe (SATANIC VERSES) schrieb Rushdie u. a. auf den Seiten 376–380 eben eine solche Beleidigung. Das Ausmaß einer solchen Beschuldigung mag in der westlichen Wertegemeinschaft, in der beispielsweise Prostitution ohnehin geduldet bzw. legalisiert und Ehebruch durchaus an der Tagesordnung ist, kaum ermessen werden. Meinungsfreiheit setzt Meinung und keine Beleidigung voraus, diese ist nach allgemeinem Rechtsverständnis ein Straftatbestand.

Darüber hinaus erwähnt Hussain überaus interessante Gegebenheiten, die es verdienen, in unsere Untersuchungen einzufließen. In der letzten Aprilwoche 1989 auf der Internationalen Buchmesse in Genf wurden, trotz des energischen Protestes seitens der iranischen Vertreter, Exemplare der englischen Ausgabe der SATANISCHEN VERSE verkauft. Bezeichnenderweise mußten die Iraner ein Jahr zuvor ein kritisches Buch über den Zionismus wegen angeblichen antisemitischen Inhalts entfernen.[287] Nun mögen die Kritiker wieder sagen, daß dieses Messen mit zweierlei Maß auf nichtdeutschem Boden stattgefunden habe. Stimmt. In Deutschland sind kritische Schriften über das Judentum ohnehin von vornherein verboten. Aber warum scheint dieses Motiv nicht auf andere orientalische Glaubensrichtungen anzuwenden zu sein? Anders gefragt: Warum dürfen Religionen, z. B. der Islam, verunglimpft werden, während für andere, z. B. das Christentum und das Judentum, besondere Schutzmaßnahmen gelten? Zudem werden in Rushdies Roman eingehend Inzest, Nekrophilie und Sodomie beschrieben, was in diesem Falle offensichtlich nicht den Straftatbestand der Pornographie erfüllt – und das angesichts zunehmender Fälle von Kindesmißhandlung und Kinderpornographie gerade in Ländern der westlichen Wertegemeinschaft?

Am 23. Februar 1989 kam es im Deutschen Bundestag zu einer aktuellen Debatte über die gesamte Affäre. Ausnahmslos klagten alle Redner Ayatollah Khomeini und dessen – aus westlicher Rechtsauffassung betrachtet – sicherlich nicht nachvollziehbares Todesurteil gegen Rushdie an, ohne sich freilich zuvor kritisch mit dem Sachverhalt auseinandergesetzt zu haben. Niemand interessierte sich beispielsweise dafür, daß namhafte islamische Gelehrte das von Khomeini verhängte Urteil bestätigten. Freimut Duve (SPD) spielte sich einmal mehr als Staatsanwalt, Richter und Henker in einer Person auf. Er beschuldigte und verurteilte die islamischen Geistlichen wegen eines Aufrufs zum Mord. Sein Kollege von der CDU, Heinrich Lummer, glaubte Khomeini als einen »greisen Fanatiker« bezeichnen zu können und meinte, seine eigene christliche Position hervorheben zu müssen. Lummer bekannte, daß »selbst wenn er [Rushdie, C. N.] meinen Glauben lästert und spottet, darf es nicht zum Tode führen«, was sicherlich für Lummers persönliche geistliche Einstellung gelten mag. Nur warum, so stellt sich die Frage, muß dies auch für andere religiöse Bekenntnisse gelten? Die Abgeordnete der Grünen, Karitas Hensel, rief in grenzenloser Selbstüberschätzung die Moslems im Iran gar dazu auf, »die islamischen Gesetze dem internationalen Völkerrecht unterzuordnen oder anzupassen«.[288] Ähnlich grotesk, freilich weniger revolutionär, dafür eher philosophisch, gab sich der Sprecher der FDP, Olaf Feldmann, der bekannte: »Wir leben zwar in unterschiedlichen Welten, aber auf einer Erde. Keiner kann und darf sein Wertesystem absolut sehen. Wir erwarten aber Respekt vor unserer Rechtsordnung, unserer Grundordnung und dem menschlichen Leben.«[289] Wer will angesichts einer derartigen Arroganz nicht mit Hussain übereinstimmen und feststellen, daß nur jemand, der auf sich selbst und seine Umgebung fixiert ist, eine derartig von sich selbst eingenommene Aussage machen kann. Immerhin: Nach der einhelligen, den Iran verurteilenden Meinung des Deutschen Bundestages zog der Verlag Kiepenheuer & Witsch die deutsche Ausgabe der SATANISCHEN VERSE zurück. Reinhold Neven Du Mont, Chef des Verlages, begründete seine Stornierung mit der Angst um die Gesundheit seiner Verlagsmitarbeiter. Bereits im Herbst desselben Jahres fanden sich jedoch 90 deutsche Verlage zur Verlagsgemeinschaft »Verlag Artikel 19« zusammen, um das Buch doch noch erscheinen zu lassen. Es wurde auch tatsächlich gedruckt, allerdings im Ausland deponiert. Kurz vor der Frankfurter Buchmesse bekamen die Artikel-19er kalte Füße. Die Veröffentlichung wurde zurückgezogen und auf einen Termin nach der Buchmesse verlegt, wobei interessierte Leser auch dann nur über ein Postfach in Westfalen Kontakt mit dem Verlag aufnehmen konnten.

Es stimmt also; das Messen mit zweierlei Maß hat sich auch im Literaturbetrieb etabliert. Eine Beleidigung muß nicht immer als Beleidigung gehandhabt werden. Für Verbrechen, wie wir bereits gesehen haben, gilt dasselbe – und für Verträge.

»Vertrag« ist manchmal nur ein feineres Wort für Klopapier

Ein zur Darstellung der praktizierten Meinungsfreiheit in Deutschland überaus bemerkenswerter Fall ereignete sich im April 1992. Es ging um die Veröffentlichung einer universitären Studie über Heinrich Böll. Was sich innerhalb von 21 Tagen abspielte, gleicht mittelalterlicher inquisitorischer Willkür:

Am 6. April 1992 schrieb der Inhaber des Bielefelder Aisthesis Verlags, Detlev Kopp, einem jungen Autor, der ihm ein akademisches Manuskript über Heinrich Böll zur Veröffentlichung angeboten hatte, daß nach »gründlicher Lektüre« der Arbeit »wir zu der Auffassung gelangt« sind, daß eine Veröffentlichung im Aisthesis Verlag nur nach einer stilistischen Überarbeitung möglich sei. »Inhaltlich sagt uns die Arbeit durchaus zu. Sollten Sie sich mit der Überarbeitung einverstanden erklären, steht dem Erscheinen der Studie in unserem Verlag nichts im Weg.« Der Autor war gewillt, diese Auflage zu erfüllen. In einem Telephongespräch zwischen Verlagsinhaber und Autor am

15. April wurden letzte Vereinbarungen getroffen. Man wurde sich einig. Am 16. April unterzeichnete der Verlagsinhaber, am 24. April der Autor den Vertrag, in dem u. a. die Rechte und Pflichten von Autor und Verlag, die Auflagenstärke des Buches, die Anzahl der Freiexemplare und das Honorar des Autors festgelegt waren. Bis dahin war das Geschehen ein ganz normaler Prozeß seriöser Verlagspolitik. Die Weichen für eine Veröffentlichung eines Buches waren gestellt, und somit war das Erscheinen eines Beitrages zur öffentlichen Meinungsbildung absehbar. Wenn der Autor nicht an einen miesen – aber korrekten! – Vertragsbrecher geraten wäre. Am 27. April schrieb Verlagsleiter Kopp die folgenden Zeilen:

> »[Z]u meinem großen Bedauern muß ich Ihnen leider mitteilen, daß Ihre Böll-Studie doch nicht im Aisthesis Verlag erscheinen kann. Dem Votum des Lektorats, Ihre Arbeit unter der Voraussetzung einer gründlichen stilistischen Überarbeitung in unserem Verlag zu publizieren, kann ich mich unter keinen Umständen anschließen. Ich bedauere es sehr, Ihnen eine Zusage gemacht zu haben, bevor ich selbst die Arbeit geprüft hatte, und möchte mich dafür entschuldigen.«

Dies ist seltsam, hatte Kopp doch 14 Tage vorher festgestellt, daß »wir«, d. h. Kopp und sein Lektorat, die Studie nicht nur gelesen, sondern sogar einer »gründlichen Lektüre« unterzogen hatten. Was also ist der Grund? Kopp selbst gibt die Antwort: »Ihre Studie müßte nicht nur stilistisch überarbeitet werden, sondern ist auch inhaltlich in vielerlei Hinsicht bedenklich.« Aha. Nur ist diese Begründung merkwürdig, angesichts der Tatsache, daß ihm zwei Wochen zuvor die Arbeit inhaltlich noch zugesagt hatte. Schließlich läßt Kopp die Katze aus dem Sack:

> »Dies gilt ganz besonders für Ihre Ausführungen zum Nationalsozialismus und die Beurteilung der Kontinui-

täten ›Drittes Reich‹ – BRD durch Böll. Sie würden sich keinen Gefallen tun, wenn Sie die Studie in der vorliegenden Form veröffentlichen würden. Ich rate deshalb ab.«

Sprach's und vernichtete das in Kraft getretene Vertragspapier. Es sind ausschließlich politische Gründe, die den Verlagsleiter dazu veranlaßt hatten, gesetzeswidrig, zudem unprofessionell, vom Vertrag zurückzutreten. Dabei vergißt Verlagsleiter Kopp in seinem letzten Satz nicht, den politisch korrekten Zeigefinger zu erheben. Detlev Kopp rät von einer Veröffentlichung ab, nachdem er zuvor gründlich das Manuskript gelesen und inhaltlich den Aussagen der Studie zugestimmt hatte, um sich später zu erinnern, daß er das Buch doch noch nicht gelesen hatte und es nun für inhaltlich bedenklich (sic!) hält. Daß er in der Zwischenzeit einen Vertrag unterschrieben hatte, braucht den eigenartigen Verlagschef wohl nicht zu interessieren, handelt es sich hierbei doch nur um ein Stück Papier, dem eine vielfältige Bedeutung zukommen kann.

Dabei ist oben genannter Fall von manischem Drang zur Zensur offensichtlich keine Randerscheinung im ehemaligen Land der Dichter und Denker. Der Verfasser legte das Manuskript des vorliegenden Buches u. a. auch dem S. Fischer Verlag in Frankfurt/Main vor. Das Manuskript wurde abgelehnt. Das ist freilich das gute Recht der Verleger. Doch bei der einfachen Absage blieb es nicht. Der in vielen Medien – und deutsche Lektorate sind hiervon nicht ausgenommen – vorherrschende »phobisch-antifaschistische« Geisteszustand tritt besonders deutlich in dem Antwortschreiben des zuständigen Lektors Martin Rethmeier zum Vorschein. Rethmeier versteht nicht, wie man es wagen könne, seinem Verlag ein derartiges Manuskript überhaupt vorzulegen, zumal doch seine »Schwarze Reihe« zum Nationalsozialismus« zu den »Flaggschiffen« des Hauses zähle. Um so mehr sollte man doch eigentlich annehmen können, daß ein Text, der für eines der grundlegenden Menschenrechte wie das der Meinungsfreiheit eine Lanze bricht, hier gut aufgehoben wäre. Denkste! Der Gutmensch Rethmeier steigert sich in seiner Beweihräucherung regelrecht in einen Zensurwahn und platzt endlich mit dem für sich sprechenden Bekenntnis heraus: »Dass in diesem Land auch in Zukunft die veröffentlichten Gedanken entlang Ihrer Linie nicht frei sein dürfen, darin wird auch weiterhin meine publizistische Arbeit bestehen.«[290] Großer Bruder, ick hör' dir trapsen.

Tragikomisch in den Gesinnungsstaat

Am tyrannischsten ist jene Herrschaft, welche aus Meinungen Verbrechen macht, denn jedermann hat das unverbrüchliche Recht auf Gedankenfreiheit.

(Baruch de Spinoza)

Der Politikwissenschaftler Hans-Gerd Jaschke empfindet die politische Justiz gegen rechts als

> »Gesinnungsjustiz, bei der es vor allem um die rechtliche Sanktionierung individueller inkriminierter Meinungen, letztlich aber auch um die staatliche Regulierung gesellschaftlicher Kommunikation geht [...] Politische Justiz gegen rechts [...] richtet sich daher vornehmlich auf die Ebene der öffentlich geäußerten Meinungen und Gesinnungen. Die Schwelle des Strafrechts setzt gegen rechts viel früher ein als gegen links [...] Daß Gesinnungen nicht unter Strafe gestellt werden dürfen, daß auch Meinungen, die der historischen Wahrheit zuwiderlaufen, als individuelle Äußerungen legitim sind, daß die Allgemeinheit des Gesetzes verbietet, bestimmte Meinungen zu kriminalisieren, daß der Staatsanwalt nicht Sanitäter sein kann, um die Gesellschaft vor Ansteckung durch Ideologie zu bewahren, all diese hehren Grundsätze des liberalen Rechtsstaates gelten oft wenig, wenn es gegen rechts geht [...]«[291]

Es bedarf des Mutes, dieses aufrichtige Bekenntnis in der Öffentlichkeit zu bekunden. Zur Untermauerung der von

Jaschke gemachten Äußerungen seien an dieser Stelle einige Beispiele genannt:

- 1993 verurteilt das BGH einen jungen Mann zu einer Geldstrafe von 90 Tagessätzen, weil er ein T-Shirt mit der Parole »Rotfront verrecke!« getragen hatte. (Az.: 3 StR 227/93)
- 1993 verurteilt das Amtsgericht einen 82jährigen Mann wegen Aufstachelung zum Rassenhaß und Volksverhetzung zu einer Gefängnisstrafe von zwei Jahren ohne Bewährung, weil er zahlreiche Briefe und Flugblätter mit ausländerfeindlichem Inhalt verfaßt habe. (MEPPENER TAGESPOST vom 22.6.1993)
- 1993 verurteilt das Amtsgericht Frankfurt/Man einen 49jährigen Kioskbesitzer wegen Volksverhetzung zu einer Geldbuße von 2.000 DM, weil er in seinem Kiosk das sogenannte »Asylbetrügergedicht« ausgehängt hatte. (FRANKFURTER ALLGEMEINE ZEITUNG vom 6.7.1993) Hingegen wird 1994 ein Beamter vom Bayerischen Oberlandesgericht für das Aufhängen des gleichen Gedichts in seinem Dienstzimmer zu 6.300 DM verurteilt.
- 1994 wird ein junger Mann vom Amtsgericht Berlin-Tiergarten verurteilt, weil er auf seiner Jacke einen Aufnäher mit einer Wolfsangel trug. (Az.: 201 Ds 990/93)
- 1995 verurteilt das Amtsgericht Weimar drei junge Männer zu Geldstrafen zwischen 1.400 und 10.500 DM, weil sie in einem Waldstück den deutschen Gruß gezeigt hatten. (Az.: 140 Js 30114/94 Ds)

Usw. usw. Die Liste der Verurteilten ist schier endlos. Wohlgemerkt, es geht hier nicht um Verbrecher, die ihre »Meinung« durch Gewaltakte zum Ausdruck brachten, sondern um Menschen jedes Alters, die ihre Meinung durch Schrift, Wort und Bild zum Ausdruck gebracht haben. Keine zusammengeschlagenen Polizisten, keine geplünderten Einkaufsläden, keine angezündeten Autos, kein Gebrauch von Waffen, keine Gewalt. Es geht hierbei um die Bestrafung von Menschen, die entweder ein nicht opportunes Wort gesagt oder geschrieben oder ein unliebsames Buch im Bücherregal stehen haben oder nichtkorrekte Kleidungsstücke wie beschriftete T-Shirts oder schwarze Hosen trugen oder Flugblätter, Aufkleber oder Plakate mit unerwünschten Parolen oder Äußerungen verbreiteten.

Herzlichen Glückwunsch zum Geburtstag

Was hat Verfassungsschutz mit Fußball gemein? Gar nichts, möchte man vorschnell meinen. Erinnert man sich noch an die Absage des Fußballnationalspiels Deutschland versus England, das für den 20. April 1994 angesetzt worden war? Grund der Absetzung: Führergeburtstag. Fürchtete man eine Geburtstagsparty in der Arena des deutschen Nationalsports?

Mit dem Datum hat's in Deutschland überhaupt so seine Bewandtnis. Gefährlich kann es in Deutschland sein, an gewissen Daten Geburtstag zu haben, wie folgendes Beispiel unter Beweis stellt: Auf Anordnung des thüringischen Amtsgerichts Rudolstadt wurde der kaufmännische Angestellte B. vom 29. Januar 12.45 Uhr bis 31. Januar 6.00 Uhr in »Sicherheitsgewahrsam« genommen. Herr B. hat am 30. Januar Geburtstag, und es bestünde der Verdacht, so das ehrenwerte Gericht in seiner Begründung (Geschäftsnummer XIV 15/96), »daß er dies zum Anlaß nehmen will, gemeinsam mit seinen Anhängern eine größere Feier durchzuführen«. Es sei davon auszugehen, obwohl weder der Polizei noch dem Gericht eine Gästeliste nebst den dazugehörigen politischen Auffassungen der Gäste vorlag, daß die Versammelten an diesem Tag, dem 63. Jahrestag der Machtergreifung durch die NSDAP, eine nationalsozialistische Feier planten. Herr B. saß seine Geburtstagszeit hinter Gittern ab und durfte obendrein im Gegensatz zu inhaftierten Kapitalverbrechern auch noch seine Verpflegung selbst bezahlen. Nach seiner Entlassung richtete das Geburtstagskind ein Schreiben an den thüringischen Innenminister Richard Drewes, in dem es u. a. heißt:

»Ich lege keinen Wert darauf, alljährlich an meinem Geburtstag inhaftiert zu werden. Deshalb bitte ich Sie, zu prüfen, ob behördlicherseits mein Geburtstag verlegt werden kann, so wie ja auch Leute ihren Namen ändern können, wenn dieser zu erheblichen Lebensbeeinträchtigungen führt. Mir wäre jeder Tag recht – aber möglichst nicht der 20. April (wegen Hitlers Geburtstag). Bitte auch nicht der 28. Februar. An dem Tag wurde 1933 die Reichsbrandverordnung erlassen, die dem Regime das Recht gab, mißliebige Bürger in ›Schutzhaft‹ zu nehmen.«[292]

Auf zur fröhlichen Scherbendemo

Vom 3. bis zum 6. August 1995 herrschte in Hannover der Bürgerkrieg. Anarchisten, Autonome, Chaoten, Punks und (andere?) Gewohnheitsverbrecher plünderten Geschäfte, besetzten Häuser, verprügelten Passanten und errichteten Barrikaden auf den Straßen und zündeten diese an. Herbert Sander (SPD), Polizeipräsident seines Zeichens griff nicht ein, schließlich hatte er ein Konzept der Deeskalation vorbereitet. Mit Flugblättern wurden die Bürgerkrieger bei Ankunft in der niedersächsischen Hauptstadt begrüßt und herzlich gebeten, doch von Gewalt abzusehen, woraufhin sich die Ankommenden vor Lachen kaum mehr halten konnten. Nicht gerade vor Entschlossenheit und Selbstvertrauen strotzend, gibt Innenminister Gerhard Glogowski (SPD) nach dem blutigen Debakel zu:

»Eine derart brisante Mischung aus gewalttätigen Jugendlichen, die teilweise lebensgefährliche Verletzungen von Polizeibeamten in Kauf genommen haben, stellt eine neue Qualität [sic!] dar, die in dieser Form nicht erwartet worden war.«[293]

Die angebliche Überraschung seitens Glogowskis und der Polizeiführung über das verheerende Ausmaß des Punktreffens überrascht wiederum ihrerseits. Bereits Monate vor Beginn der »Chaos-Tage« zirkulierten Flugblätter, in denen es u. a. hieß: »Freitag 17 Uhr: Auftakttreffen mit blutiger Straßenschlacht. Samstag 12 Uhr: Wir starten eine Feuerwalze. Sonntag Scherbendemo. Wir wollen gemein, brutal, haßerfüllt und rücksichtslos sein.«

Vor einigen Monaten ließ das Oberlandesgericht Celle das Bestreben der Staatsanwaltschaft Celle nicht zu, gegen die »Autonome Antifa« Anklage wegen systematischer Verstöße gegen das Versammlungsgesetz, das Vermummungsverbot, das Bewaffnungsverbot sowie schwerer Körperverletzung und Sachbeschädigung zu erheben. Das ehrenwerte Gericht begründete seine Absage an die Staatsanwaltschaft, die immerhin ausreichend Material über die Bildung einer kriminellen Vereinigung in 17 Fällen vorlegen konnte, mit folgender Scharfsinnigkeit: »Zwar sei die Autonome Antifa (M) eine linksextremistische Bewegung, die sich die Beseitigung des bestehenden Systems zum Ziel gesetzt habe, aber das bedeute keine erhebliche Gefahr für die Öffentlichkeit.«[294] Nur mal so zum Vergleich: Der Bundesgerichtshof hatte etwa zur gleichen Zeit entschieden, daß ein »Rechter«, der gemeinsam mit Kameraden ausländerfeindliche Sprüche an Wände schmiert, sich der Bildung einer kriminellen Vereinigung schuldig macht. Dafür wird der Schmierfink in der Regel mit Freiheitsentzug und empfindlichen Geldstrafen bestraft. Von Klaus J. Groth erfahren wir darüber hinaus, daß sich die oben genannten anarchistischen Schwarzkapuzen regelmäßig mittwochs im Parteibüro der Göttinger Grünen treffen. Zudem erhielten die Autonomen auf dem Gelände der Technischen Universität zu Berlin Gelegenheit, einen »Kongreß« über die Frage abzuhalten: »Revolution – täglich oder gar nicht! Was nun?«

Und noch ein Vergleich: Das sächsische Polizeigesetz macht es möglich, daß beispielsweise anläßlich einer »Rudolf-Heß-Aktionswoche« im August 1995 die Polizei 84 Jugendliche und junge Männer im Alter von 15 bis 28 Jahren an Bahnhöfen und Autobahnraststätten festnehmen und ein paar Tage in Vorbeugehaft nehmen konnte. Niemand, auch nicht die sich auf Menschenrechte und Meinungsfreiheit berufenden und für diese vermeintlich eintretenden Medien, sah sich genötigt, sich bezüglich dieser Grundrechtseinschränkung kritisch zu äußern. Im Gegenteil. 1995 verabschiedeten SPD und Statt-Partei in Hamburg obendrein ein neues Verfassungsschutzgesetz, nach dem nun auch Kinder als Staatsfeinde behandelt werden können. In einer Geheimdienstkartei dürfen fortan 14jährige gespeichert werden, die »rechtsradikal« aufgefallen sind – jugendliche Linksextremisten sollen von dieser Speicherung allerdings ausgenommen bleiben.

Was ich tue, darfst du noch lange nicht

Wer durch rechtsradikale Propaganda die auswärtigen Belange Deutschlands gefährdet, muß damit rechnen, daß ihm die Ausreise in ein bestimmtes Land untersagt wird. Dies gilt, dem baden-württembergischen Verwaltungsgerichtshof (VGH) in Mannheim (Az.: 1 S 3530/94) zufolge, sogar dann, wenn der betreffende Deutsche mit einer Staatsangehörigen dieses Landes verheiratet ist. Was war geschehen? 1994 stellte das Ordnungsamt Konstanz einem Mann einen Reisepaß mit der Einschränkung aus, daß sein Reisedokument nicht für Polen gelte. Eine Klage des Betroffenen wurde vom baden-württembergischen Verwaltungsgericht verworfen: Der Mann, ehemaliger NPD-

Funktionär und Schriftleiter des SCHLESIEN-REPORTS und mit einer polnischen Staatsbürgerin verheiratet, *könne* durch rechtsradikale Propaganda die auswärtigen Belange Deutschlands gefährden. Derartige Einschränkungen der Grundrechte gegenüber »linksextremistischen« Reisenden sind bislang nicht bekannt geworden.

Auf die Frage, warum der Ausruf »Deutsche raus aus Deutschland« im Gegensatz zur Äußerung »Ausländer raus« den Tatbestand der Volksverhetzung nicht erfüllt, gab der Bundestagsabgeordnete Dietrich Austermann, Vorsitzender der Landesgruppe Schleswig-Holstein der CDU/CSU-Fraktion, am 3.1.1995 folgende Erklärung:

> »Wer ›Ausländer raus‹ fordert, will erkennbar die Ehre sämtlicher in Deutschland lebender Ausländer angreifen. Ein derartiges Verhalten ist menschenunwürdig. Wer die Forderung ›Deutsche raus‹ aufstellt, meint offensichtlich in einer Reaktion auf den Ruf ›Ausländer raus‹ Ausländer schützen zu müssen. Da es sich im Zweifel um einen Deutschen handelt, der ähnliches an Wände schmiert, trägt die Forderung erkennbar den Charakter der Nichternsthaftigkeit in sich.«

Im Frühjahr 1995 diffamierte die Scientology Church mit einem aufwendigen Werbefeldzug ihre Gegner – und ein solcher ist außer den Anhängern der Scientologen im Grunde jeder. Auf dem Titelblatt der konzerneigenen Zeitschrift, die den sinnigen Namen FREIHEIT trägt, zerreißt ein werwolfähnliches Ungeheuer Deutschland in zwei Hälften – einfallsreich in die BRD und die DDR. In dem Monsterblatt heißt es, daß eine Phalanx von Politikern, Kirchenführern, Alt- und Neonazis sich mit Deutschlands Psychiatern verbündet habe, um Scientology den Garaus zu machen. Scientologen seien die Juden der Neunziger und würden verfolgt und vernichtet werden. In der mit einer Auflage von einer Million aufgelegten, 52 Seiten umfassenden

Schrift wird, so DER SPIEGEL, weiters die These vertreten, daß als das »Zentrum der Verschwörung« deutsche Wissenschaftler erkannt worden seien, »die auch Hitler an die Macht gebracht hätten und noch immer aktiv«[295] fungierten. Fast ist man geneigt zu fragen, warum sich auf diese wahrlich sensationelle Entdeckung nicht der STERN stürzt, immerhin wäre es nicht das erste Mal, daß diese Illustrierte meinte, der Zeitpunkt sei gekommen, die Geschichte des Dritten Reichs neu zu schreiben.

Obgleich, so DER SPIEGEL, im Mai 1995 die Innenminister der Länder beschlossen hatten, Erkenntnisse des Verfassungsschutzes und der Polizei über den Psychokonzern auszuwerten und ein Verbot der Organisation zu prüfen, ist Scientology in Deutschland bis heute immer noch als religiöser Verein anerkannt und erscheint selbstverständlich als solcher nicht im Verfassungsbericht.[296] Schließlich heißt es in Art. 4 Satz 1 GG: »Die Freiheit des Glaubens, des Gewissens und die Freiheit des religiösen und weltanschaulichen Bekenntnisses sind unverletzlich.« Halleluja. Was wäre eigentlich geschehen, wenn sich eine fiktive religiöse Sekte von beispielsweise Juden und Freimaurern bedroht fühlte und deshalb zum Kampf gegen dieselben aufrufen würde?

Und willst du nicht mein Bruder sein

Auf welche Weise mit politischen und weltanschaulichen Gegnern in Deutschland u. a. publizistisch umgesprungen wird, mögen folgende Beispiele belegen: Wolfgang Wippermann, seines Zeichens Professor an der Freien Universität Berlin, ist ein inquisitorischer Intellektueller, der vorschnell und rigoros (ver)urteilt. Für ihn beispielsweise ist der Grabert-Verlag schlicht rechtsradikal, weil bei ihm u. a. das monumentale Werk DER ERZWUNGENE KRIEG von David Hoggan verlegt wird. Bei dem Buch des amerikanischen Professors handele es sich um eine umgearbeitete Version seiner »völlig unkonventionelle[n] Dissertation«. Wilhelm Stäglich legte laut Wippermann mit seinem AUSCHWITZ-MYTHOS ein »handwerklich äußerst schlecht« gemachtes Buch vor. Das Buch von Arthur R. Butz, DER BETRUG DES 20. JAHRHUNDERTS, würde von gröbsten Fehlern und groteskesten Unwahrheiten nur so strotzen. David Irving wird von Profi Wippermann als »Amateur-Historiker« niedergemacht. Der Kanadier Ernst Zündel sei überhaupt die »Schlüsselfigur des internationalen Faschismus«. Fred Leuchter, dem Wippermann keine akademische Ausbildung zugesteht und der deshalb als Mensch zweiter Klasse erscheint, sei dagegen die »Schlüsselfigur der ›Internationale der Auschwitzlügner‹«.[297]

Der teilweise sich selbst widersprechende Aufsatz von Wippermann ist gefüllt mit Haßtiraden, Schmähungen, Diffamierungen und Gehässigkeiten gegenüber Andersdenkenden. Mit keinem Satz versucht Wippermann die geistige, seriöse Auseinandersetzung mit Vertretern anderer Meinungen. Die inquisitorische und von sich selbst allzu überzeugte Einstellung Wippermanns charakterisiert seine Grundhaltung. In einem Artikel in der FRANKFURTER RUNDSCHAU vom 31.10.1995 hält er an längst überholten Paradigmen über die Alleinschuld Deutschlands an den beiden Weltkriegen dieses Jahrhunderts fest. Damit begibt er sich aber auf eine fragwürdige Ebene im Stand der Forschung. Dem hochgewürdigten Historiker Alfred Schickel, der für Wippermann nur ein »Kriegsschuldlügner« ist, spricht der selbsternannte Zensor »einen historisch-fachwissenschaftlichen Charakter ab«, zumal Schickel seine Bücher »in der Regel in rechten und rechtsradikalen Verlagen und Zeitschriften« publiziere. Zu den von Schickel vertretenen Thesen und angeführten Beweisen meint der über den Dingen stehende Wippermann: »Natürlich ist dies alles Unsinn.« Natürlich, mein Großinquisitor!

Ein derartig arrogantes wie fragwürdiges – aber politisch korrektes! – Gebaren ist für Deutschland mittlerweile keine Ausnahme mehr. Öffentlich wird unter dem Deckmantel der Humanität und Demokratie zur Inquisition aufgerufen:

> »Daß letztlich selbst beamtete BriefträgerInnen gezwungen werden, die Hauswurfsendungen von ›Republikanern‹ oder DVU zu verteilen, daß sie Abmahnungen erhalten, wenn sie sich dem verweigern, und als Aushilfskräfte ohne großes Aufhebens gefeuert werden, deutet darauf hin, daß ein viel wichtigeres Recht eingefordert werden müßte, nämlich eines, das ArbeitnehmerInnen erlaubt, die Produktion und Verteilung rassistischer und rechtsextremer Propaganda zu verweigern. Dies wäre nicht nur ein Mehr an Demokratie.«[298]

Auch den Innenminister Brandenburgs, Alwin Ziel (SPD), zeichnet ein merkwürdiges Demokratieverständnis aus. Selbst schwere Verstöße gegen das Wahlgeheimnis, die in der Tradition der SED stehen dürften, sind für Ziel keine Unmöglichkeiten. Bürger, die mit ihrer Unterschrift die Teilnahme von nationalen Parteien oder Kandidaten an Wahlen befürworteten, ließ Ziel 1995 geheimdienstlich registrieren. Auch Sondergesetze in Form von Vereins- und Versammlungsverboten erfreuen sich in Brandenburg zunehmender Beliebheit, ungeachtet mahnender Worte aus gewiß unverdächtiger Ecke: Der SPIEGEL beispielsweise hat die Gefahr erkannt. In seiner Ausgabe 24/1995 warnt das Magazin, daß derartige Vorhaben in der modernen europäischen Gesetzgebung ein beispielloses Gesinnungsstrafrecht schaffen könnten.

Ein Herrn Ziel artverwandtes eigenartiges Verständnis bezüglich Demokratie und Meinungsfreiheit ließ beispielsweise auch die PDS-Vizechefin Angela Marquardt in einem Interview mit dem WOCHENBLATT am 24.8.1995 erkennen:

> »*Marquardt:* Die Reps [REP, C. N.] sind für mich Leute, die nicht das Recht haben zu tagen.
> *Frage:* Ist das demokratisch?
> *Marquardt:* Natürlich. Die Veranstaltung zu verhindern, ist eine demokratische Meinungsäußerung. Der Schönhuber will Faschismus, und deswegen werde ich mich dafür einsetzen, solche Veranstaltungen zu verhindern.
> *Frage:* Ist es legitim, gegen Leute, die Sie für undemokratisch halten, undemokratisch vorzugehen?
> *Marquardt:* Ja, im Sinne der Verhinderung ihrer Propaganda und ihrer Angriffe auf Menschen.
> *Frage:* Ist es legitim, solchen Leuten eins auf die Nase zu hauen?
> *Marquardt:* Das muß jeder für sich selbst entscheiden. Ich würde es nicht machen. Aber ich weine bestimmt nicht, wenn ein Fascho eins aufs Maul kriegt.
> *Frage:* Wie finden Sie es, wenn Brandanschläge auf die Druckerei der rechtsgerichteten Zeitung JUNGE FREIHEIT stattfinden?
> *Marquardt:* Ich halte es für legitim, zu verhindern, daß die JUNGE FREIHEIT gedruckt werden kann.«[299]

Apropos JUNGE FREIHEIT. Wir erinnern uns noch an den Drohbrief von Gudrun Ensslin an Klaus Wagenbach. Ist es in den siebziger Jahren noch weitgehend bei Drohung und Nötigung geblieben, werden in den neunziger Jahren tatsächlich Brandsätze geworfen. Im November 1994 überfiel ein Autonomer die Druckerei in Weimar, in der die nationalkonservative Wochenzeitung JUNGE FREIHEIT hergestellt wurde, die von vielen Kritikern und Publizisten als das »rechte« Gegenstück zur TAGESZEITUNG bezeichnet wird. Während des Überfalls wurde die Anschriftenliste der Abonnenten gestohlen. Wenige Wochen später, im Dezember 1994, wurde auf dieselbe Druckerei ein Brandanschlag verübt. Zu dem Anschlag bekannte sich die »Revolutionäre Lesbenfrauengruppe«. In ihrem Bekennerschreiben legten die Damen ihre Motivation dar: Die »Junge Freiheit sei der Versuch der Neuen Rechten, mit journalistischen Mitteln in politisch und kulturell bedeutsame Bereiche der BRD-Gesellschaft einzubrechen und sich dort zu konsolidieren«.[300] Nach dem Anschlag kündigte die Druckerei den Vertrag mit dem Wochenblatt fristlos.

Es ging noch weiter: Die Berliner Initiative »Stoppt Nazi-Zeitung« sandte Drohbriefe an Kioskbesitzer:

> »Sehr geehrter Zeitungshändler! Bei einem Besuch in Ihrer Verkaufsstelle hat man festgestellt, daß Sie dort Zeitungen mit faschistischem Inhalt anbieten [...] Schicken Sie die betreffenden Blätter zurück bzw. legen Sie sie nicht mehr aus. Wenn davon keine mehr verkauft werden, wird man bald davon absehen, Sie weiterhin damit zu beliefern [...] Zum Schluß noch ein Hinweis, den Sie hoffentlich nicht falsch verstehen: Uns wurde Ihre Adresse von einer Person oder Gruppe übergeben mit der Bitte, daß wir uns an Sie wenden. Wir haben nun nicht in der Hand, ob bzw. was diejenigen weiter unternehmen werden, falls Sie z. B. diese Zeitungen auch weiterhin anbieten.«[301]

Was das bedeutet, sollte recht bald deutlich werden. Kioske, in denen die »faschistischen« Zeitungen weiterhin angeboten werden, werden von vermummten Exoten überfallen, bestohlen, sabotiert oder schlicht abgefackelt.

Es gab einige hervorzuhebende Repräsentanten des öffentlichen Interesses, die als Unterzeichner des Appells DIE FREIHEIT IST IMMER DIE FREIHEIT DER ANDERSDENKENDEN den Mut aufbrachten, als glaubwürdige Verfechter für Meinungsfreiheit in Deutschland einzustehen. In diesem Appell heißt es unter anderem:

> »Wir verurteilen diese Anschläge ›autonomer‹ Täter, die sich – historisch ignorant und moralisch anmaßend – gern als ›Antifaschisten‹ bezeichnen. Das Recht auf freie Meinungsäußerung gilt selbstverständlich für Zeitungen und Autoren des gesamten politischen Spektrums. Die Junge Freiheit muß ungehindert erscheinen können – ungeachtet der Tatsache, daß vielen (auch Unterzeichnern dieses Aufrufs) die politischen Positionen der Zeitung mehr als bedenklich erscheinen.«

Unter den Erstunterzeichnern dieses Bekenntnisses waren u. a. der Literaturprofessor Günter Zehm, die DDR-Bürgerrechtlerin Ulrike Poppe, der Friedensforscher Alfred Mechtersheimer, der CSU-Bezirksvorsitzende Peter Gauweiler und der Europa-Abgeordnete der Grünen, stellvertretende Chefredakteur der WOCHENPOST und bedeutsame Initiator der 68er Revolution, Daniel Cohn-Bendit. Diese engagierten Persönlichkeiten des politischen und kulturellen Lebens bewiesen Courage. Sie hoben sich von der übergroßen Zahl ihrer Genossen und Parteifreunde angenehm ab. Sie haben unter Beweis gestellt, daß sie im Sinne eines Voltaire begriffen haben, um was es in Deutschland mittlerweile geht: wahre Toleranz und damit die Verteidigung bzw. die Wiederherstellung der praktizierten Meinungsäußerungsfreiheit.

Einen Monat vor der 50. Wiederkehr der Kapitulation Deutschlands am 8. Mai 1945 erschien in der FRANKFURTER ALLGEMEINEN ZEITUNG der Aufruf »Gegen das Vergessen«, der von einigen deutschen Prominenten der verschiedensten Parteien und Berufssparten unterschrieben war.[302] In dem Appell warnten die Repräsentanten des öffentlichen Interesses, daß bei den Gedenkfeiern zum 8. Mai in Vergessenheit zu geraten drohe,

»daß dieser Tag nicht nur das Ende der nationalsozialistischen Schreckensherrschaft bedeutete, sondern zugleich auch den Beginn von Vertreibungsterror und neuer Unterdrückung im Osten und den Beginn der Teilung unseres Landes. Ein Geschichtsbild, das diese Wahrheit verschweigt, verdrängt oder relativiert, kann nicht Grundlage für das Selbstverständnis einer selbstbewußten Nation sein, die wir Deutschen in der europäischen Völkerfamilie werden müssen, um vergleichbare Katastrophen künftig auszuschließen.«

Klaus J. Groth empfindet diesen Appell treffend als direkte, allerdings verspätete Antwort auf die beschämende Rede Weizsäckers zehn Jahre zuvor zum gleichen Anlaß. Das Meinungskartell schoß entsetzt zurück: DIE ZEIT nannte den Appell schlicht »widerlich«, der jüdische Schriftsteller Ralph Giordano gab sich pathologisch und diagnostizierte gar ein Krebsgeschwür: »Die Liste der Unterzeichner deutet auf Metastasen in der nachwachsenden Generation hin.«

Wie verheerend und bedauernswert zugleich die nationalmasoschistische Selbstbezichtigung in Deutschland sein kann, zeigt beispielsweise das psychopathisch-schizophren anmutende Verhalten der Edith Rohs, die so gern die Volljüdin Lea Rosh wäre. »Trauerarbeiterin der Nation«, »Gedenkdomina«, sogar »Oberjüdin Deutschlands« wird sie genannt[303], die »vergangenheitsbewältigende« und um politische Korrektheit bemühte Fernsehreporterin und Redakteurin. Der in München lebende jüdische Schriftsteller Rafael Seligmann bezichtigte sie, »das Judentum zu einer permanenten Trauerveranstaltung« zu degradieren, und warf ihr vor, ihr ginge es nicht um Juden, sondern schlicht um Nekrophilie. Für all diejenigen, die mit der exakten Bedeutung dieses Wortes hadern, sind erklärende Worte des DUDEN vielleicht hilfreich. Bei »Nekrophilie« handelt es sich um ein »abartiges, auf Leichen gerichtetes

Triebverlangen«. Klar, daß derartig kernige Worte in Deutschland – und seien sie noch so wahr – nur von einem Juden ungestraft ausgesprochen werden dürfen.

Auf brillante Weise macht der Schriftsteller Martin Walser das deutsche duckmäuserische Elend deutlich:

> »In der FAZ (17.12.86) wurde ein Satz von Franz Xaver Kroetz mitgeteilt: ›Mir ist die DDR so fremd wie die Mongolei.‹ Dazu Marcel Reich-Ranicki, der ja nicht gerade ein Genie der Zustimmung ist: ›Das gefällt mir außerordentlich.‹ Und noch einmal Kroetz: ›Es ist schon eine weise Sache, daß wir zwei Deutschlands haben.‹ Weil dadurch der ›Weltfrieden‹ weniger in Gefahr sei. Also wieder die unbeweisbarste, abgegriffenste aller Fomeln zur Rechtfertigung der Teilung. [...] Soviel versteht man: wenn einem ›die DDR so fremd‹ ist ›wie die Mongolei‹, dann ›gefällt‹ man Reich-Ranicki ›außerordentlich‹. Argumentiert muß da nicht werden, man gefällt oder gefällt nicht.«[304]

Schönen Gruß vom Großen Bruder

Mitte der achtziger Jahre sollten die Notstandsgesetze eine zwar nicht offiziell hiermit in Verbindung gebrachte, aber eine de facto enorme Erweiterung erfahren. Anfang 1986 brachten die Bonner Koalitionsparteien die sogenannten Sicherheitsgesetze ein, unter die u. a. beispielsweise die Einführung maschinenlesbarer Identifikationspapiere fällt. Diese Gesetze sind »in Wahrheit zu einem wesentlichen Teil Überwachungsgesetze«.[305] Überwacht werden kann heute prinzipiell alles und jeder. Auch das Gespräch am Mobiltelephon ist weit davon entfernt, gegen das heimliche Mithören seitens Dritter gefeit zu sein. Hierbei möge sich der nun vielleicht überraschte Leser ins Bewußtsein rufen, daß heutzutage auf den Einbau von Wanzen niemand mehr angewiesen ist. Es existieren mittlerweile Geräte,

> »mit denen es möglich ist, ohne auf einen in der Wohnung installierten Sender zurückgreifen zu müssen, jedes dort gesprochene Wort abzuhören und auf Tonträger aufzunehmen. Auch optische Vorgänge in geschlossenen Räumen können in einem bestimmten Umfang unter besonderen Bedingungen mit Spezialkameras und Infrarotgeräten aufgezeichnet werden«.[306]

Notabene, wir sprechen hierbei nicht von Methoden staatlicher Überwachung in totalitären Staaten, sondern von einem Staat, der sich freiheitlich und demokratisch schimpft. In einer Broschüre, die vom Verfassungsschutz herausgegeben wird, heißt es im Vorwort vom Präsidenten des Amtes, Eckart Werthebach, daß sich der Verfassungsschutz kein X für ein U vormachen ließe.[307] Diese fragwürdige Selbsteinschätzung wird auf Seite 57 insofern ad absurdum geführt, da er suggeriert, daß die elektronische Raumüberwachung mit Kleinstabhörgeräten und Richtmikrophonen grundsätzlich unzulässig sei, und auf Art. 13 GG (Unverletzlichkeit der Wohnung) hinweist. Was den Verfassungsschutz selbstverständlich nicht davon abhält, die Wohnung doch zu verletzen. Es sei eindringlich darauf hingewiesen, daß der Einsatz solcher technischer Mittel nicht unbedingt reibungslos mit den verbrieften Grundrechten auf Meinungsfreiheit, aber auch auf die Freiheit der Wohnung, die freie Entfaltung der Persönlichkeit und die kommunikative Intimsphäre zu vereinbaren ist. Sicher, nun mögen die Verteidiger solcher Überwachungsmaßnahmen einwerfen, daß jemand, der nichts zu verbergen hat, sich nicht vor einer Überprüfung zu fürchten braucht, außerdem würden derartige Methoden doch nur bei suspekten Personen und während konspirativer Treffen angewandt. Das wäre als Maßnahme zur »Staatssicherheit« auch noch zu begreifen, leider ist sie das nicht:

Das passiert doch nur Leuten, die Dreck am Stecken haben? Es ist eben keinesfalls so, daß lediglich Verbrecher überwacht und deren Daten gespeichert werden. Auch diejenigen, »die nichts zu verbergen haben«, können und werden überwacht. Der Hamburger Senat hat beispielsweise bereits Mitte der achtziger Jahre eingestanden,

> »daß die Staatsschutzabteilung der Polizei auch Veranstaltungen des DGB heimlich beobachtet und die dabei gewonnenen Erkenntnisse routinemäßig auch an Dienststellen der Nato sowie der Briten und Amerikaner weitergeleitet hat, natürlich ohne die davon betroffenen Personen über diesen Eingriff in ihr ›informationelles Selbstbestimmungsrecht‹ zu informieren«.[308]

Hier ist ergänzend noch hinzuzufügen, daß der ehemalige Präsident des Bundeskriminalamtes, Horst Herold (SPD), in bezug auf die Gewinnung von Datensätzen meinte, daß diese nicht auf einmal gewonnen werden müßten, »sie können vielmehr im Laufe eines Lebens von der Geburtsurkunde über die Schulimpfung, das Zeugnis und die Lehre bis zur Eheschließung, Straffälligkeit oder sonstigen markanten Lebensabschnitten entstehen«.[309] Abgesehen davon, daß Herold pikanterweise Heiraten und Straffälligwerden in einem Zuge als einen auffallenden Lebensabschnitt bezeichnet, wird vom Bürger offensichtlich erwartet, daß er des edlen Zweckes der vorbeugenden Verbrechensbekämpfung wegen eine Überwachung von der Wiege bis zum Sarg erduldet und daß hierbei sein sozial-kommunikatives Verhalten, seine Meinungsäußerungen, seine gesamte persönliche Entwicklung und Entfaltung beobachtet, aber auch Lichtbilder, Handschriften, Blutspektren und Stimmen aufgezeichnet, erfaßt, registriert, katalogisiert und gespeichert werden dürfen. Das Ergebnis dieser totalen Erfassung aller Lebensbereiche des Bürgers dürfte in das Ende der praktizierten Grundrechte und damit in das Ende der Freiheit münden. Oder wie würden *Sie*, verehrte Leser, sich verhalten, wenn Sie damit rechnen müssen, bei Ihren Äußerungen und Tätigkeiten in der Öffentlichkeit überwacht zu werden? Ohne Frage würde Ihr Verhalten nicht so gekennzeichnet sein, wie es Montesquieu in seinem Buch GEIST DER GESETZE (1750) als menschenwürdig und erstrebenswert beschrieben hat:

> »Das Gefühl der politischen Freiheit äußert sich beim Bürger in einer gewissen Geistesruhe, die sich auf die Überzeugung gründet, daß seine persönliche Sicherheit gewährleistet ist, und damit sich diese Freiheit einstellt, müssen die Staatseinrichtungen so beschaffen sein, daß kein Bürger einen anderen zu fürchten braucht.«[310]

Die Sicherheitsbehörden sammeln potentiell im Prinzip über jedermann Informationen, ohne daß die betroffenen Bürger hiervon in Kenntnis gesetzt werden. Auch der naivverzweifelte Versuch, sich mit Hilfe der Anforderung seines eigenen polizeilichen Führungszeugnisses oder seines Strafregisterauszuges über etwaige Einträge Klarheit zu verschaffen, ist weltfremd. Die Bemerkung »Keine Eintragungen« besagt noch lange nicht, daß es auch tatsächlich keine Eintragungen gibt. Von der Polizei wird nämlich ein Sonderregister geführt, in dem gleichsam alles festgehalten wird, womit der Zeitgenosse jemals in Berührung gekommen ist. Sei es, ob er (oder sie natürlich) einmal eine Anzeige erstattet hatte oder selbst angezeigt wurde. Selbst wenn es sich hierbei um eine Verunglimpfung handelt, beispielsweise um eine Anzeige wegen Steuerhinterziehung, die auf einer – sogar unterstellten – Fahrt nach Luxemburg und dem dortigen Besuch in einer Bank basiert, und die Ermittlungen den Verdacht nicht bestätigen können, steht im Sonderregister zu lesen »Ermittlungsverfahren wegen Steuerhinterziehung eingestellt«.

Die möglichen Folgen solcher Denunziationen mögen

nach einer Idee von Eggert Schwan mit einem Beispiel verdeutlicht werden: Ein Ihnen bösgesinnter Mitmensch – ein neidischer Arbeitskollege, ein unangenehmer Nebenbuhler, ein beleidigter »alter Freund«, ein neugieriger Nachbar – hat Sie wiederholt wegen übler Dinge bei der Polizei denunziert. Auch wenn Ihnen nichts nachgewiesen werden kann, eröffnet die Polizei für jede Anzeige pflichtgemäß eine Akte. Die Staatsanwaltschaft stellt das jeweilige Verfahren natürlich wegen fehlenden Tatverdachts oder fehlender Beweise gegen Sie ein. Von den Ermittlungen gegen Sie haben Sie allerdings nichts erfahren. Nichts Böses im Schilde führend, fliegen Sie in Urlaub, sagen wir einmal nach Warna ans Schwarze Meer. Dort mieten Sie sich ein Auto und werden unglücklicherweise in einen Autounfall verwickelt. Anzunehmen, daß es mit der Sprache ein wenig hapert. Die bulgarische Polizei fragt beim BKA an, ob etwas gegen Sie vorliegt, und das BKA übermittelt seinen Kollegen kameradschaftlich Ihre ansehnliche Akte. Ist es zu weit hergeholt, daß Sie die Sicherheitskräfte zunächst einmal für einen kapitalen Fang halten und Sie deshalb Ihren Urlaub bis auf weiteres in Untersuchungshaft genießen dürfen? Ist dieses Beispiel wirklich zu weit hergeholt? Der Journalist Herbert Riehl-Heyse meint, daß derjenige, der beispielsweise schon einmal eine Akte des Verfassungsschutzes in den Händen gehalten hat, wüßte, welch teilweise intime personenbezogene Privatangelegenheiten in diesen Berichten, deren »einziges Gestaltungsprinzip die Unterstellung« sei, erscheinen. Weiters wüßte derjenige auch, wie dieses »Gift, in amtliche kleine Phiolen abgepackt (»streng vertraulich«), unter die Leute gebracht wird«.[311]

Bereits Ende der siebziger Jahre hoffte der BKA-Abteilungsleiter Wolfgang Steinke, daß in einigen Jahren die vollautomatische Kraftfahrzeugkontrolle realisiert werden würde. Vorreiter hierzu seien maschinenlesbare Ausweise, die die vollautomatische Personenfahndung garantierten.[312] Die elektronisch lesbaren Identitätspapiere sind inzwischen ein alter Hut, so sehr hat man sich schon daran gewöhnt. Auch die in Deutschland inzwischen eingeführten neuen Autonummernschilder mit blauem Euro-Streifen sind überwachungsfreundlicher. In Verbindung mit den in Zukunft noch einzuführenden Videoüberwachungen auf Autobahnen lassen sich nicht nur bequem die Raser feststellen und in Dateien speichern. Mühelos sind auch Fahrtrouten und Insassen sämtlicher Autos festzuhalten.

Nach Angaben des Datenschutzbeauftragten des Bundes, Joachim Jacob, werden täglich, so die TAZ, Hunderttausende Gespräche überwacht werden, von denen rund 4000 zur weiteren Bearbeitung an den BND weitergegeben werden, um ausgewertet zu werden. Heißt das also, daß täglich Hunderttausende verdächtige Personen und Versammlungen, selbstverständlich nur aus präventiven Erwägungen heraus, überwacht werden müssen, da die innere Sicherheit der Bundesrepublik Deutschland gefährdet ist?

Es ist im übrigen technisch seit einigen Jahren möglich, Telephonleitungen nach »Suchwörtern« systematisch zu durchforsten. In der Praxis kann dies bedeuten, daß ein Gespräch mitgeschnitten wird, sobald ein programmierter Suchbegriff fällt. In der deutschen Computerzeitschrift C'T findet sich in der Juliausgabe des Jahres 1995 unter der Überschrift »Weltspitze: Telefonüberwachung in Deutschland«, daß seit der Verabschiedung des Verbrechensbekämpfungsgesetzes am 20.5.1994 auch Satelliten- und Richtfunkverbindungen vom BND elektronisch nach Suchbegriffen durchforstet werden. Bereits 1993 sollen weit über eine halbe Million Telephonkunden abgehört worden sein. Ruf doch mal wieder an.

1949 dachte niemand daran, daß die innere Gewichtung der unantastbaren, im Grundgesetz verbrieften Grundrechte einmal durch die Rechtsprechung des Bundesverfassungsgerichts verändert werden könnte. Der Prozeß der vor 25 Jahren einsetzenden Grundrechtsaushöhlung läßt sich als Wiedergeburt eines positivistischen Beliebigkeitsdenkens umschreiben. Dieser Umschwung im Rechtsdenken drückt »sich vor allem in einer ganzen Reihe von Urteilen aus, die nicht mehr den Unterschied zwischen einem Werturteil und einem Vorurteil kennen. Werturteile sind wohl stets an die Wahrheit und an die Ehrfurcht gebunden. Vorurteile hingegen sind stets Behauptungen ohne Beweis«.[313] Für Verurteilungen gilt dasselbe: Sie sollten auf der Wahrheit, auf Wahrhaftigkeit basieren und nicht auf Behauptungen.

Anhand der Beispiele um Irving, aber auch Walendy, Stäglich, Hoffmann sowie Heitmann, Jenninger und Höhn liegt es auf der Hand, daß eine ganze Menge dafür spricht, »daß in Deutschland wie in wohl kaum einem anderen westlich-demokratischen Land bewußt und vorsätzlich in Gang gesetzte Kampagnen gegen Personen oder Institutionen auf einen ganz besonders fruchtbaren Boden fallen und zu oftmals durchaus grotesken Verzerrungen tatsächlicher Gegebenheiten führen«.[314]

Der ehemalige Bundespräsident Richard von Weizsäcker bezeichnete die Bundesrepublik Deutschland einmal als den »freiesten Staat, der jemals auf deutschem Boden existiert« habe. Bis zu einem gewissen Grad ist sie es vielleicht einmal gewesen. Sie ist es heute gewiß nicht mehr. Das demokratische Staatssystem der Bundesrepublik Deutschland kann seinen Anspruch, als freiheitlich und pluralistisch zu gelten, nur dann wiederherstellen und bewahren, wenn die Meinungs- und Willensbeiträge *aller* Bürger in den Parlamenten repräsentiert werden und die politischen Entscheidungen aus der Arbeit und dem Wirken von allen politischen Parteien bzw. Interessenvertretungen hervorgehen und auch diejenigen gehört werden, die nicht in Parlamenten, Institutionen, Organisationen und sonstigen Zusammenschlüssen erfaßt sind. Sollte es sich in Zukunft allerdings beweisen, daß die Belange Deutschlands lediglich von einer politischen etablierten Gruppe vertreten werden, die obendrein alle wichtigen Positionen in Wirtschaft und Kultur beherrscht, trifft die Bezeichnung freiheitlich-pluralistischer Rechtsstaat nicht zu. Vielmehr übt die Gruppe damit das aus, was bislang totalitären Staatsformen vorgeworfen wurde, nämlich Meinungs- und Volksvertretung durch einen absoluten Wahrheits- und Herrschaftsanspruch ersetzen zu wollen. Und einen solchen Staat nennt man einen Gesinnungsstaat. Wird dieser Entwicklung nicht schnellstens Einhalt geboten und werden nicht elementare Veränderungen vollzogen, ist die Bundesrepublik Deutschland weit näher an dem Punkt angelangt, eine Oligarchie zu sein, denn ein freiheitlicher Rechtsstaat.

Die Verwirklichung der Meinungs(äußerungs)freiheit kann nur in einem freiheitlichen Staat ermöglicht werden, »der für die Verschiedenheit politischer Auffassungen und Strömungen offen ist«.[315] Stimmt. In einem Staat jedoch, der eine bestimmte politische Ideologie begünstigt, der zu Lehrmeinungen kontroverse vertretene Auffassungen mit empfindlicher Bestrafung bedroht, der Meinungs(äußerungs)freiheit also einseitig beschneidet und auf das Dogma der Lehrmeinung beschränkt, widerspricht der ursprünglich beabsichtigten Realisierung, politische Willensbildung des Volkes und damit die politische Mitbestimmung aller Staatsbürger zu garantieren. Diesen Widerspruch nennt man im günstigsten Falle aber totalitär, wie es z. B. eine Gesinnungsdiktatur kennzeichnet.

Sicher, offiziell gibt es keinen Orwellschen »Großen Bruder«, kein »Wahrheitsministerium« – mit Ausnahme von Südafrika, wo sich 1995 eine »Wahrheitskommission« etablieren konnte –, und keine »Gedankenpolizei«, aber die Wirkung des Meinungskartells mit seinen allein richtigen Meinungen kann der aufgeschlossene Leser und Schreiber empfinden. Täglich.

Metternich ist niemals gestorben

Fünfzig Jahre nach dem Ende des Krieges ist in Deutschland – nach dem Abtreten jener Generation, welche die schweren Konflikte der Weimarer Republik, des Dritten Reiches und der Aufbaujahre der Bundesrepublik sowie der DDR durchkämpft hat – ein Zustand eingetreten, der im Hinblick auf das nationale Selbstverständnis vom geistigen Tode nicht weit entfernt ist.

(Ernst Nolte)

Hans Doderer meint, daß es im Kaiserreich monarchistische Grundüberzeugung gewesen sei, daß der Staat nicht nur für Recht und Ordnung, sondern auch für das »richtige«, das »ordentliche« Denken seiner Untertanen verantwortlich sei. Und damit der Staat seiner erzieherischen Aufgabe nachkommen »konnte, mußten das Geistesleben des Volkes kontrolliert und nichtkonformes Denken verhindert werden«.[316] Sind die staatlichen Maßnahmen heute anders?

Mit Martin Walser stellen wir fest, daß wir, je mehr sich jemand als der einzig Wissende und vor allem als der einzig Gerechtfertigte aufführt, uns desto weniger dessen Ansicht über unsere Geschichte zu eigen machen können.[317] Mit den Worten: »Vorsicht ist also geboten, wenn jemand reklamiert, im Besitz ›der Wahrheit‹ zu sein« beginnt Eckart Werthebach, Präsident des Bundesamtes für Verfassungsschutz, seine alljährlichen Verfassungsschutzberichte. Wir können dem Inhalt dieser Aussage nur zustimmen, um so skeptischer stehen wir den rigorosen Bemerkungen diverser Repräsentanten staatlicher Institutionen gegenüber. Theodor Eschenburg beispielsweise hielt es in den frühen sechziger Jahren nicht für nötig, betonen zu müssen, daß es in Deutschland weder eine Vor- noch eine Nachzensur gebe.[318] Wir können nur warnen: Vorsicht! Eine ausgeprägte Skepsis ist angebracht bei denjenigen, die von sich aus behaupten, im Besitze der Wahrheit zu sein, die ihre Verhaltensweisen, ihre Meinungen allzu gern mit einem Superlativ schmücken und die ihre Angaben glauben nicht belegen zu müssen. Und derlei von sich allzusehr überzeugte Zeitgenossen gibt es zuhauf. Auch der ehemalige Generalbundesanwalt Kurt Rebmann betrachtet die Meinungsfreiheit in der Bundesrepublik Deutschland als durch Art. 5 GG ausreichend gewährleistet. Er sieht keine Defizite. Für seine Überzeugung bedürfe es keiner Zitate.[319] Tatsächlich ist in den vorangegangenen Untersuchungen und Überlegungen das Gegenteil bewiesen worden: Die theoretisch garantierte Meinungs(äußerungs)freiheit in Deutschland ist durch ein dichtes Geflecht partei- und medienpolitischer sowie juristischer Blockademechanismen erheblichen Einschränkungen ausgesetzt. Wir haben zu Beginn unserer Überlegungen festgestellt, daß die Meinungs(äußerungs)-freiheit in Deutschland in der *Theorie* weitgehend besteht. Betrachten wir jedoch die *Praxis*, können wir diesen positiven Schluß leider nicht aufrechterhalten. Die Verwirklichung von Geistesfreiheit ist, praktisch gesehen, nicht erfüllt. Es wird in Deutschland wieder zensiert, und Meinungen – bzw. deren Äußerung – werden in zunehmendem Maße unterdrückt und »verboten«. Der Geist Metternichs wirkt in Deutschland über die Zeiten hin fort. Die Bundesrepublik Deutschland macht diesbezüglich innerhalb der deutschen Geschichte keine Ausnahme. Metternichs Wirken mag heute modernisierter und deshalb vielleicht nicht so auffällig sein wie vor 150 Jahren, es ist aber mindestens so effektiv.

Censor, -oris m [lat.]: der Sittenrichter

Die Grundrechte, hierin eingeschlossen gerade auch die Meinungs(äußerungs)freiheit, können selbstverständlich nicht schrankenlos gewährleistet werden, es sei denn, man beabsichtigt, eine autoritäts- und gesetzesfreie Gesellschaftsform zu errichten. Es ist auch naheliegend, daß ein verantwortungsbewußter Staatsbürger den absoluten Freiheitsanspruch Krimineller, beispielsweise eines Mörders oder eines pädophilen Sexualverbrechers (es gibt freilich noch Sexualverbrecher anderer Couleur, deren Taten nicht weniger verabscheuungswürdig sind), ablehnt. Ebenso kann Gewalt nicht als eine geschützte Form der Meinungsäußerung anerkannt werden. Nur muß bei Gewalt nicht immer Blut fließen, und es muß nicht immer brennen. Gewalt existiert vielleicht gar in einer gefährlicheren Form. Sie besteht in der Zensur und Meinungsunterdrückung. Die heutige Zensur ist nicht in dem Sinne eines fleißigen Kardinals oder eines eifrigen Beamten zu sehen, der mit einem Rotstift Bücher »korrigiert«, sondern vielmehr als moderne, bis ins Detail verfeinerte Technik, mit deren Hilfe gewisse mächtige Interessengruppen, andere, weniger einflußreiche, nicht zu Wort kommen lassen bzw. dieses Wort bis zu seiner Unkenntlichkeit verdrehen.

Alle Zensoren, und hierbei ist es vollkommen gleichgültig, ob es sich um religiös, politisch oder moralisch motivierte handelt, rechtfertigen ihr der Informationsfreiheit zuwiderlaufendes und den Willensbildungsprozeß schädigendes Verhalten damit, ihre Anhänger oder Untertanen vor schädlichem Einfluß schützen zu wollen. Tatsächlich wurde und wird die Zensur meist polemisch umschrieben und damit begründet, eine notwendige Antwort auf Häresie, Asebie und Blasphemie, Subversion, Majestätsbeleidigung, Staatsgefährdung, Obszönität, Pornographie, Volksverhetzung oder Jugendgefährdung zu sein. Meist werden diese offensichtlichen Zensurmotive in Verbindung mit extremistischen Auffassungen gebracht. Der Weg zum Rufmord (Fascho, Nazi, Sexist etc.) ist dann nicht mehr weit – Bundeskanzler Kohl bezeichnet Rechtswähler beispielsweise gern als »Geisteskranke« oder schlicht als »Idioten«. Und ist man erst einmal von der Faschismuskeule getroffen worden – ein Begriff, den der Bonner Politologe Hans Helmuth Knütter kreiert hat –, hat man als Schmuddelkind in der sauberen G'sellschaft ohnehin keine Chance mehr. Da den Totschlagargumenten nur schwerlich eine allgemeingültige Definition nachgesagt werden kann, liegt die Annahme nahe, daß der Einsatz derartiger Schlagwörter eher in der Selbstverteidigung als in den angeblichen Motiven, wie z. B. dem Jugendschutz, begründet liegt und diese entwaffnenden Placebos vornehmlich zur Wahrung der eigenen Interessen vorgeschoben werden. Die Medienrechtlerin Ulla Fölsing bestärkt uns in dieser Vermutung:

> »Die Ziele der Zensoren sind in der Regel weitaus egoistischer, als es ihre Verlautbarungen wahrhaben wollen. Nicht um den nach außen deklarierten Schutz der Unmündigen geht es, sondern um *Kontrolle, Überwachung und Verbot aller menschlichen Äußerungen, die den dominierenden politischen, religiösen und/oder moralischen Interessen einer Gesellschaft oder einzelner starker Gruppen in ihr zuwiderlaufen.* Die Grenze zwischen der zuträglichen und der pathogenen Meinung wird also von der geltenden Autorität gezogen, nicht von sachlicher Einsicht. Die Zensur gehört damit in den Katalog von Herrschaftsmitteln, die der an der Macht befindlichen Minorität in sozialen Herrschaftsstrukturen, vor allem aber im Staat zur Wahrung ihrer Interessen und zur Sicherung ihrer Machtposition zur Verfügung stehen.«[320]

Zensur wird als Zwangsmittel immer dann angewandt, wenn eine Obrigkeit oder Autorität oder Macht oder Gewalt ihren geistigen, wirtschaftlichen und/oder existentiellen Bestand einer Gefahr ausgesetzt sieht.

Die sogenannte öffentliche Meinung, die in Wirklichkeit nichts anderes als »veröffentlichte Meinung« ist, ist immer von demagogischen Ressentiments und Emotionen bestimmt. Das schier unüberschaubare, verfilzte Konglomerat von Tabus, Geschäfts- und Privatinteressen, von Beziehungsfälschungen und Zusammenhangskonstruktionen ist gekennzeichnet durch die Abstinenz redlicher Argumente. Dafür steht der starke Einsatz der Diffamierung im Vordergrund. Dieser ist ja auch außerordentlich bequem, da er eben alle Argumente ersetzt, und zwar sowohl diejenigen des Gegners als auch die eigenen, über die man offensichtlich gar nicht verfügt. Im emotionalen Bereich ist ein Ansprechen der Vernunft ausgeschlossen. Von den späten Vierzigern und bis in die frühen siebziger Jahre galt derjenige, der aus welchen Gründen auch immer bezweifelte, ob es angesichts »historischer Realitäten« noch sinnvoll und realistisch sei, weiterhin auf einem territorialen Anspruch auf Ostdeutschland, d. h. die deutschen Ostprovinzen nebst Sudetenland, zu beharren, als »Verzichtspolitiker«. Oder, um ein anderes Beispiel zu nennen, derjenige, der meinte, der Zeitpunkt sei gekommen, die SED-Regierung in Mitteldeutschland anzuerkennen, lief Gefahr, als »Vaterlandsverräter« bezeichnet zu werden. Andererseits, wer heute, auch mit guten Gründen, eine Lanze für die Vereinigung der deutschen Ostgebiete mit dem deutschen Staatsgebiet bricht, wird in Verkennung historischer Entwicklungen und Bedeutungen pauschal als »Revanchist« oder »Nazi« etikettiert. Sowohl für die damaligen Ansprüche als auch die Argumente zugunsten eines Verzichts als auch für heute begründete Forderungen pro und contra gibt es gute und weniger gute Argumente, mit denen man sich in Form eines Meinungsaustausches auseinandersetzen sollte und nicht von vornherein im Glauben, die geschichtliche Allwissenheit gepachtet zu haben, diese Auffassungen mit der Wucht von Totschlagargumenten in die kategorischen Schubladen des Links-rechts-, Richtig-falsch-, Gut-böse-Schemas zu verbannen. Überhaupt gilt, daß man weder den Bolschewismus noch den Nationalsozialismus noch sonst eine politische Ideologie bzw. Weltanschauung permanent mit Verbrechertum identifizieren und gleichsetzen sollte, da eine derartige voreingenommene Haltung auf dem Trugschluß der irrigen, alleinseligmachenden politischen Position basiert. Sie kann weder eine geeignete Grundlage für Information sein noch dem anerkennenswerten Ziel der politischen Willensbildung und damit der Meinungsbildung dienen. Wer seine Empörung über vermeintliche oder tatsächlich begangene Verbrechen der Nationalsozialisten permanent für die Rechtfertigung eigener politischer Geschäfte benützt oder wer seine fragwürdige künstlerische Qualität mit dem bezeichnenden Hinweis auf seine jüdische Abstammung oder sein beklagenswertes Schicksal im Exil als rechtfertigendes Schild vor sich hält, weil ohne derartige todbringende geistige Kurzstreckenraketen eine Anerkennung als Musiker, Historiker, Schriftsteller, (Literatur-)Kritiker, Politiker usw. nicht zu realisieren wäre, oder wer mit gezielter propagandistischer Ausschlachtung des Elends anderer seine eigenen Machtansprüche begründet, der ist das exakte Gegenteil eines freiheitlich denkenden und handelnden Menschen.

Äußerungen, daß die in die Tat umgesetzte Meinungsfreiheit in Deutschland bestünde, sind naiv und werden durch Äußerungen wie die unten stehende nicht glaubhafter: Bei »uns« kann jeder alles sagen, und es findet ein breiter Meinungsaustausch auf allen Ebenen der gesellschaftlichen Willensbildung, der öffentlichen Meinungsbildung statt. Von strafrechtlichen Einschränkungen abgesehen, »kann bei uns jeder alles sagen, ohne daß er um Leib und Leben oder auch nur gravierende Nachteile fürchten müßte«.[321] Es sind sogenannte VIPs, die sich zu einem solchen Unsinn hergeben.

Der deutsche demokratische Staat versteht sich selbst als wehrhafte Demokratie. Diese im Grundgesetz durchaus nachzuvollziehende eingebaute Schutzfunktion ist im Laufe der sechziger und siebziger Jahre durch immer wieder neue Gesetzesverschärfungen und schließlich in den achtziger und vor allem neunziger Jahren zu einer rein willkürlichen Inquisitionsmaßnahme gegen Andersdenkende degeneriert. Unter diesen Umständen konnte es geschehen, daß politische Freiheit zu einer Funktion der »streitbaren freiheitlichen demokratischen Grundordnung« pervertierte:

> »Die Rechtsprechung hat sich damit ein Instrument geschaffen, das es ihr jederzeit ermöglicht, die Grenzen der ›allgemeinen Gesetze‹ (Art. 5 Abs. 2 GG) zu umgehen und politisch deviantes Verhalten als verfassungswidrig zu etikettieren.«[322]

Marianne Fricke, Sortimenter-Vorsitzende des Börsenvereins des Deutschen Buchhandels, hat als erste Persönlichkeit ihres Verbandes Anfang 1996 gegen die erschreckend um sich greifende Zensur in Deutschland protestiert: »Es ist unerträglich, daß es den individuellen Moralvorstellungen einzelner Staatsanwälte überlassen bleibt, Bücher nach Gutdünken zu beschlagnahmen.«[323] Ulla Otto stellt fest,

> »daß ein echter Erfolg Bücherverboten und Bücherverbrennungen kaum beschieden war. Zensorische Maßnahmen hatten gewöhnlich keine wirkliche Unterdrückung der betreffenden Schrift, sondern lediglich einen schwarzen Markt zur Folge.«[324]

Michael Kienzle und Dirk Mende meinen, daß die klassische Zensur im Nachkriegsdeutschland noch auf die Unterdrückung bzw. die Veränderung der Texte beschränkt war. Über die bundesdeutschen Zensurmaßnahmen seit den siebziger Jahren urteilen sie dagegen: »Die Zensur der siebziger Jahre hält sich sofort an die Autoren, zielt auf ihre berufliche Existenz und ihre soziale Stigmatisierung, stürzt sie in Prozeßschulden und bringt sie sogar ins Gefängnis.«[325] Diese Art der Zensur wurde in den achtziger und neunziger Jahren durch Gesetzeseinbringungen und ständige -verschärfungen offiziell manifestiert. Betrachtet man die Vielzahl zensierter, beschlagnahmter und verbotener Literatur, die Häufigkeit willkürlicher Parteien-, Organisations- und Versammlungsverbote, die verhältnismäßig hohen Strafen für Autoren und Verleger unliebsamer Bücher und die ebenso rigorose Anwendung des Strafrechts bei mündigen Bürgern, die eine für die herrschende politische Klasse unangenehme Meinung vertreten, die ausgesprochen politisch motivierten Ein- bzw. Ausreiseverbote und all die diesbezüglichen medialen Kampagnen bzw. Unterlassungen von Berichterstattung, dann ist der Eindruck zwingend, daß die im Grundgesetz garantierte Meinungsfreiheit zugunsten determinierbarer Denkschablonen, gemäß dem Motto »Redet nicht mit und kauft nicht bei Faschisten!« aufgehoben ist. Brennende Verlagshäuser, zerstörte Druckereien, zusammengeschlagene Wissenschaftler, Politiker, Autoren, Journalisten und Juristen, ausgeraubte und zerstörte Redaktionen, bedrohte Publizisten, Verleger und Buchhändler sowie überfallene Kioskbesitzer, deren Verbrechen es ist, eine große Auswahl der auf dem Markt erhältlichen Publikationen anzubieten, das Veröffentlichen von Daten politischer Gegner mit dem Aufruf, »sie zu schlagen, wo man sie trifft«, Raubzüge, Anschläge, Diffamierungen und Totschweigen sprechen eine deutliche Sprache über die praktische Umsetzung des in Deutschland juristisch verbal garantierten Rechts auf freie Meinungsäußerung. Von einem freiheitlichen Rechtsstaat, der u. a. durch eine Vielfältigkeit öffentlich diskutierter Meinungen gekennzeichnet ist, hat sich Deutschland weit entfernt. Die Praxis spricht vielmehr dafür, daß Deutschland vom Justizstaat zum Gesinnungsstaat mutiert ist.

Der Gesetzgeber macht es sich allzu leicht unter dem Vorwand, um das Wohl und die Sitte der Jugend besorgt zu sein, Beiträge zur politischen Willensbildung als »jugendgefährdende« Meinungsäußerungen zu unterbinden. Es sind im Verhältnis beispielsweise weit weniger pornographische, sondern vermehrt und in jüngster Zeit hauptsächlich politische und wissenschaftliche Schriften verboten worden, deren Verfasser und Verleger strafrechtlich verfolgt und existentiell in den Ruin getrieben werden. Ende 1994 veröffentlichte Martin Walser im SPIEGEL seinen Aufsatz ÜBER FREIE UND UNFREIE REDE. Gleich zu Beginn seiner Ausführungen bekennt Walser, daß er »viel verschweigen muß. In jedem Jahr sind es andere Sätze, die unmöglich sind.«[326] »Denk-, Sprach- und Informationsreglements, bei deren Mißachtung die rigorose öffentliche Exkommunizierung droht«, kehren den wünschenswerten offenen Meinungsstreit in einer freiheitlichen Demokratie jedoch »in einen Dialog unter Taubstummen«.[327]

Schon vergessen?

Innerhalb der vorliegenden Bestandsaufnahme konnte nur die berühmte Spitze des Eisbergs umrissen werden, der die Mannigfaltigkeit von Meinungsunterdrückung in Deutschland symbolisiert. Die Fälle aus der Praxis, in denen Meinungsfreiheit erstickt, Grundrechte vorenthalten und politisch korrekte Phrasen anstatt sachlicher Argumente in den Topf der Meinungsbildung geworfen werden, dürften mittlerweile in die Zehntausende gehen. So konnten auch prominente Fälle hier nicht genannt werden: Bekannt ist das lächerliche Buchstabenverbot für deutsche Kfz-Kennzeichen. Die Buchstabenkombinationen »HJ«, »SA«, »SS« oder »NS« dürfen seit Jahrzehnten nicht geführt werden.

Sicher, nur wegen dieses merkwürdigen Verbots wird noch niemand ernsthaft behaupten wollen, die Meinungsfreiheit in Deutschland sei gefährdet. Es steht hier auch nur als Beispiel für den vorherrschenden Geist der Tabuisierung, der in Deutschland regiert.

Wie unverkrampft es in der deutschen freiheitlichen Demokratie tatsächlich zugeht, ist täglich zu beobachten. Während der Diskussion, ob künftig auf deutschen Postwertzeichen »Deutsche Bundespost« durch das Wort »Deutschland« ersetzt werden könne, hat die intellektuelle Besorgnis gezeigt, wie phobisch selbst banale Themen angegangen werden. Leider gibt es aber gewichtigere, traurigere Fälle der Schändung der Meinungs(äußerungs)freiheit. Einige wenige, aber prominente Vorfälle in den vergangenen Jahren waren:

- 1983 die enorme Verfehlung des damaligen Verteidigungsministers Manfred Wörner bezüglich der Hetze gegen General Günter Kießling. Die widerwärtige Rufmordkampagne vieler deutscher Medien, nicht zuletzt durch haltlose Denunziationen Wörners aufgeputscht, steigerte sich derart, daß Kießling sogar an Freitod dachte. Erst Monate später konnte der General rehabilitiert werden, ohne daß Wörner die Konsequenzen zu ziehen hatte.
- 1989–1996 die Kontroverse um den australischen Bioethiker und Euthanasie-Befürworter Peter Singer. 1989 wurde ein Symposium der Bundesvereinigung Lebenshilfe in Marburg abgesagt, 1993 sah sich der Rowohlt Verlag genötigt, auf die Veröffentlichung eines Buches von Singer zu verzichten, 1996 schließlich widerrief das Heidelberger Institut für systemische Forschung eine Einladung. Bezeichnenderweise kann Singer, Direktor des Zentrums für Humane Bioethik an der Monash-Universität in Melbourne, in den Niederlanden, Großbritannien und in der Schweiz seine Thesen vor kritischem Publikum vortragen – hierzulande wird er, wie

der Journalist Hans Schuh treffend feststellt, zur Unperson gestempelt und der Redefreiheit beraubt.

- Im Dezember 1992 griff die Spandauer Zeitung die Spandauer Stadtbibliothek scharf an, da sich in deren Regalen u. a. zeitgeschichtliche Bücher von Paul Carell und David Irving befänden. Die Bücherei entschuldigte sich daraufhin wenige Tage später.
- Im Frühjahr 1993 wurde anläßlich einer Diskussionsveranstaltung in Berlin der Chefideologe der französischen Neuen Rechten, Alain de Benoist, von rund 20 Jugendlichen zusammengeschlagen. Nach dieser Heldentat erfrechten sich die »Antifaschistischen Gruppen Berlin«, in einer schriftlichen Erklärung festzustellen, daß sie es als angemessen empfänden, dem Franzosen ins Gesicht zu schlagen, ihn zu boxen und zu treten. Und die deutschen Medien en gros schwiegen dazu. Nicht auszudenken, wie die Gesinnungsapostel reagieren würden, wenn die »Faschistischen Gruppen Berlin« es befürworteten, eine ihnen mißliebige Person zu malträtieren.
- 1994 die chaotischen Umstände, unter denen der Kongreß zum Thema »Sexueller Mißbrauch« stattfand, wobei eine anschließend geplante Pressekonferenz wegen der Todesangst einer der Referentinnen, Katharina Rutschky, nicht abgehalten werden konnte. Frau Rutschky wurde vor Kongreßbeginn von einer Horde wildgewordener »DemonstrantInnen« brutal abgedrängt und bedroht.
- 1994 die Tumulte während einer Kundgebung gegen den österreichischen freiheitlichen Politiker Jörg Haider in Hamburg sowie die entstellende Berichterstattung über die Veranstaltung des Freiheitlichen.
- 1994 der Rausschmiß des Pressesprechers des Berliner Innenministeriums Bonfert, der die Unverfrorenheit besessen hatte, neben der Tageszeitung auch die Junge Freiheit zu lesen, und wegen der Lektüre der letzteren suspendiert wurde.

- 1994 die Entschuldigung des Intendanten des Deutschlandsfunks, Ernst Elitz, über seinen »Mißgriff«, den Leiter der Zeitgeschichtlichen Forschungsstelle Ingolstadt, den Historiker Alfred Schickel, einzuladen. Schickel hatte es gewagt, ein zeitkritisches Buch empfehlend zu besprechen, was entsprechende »antifaschistische« Hypertonie hervorrief. Elitz reagierte sofort auf den Zeigefinger des Kartells und versprach artig, daß Schickel künftig nichts mehr in seinem Sender äußern dürfe.
- 1995 der Leserbrief des Herrn Bruce Allen im Schwäbischen Tagblatt, in welchem er die Wehrmacht als verbrecherisch und die Soldaten als Schufte diffamierte, woraufhin Karl D. Schönherr aus nachvollziehbaren Gründen Strafanzeige wegen Volksverhetzung erstattete. Das Ermittlungsverfahren wurde eingestellt. Wäre es auch eingestellt worden, wenn man sich öffentlich derart beleidigend über beispielsweise Deserteure und Widerständler geäußert hätte?
- 1995 das betretene Schweigen im deutschen Blätterwald über die Selbstverbrennung Reinhold Elstners und darauf das beschämende Verhalten der Stadtverwaltung, der Polizei und der Justiz gegenüber Trauernden (Entfernen von Blumen und Kränzen, Untersagen jeglicher Trauerfeierlichkeiten) und das hierüber erneut praktizierte betretene und feige Schweigen der Medien.
- 1995 das peinliche Totschweigen des feigen Überfalls auf den Hamburger Rechtsanwalt und Herausgeber der heidnischen Nordischen Zeitung Jürgen Rieger, der nur knapp dem Tod entging, und die geradezu lächerliche Verurteilung für den 22jährigen Rädelsführer der fünfköpfigen Bande maskierter Schläger.
- 1995 die Hetzkampagne gegen die Verleihung des Friedenspreises des Deutschen Buchhandels an Frau Professor Annemarie Schimmel. Die Islamwissenschaftlerin habe sich, so die politisch korrekten Schreihälse, die ihr den Preis nicht gönnten, nicht hinreichend deutlich vom

Mordaufruf gegen Salman Rushdie distanziert und bringe dem Islam zuviel Verständnis entgegen.

- 1995 das vom nordrhein-westfälischen sozialdemokratischen Schulministerium inszenierte Disziplinarverfahren gegen den Oberstudienrat Adolf Frerk, der es gewagt hatte, sich den demokratischen Luxus zu leisten, als REP-Ortsvorsitzender Leserbriefe zu schreiben.
- 1995 das Trommelfeuer, das sich auf Frank Dobler mit der Begründung der Deutschtümelei richtete, da er es gewagt hatte, einen Sampler deutschsprachiger Untergrund-Musiker zu veröffentlichen.
- 1995 die mediale Hysterie über den Austritt Erwin Wickerts aus dem deutschen P.E.N. und die Gründe, die zum Zusammenschluß zum Deutschen Autorenrat geführt haben.
- 1996 die skandalöse Ablösung des deutschen Botschafters in Haiti, Günther Dahlhoff, da sich dieser zu angeblich rassistischen Äußerungen habe hinreißen lassen. Dahlhoff meinte, das Problem der Überbevölkerung auf Haiti rühre daher, »daß die haitianische Frau immer will und der haitianische Mann immer kann«.
- Zu guter Letzt sollte nicht unerwähnt bleiben, daß die humorlosen Bonner Sittenrichter selbst Tucholskys Bekenntnis von der Satire, die bekanntlich alles dürfe, nicht verkraften. Seit dem Bestehen des endgültigen Satiremagazins Titanic, ab Oktober 1980, wurden bis zum Januar 1997 nicht weniger als 14 Ausgaben des Magazins verboten, davon alleine 1993 fünf und 1994 drei Ausgaben.

Wenn Idee und Wirklichkeit auseinanderklaffen

Der damalige Bundesinnenminister Gerhart Rudolf Baum sprach zur Eröffnung der Frankfurter Buchmesse 1979 die weisen Worte:

»Die Kritik ist das Lebenselement der politischen Kultur einer freiheitlichen Demokratie. Meinungs- und Informationsfreiheit garantieren diese Kritik. Sie sind essentielles und hervorragendes Freiheits- und Bürgerrecht. Das Buch ist wesentlicher Bestandteil dieser politischen Kultur. Es war immer Ideenträger und Transportmittel geistiger Entwicklungen [...] Wir müssen Kritik nicht nur tolerieren. Demokratische Haltung fordert, ihre Notwendigkeit zu bejahen [...] Es kann und darf nicht Aufgabe des Staates oder irgendwelcher gesellschaftlicher Kräfte sein, zu bestimmen, was gedruckt werden darf und was nicht. Vielmehr haben wir die Freiheit zu gewährleisten, auch noch so Abwegiges zu drucken und zu lesen, solange hierdurch nicht verletzend in die Rechte anderer eingegriffen wird. Wir können nicht einerseits an die Einsicht des ›mündigen Bürgers‹ appellieren, ihn aber auf der anderen Seite bevormunden wollen, wenn es um seine Lektüre geht.«[328]

Dieser erfreulichen Erkenntnis ist kaum etwas hinzuzufügen; außer daß Baum während seiner Amtszeit gegenteilig handelte. Seine Amtsnachfolger ebenso.

Es bedarf, wie Ingeborg Drewitz und Wolfhart Eilers schon in den siebziger Jahren richtig feststellen mußten, in Deutschland des Mutes, seine Meinung zu sagen.[329] Diese Form von Kritik sollte jedoch als selbstverständlicher Bestandteil der öffentlichen Diskussion begriffen werden, auch und gerade wenn dabei Meinungen vertreten werden, die nicht in den Parteiprogrammen der in den Bundestag entsandten Parteien stehen. Auch und gerade wenn dabei Meinungen vertreten werden, die sich mit der Beurteilung seitens Regierungssprecher oder Geisteswissenschaftlern oder Publizisten, die die augenblicklich gängige Lehrmeinung vertreten, nicht decken. War in den siebziger und achtziger Jahren die Selbstzensur noch durch die »Schere im Kopf« versinnbildlicht worden, ist diese Art der Nötigung in den neunziger Jahren zu einer gewaltigen Kettensäge herangewachsen. Diese bösartige Wucherung ist zwischenzeitlich auch über die Grenzen Deutschlands hinaus bekannt geworden. Am 28. Mai 1997 war in den PRETORIA NEWS auf Seite 2 in einer Anzeige der *Friends of Freedom of Speech* unter anderem der Aufruf zu lesen:

> »This note of protest refers to the excessive violations of freedom of speech in Germany, where hundreds of books, newspapers and magazines are forbidden just because of expressing opinions which do not suit the authorities. Dozens of authors, book-sellers, journalists, publishers, editors, scientists and even ordinary individuals of any age are imprisoned or sentenced to pathetic fines. We regard this state of mind as unbearable. We strongly condemn the prohibition of opinions.
> Das geistig-politische Klima in Deutschland ist unerträglich geworden. Wir sind über die gravierenden Einschränkungen des einst grundgesetzlich verbürgten Rechts auf Meinungsfreiheit zutiefst erzürnt. Wir fordern die diplomatischen Vertretungen Deutschlands in Südafrika auf, sich für die Abschaffung der vor allem politisch motivierten Maulkorbgesetze einzusetzen.«

Man sollte in Deutschland schnellstens begreifen, daß Veränderungen in den Machtverhältnissen eines Landes auch Werte, Wahrheiten und vermeintliche historische Tatsachen beeinflussen. Sie sind keinesfalls endgültig, sondern unterliegen Veränderungen dank freier Forschung und nicht zuletzt dank der freien Meinungsäußerung. Dem mündigen Bürger wie dem freien Schriftsteller und Künstler, erst recht aber dem Wissenschaftler ist unter allen Umständen das Recht einzuräumen, seine Recherchen, Erkenntnisse und Wertungen in einem machtunabhängigen Forschungsauftrag durchzuführen, sich zu seinen Schlußfolgerungen zu bekennen und seine Meinung ohne Tabuisierung auch öffentlich zu vertreten. Nur auf diese Weise waren und sind Erkenntnisse über alle den Menschen interessierenden Aspekte zu gewinnen, nur auf diese Weise ist eine geistige Weiterentwicklung des Menschen gewährleistet.

Eine freiheitliche Staatsform kann es ohne Meinungsfreiheit nicht geben. Beschneidet man Meinungs(äußerungs)freiheit, verkürzt man das Spektrum der geistigen Auseinandersetzung. Damit wird jedoch Meinungsfreiheit in toto relativiert. Aber relative Meinungsfreiheit ist wiederum ein Widerspruch in sich selbst und führt das Grundrecht auf Freiheit der Meinung ad absurdum. Sanktionen gegenüber Oppositionellen reichen in Deutschland von teilweise empfindlichen Geldstrafen bis zum Ausschluß aus Berufsverbänden oder zur schweren Beeinträchtigung oder gar Vernichtung der beruflichen Existenz in Form von Nichtbeförderung, Stellenumsetzung, Abschiebung auf unwichtige Posten, Entlassung oder Erteilung eines Berufsverbots. Eine Bedrohung der Informationsfreiheit kann sich bereits aus der wirtschaftlichen monopolähnlichen Stellung von Mediengiganten ergeben, wenn »Nachrichten« als Ware käuflich oder verkäuflich sind. Die Wissenschaftsfreiheit wird beeinträchtigt, wenn versucht wird, die damit verbundene Äußerungsfreiheit je nach dem dem Wissenschaftler erteilten Lehrauftrag zu begrenzen oder im Sinne der gängigen Lehrmeinung zu fördern bzw. zu unterdrücken. Martin Pfeiffer beobachtet eine »erschreckende Intoleranz gegenüber ›Quer-Denkern‹ und unkonventionellen Charakteren in allen Institutionen, staatlichen wie nichtstaatlichen«[330], wobei die Reaktionen auf sogenannte Frontenwechsler besonders schroff ausfallen, Vorwürfe der »Nestbeschmutzung« oder Unterstellungen, sich der Häresie und Apostasie schuldig gemacht zu haben, sind sodann schnell bei der Hand.

Meinungsfreiheit in Deutschland steht in wichtigen Bereichen unter der Kuratel der »Überverfassung« , muß sich deren Herrschaft beugen und wird so, ihres ursprünglichen Charakters als »Oppositionsfreiheit« entkleidet, zu einem Privileg der »Jasager«.[331] Denn des Schutzes durch das Recht auf Meinungsfreiheit bedürfen doch nur solche Meinungen und deren Vertreter, die im Gegensatz zu Meinungen der Herrschenden stehen.

> »Wer apologetische Reden auf die Staatsgewalt hält, bedarf keines Schutzes. Er ist nicht bedroht. Bedroht ist nur der Opponent. Als Freiheit der ›Andersdenkenden‹ erst hat politische Freiheit, hat Meinungsäußerungsfreiheit, ihre Bedeutung. Als solche ist sie historisch erkämpft worden: Von politischen Minderheiten, von Oppositionellen [...] Nicht der Satz, man könne in der Republik seine Meinung nicht frei äußern, ist eine Gefahr für eine demokratisch verfaßte Gesellschaft; man kann ihn widerlegen; gefährlich ist die Unterdrückung dieser Bemerkung; sie bestätigt ihn.«[332]

Diese Gesellschaft braucht Menschen, die sich unabhängig halten und innovativ arbeiten, die unbeeinflußt von gesellschaftlichen Verpflichtungen, Moden und sogenannten Sachzwängen ihre Meinung äußern. Die Möglichkeit dazu wird immer geringer. Unbequeme Meinungen werden zensiert, abgetan oder unterdrückt. Wer sich nicht anpaßt, hat keine Chance; ihm wird die ökonomische Basis entzogen, er wird ignoriert.[333] Die Freiheit der geistigen Auseinandersetzung ist eine unabdingbare Voraussetzung für das Funktionieren, ja für den Bestand eines freiheitlichen Staates. Freie Meinungsbildung vollzieht sich im Prozeß der Kommunikation. Sie setzt einerseits die Freiheit voraus, Meinungen zu äußern und zu verbreiten, andererseits die Freiheit, geäußerte Meinungen zur Kenntnis zu nehmen. Neben vielen vermeintlichen Wehrdemokraten bieten auch die Kommunisten der PDS eine merkwürdige Interpretation von Freiheit des Geistes. Sie suggerieren, »hinsichtlich des Verbots bestimmter Bücher [...] eine ziemlich liberale Haltung« zu haben. »Vor allem aber verwenden wir uns für das Verbot von rassistischer und faschistischer Literatur.«[334] Diese Einstellung kann jedoch nicht im Sinne wirklicher Meinungsfreiheit sein. Soll der politische Willensbildungsprozeß, der gesellschaftliche Meinungsbildungsprozeß frei, d. h. freiheitlich verlaufen, darf das Bilden, Haben, Äußern und Verbreiten von Meinungen, unter Berücksichtigung der berechtigten dargelegten Ausnahmen des Jugend- und Ehrenschutzes, jedoch nicht behindert werden. Die Denk- und Gedankenfreiheit beinhaltet das Recht, sich mit den Gedanken Dritter zu befassen. Eine vollständige Entfaltung und Verwirklichung des Menschen ist aber nicht möglich, wenn ihm die Aufnahme oder die Teilhabe an Gedanken Dritter verwehrt wird, da eine Vertiefung der eigenen Gedanken ohne Quellen nicht möglich ist. Aus diesem Grunde ist dem Menschen der Zugang zu geistigen Werten nicht zu verschließen. Nur so ist das Entstehen einer informierten, aufgeklärten Gemeinschaft gewährleistet: Etiam diabolus audiatur.

Nachwort

Professor Dr. Klaus Hornung

Es ist ebenso unfaßlich wie niederschmetternd: In Deutschland gibt es heute wieder Gesinnungsdruck und Gesinnungskonformismus, eine Bedrohung der politischen Meinungs- und Denkfreiheit – gerade ein halbes Jahrhundert nach dem Zusammenbruch des totalitären Nationalsozialismus und nur wenige Jahre nach dem Untergang des totalitären Sowjetkommunismus und seiner »westlichsten Provinz« auf deutschem Boden. Es gibt wieder die Feigheit und Denkfaulheit vieler, die Dummheit der Mitläufer, ein erneutes Exempel dafür, wie eine zielbewußte Minderheit in einem historisch-politisch vielfach desorientierten Volk »die Macht ergreifen« kann. Die Zeit zwischen 1930 und 1933 läßt grüßen: Die Gegenwart vermag Antworten zu erteilen auf die vielfache Frage der Jungen: »Wie war das denn damals möglich?«

Dabei hatte es vor einigen Jahren zunächst scheinbar harmlos, fast locker und belustigend begonnen. Aus den USA schwappte der neue Modetrend der Political Correctness vor allem ins historisch-politisch unsichere Deutschland herüber. Es ging dort zunächst um einen Feldzug gegen Taktlosigkeiten gegenüber gesellschaftlichen Minderheiten, etwa Schwarzen oder Behinderten usf., der sich dort freilich schon bald zu einem seltsamen Eiferertum steigerte. Dann begann man auch bei uns, etwa den »Lehrling« zum »Auszubildenden (Azubi)«, die »Putzfrau« zur »Raumpflegerin« zu promovieren. Bald folgte der Appell, nicht mehr von »Zigeunern« zu sprechen, sondern, korrekt, von »Sinti und Roma«. Moralisch besonders Sensible forderten die Abschaffung herkömmlicher Bezeichnungen für bestimmte Lebensmittel wie »Zigeunerschnitzel« oder »Negerküsse«. Selbst in Begriffen wie »Fremdenverkehr« oder »Fremdenzimmer« schien die Gefahr der »Fremdenfeindlichkeit« zu lauern. Dann nannte der damalige Bundespräsident Richard von Weizsäcker die Vertreibung der Deutschen nach dem Zweiten Weltkrieg aus Ostdeutschland und Ostmitteleuropa feinsinnig »unfreiwillige Wanderschaft«. Es war der Anfang einer zweiten Kulturrevolution in Deutschland, deren Methoden vom steten Tropfen der Semantik und des Neusprechs bis zu den großen Kampagnen wie den »Fällen« Philipp Jenninger, Hans Filbinger und Steffen Heitmann reichen, mit dem Ziel, die Deutschen bis ins siebte Glied am Schuldpfahl des »deutschen Faschismus« festzunageln, um sie für Gegenwart und Zukunft geistig und politisch handlungsunfähig zu machen. Es handelt sich um die Errichtung einer Diktatur von Tabus und Meinungen von Leuten, die zu wissen glauben, was moralisch ist, und ihre Ansichten zum Dogma der Rechtgläubigkeit erheben. Dabei ist ihr Griff nach Tabus Ausdruck der Schwäche ihrer Argumente, und so geschieht die öffentliche Auseinandersetzung auch häufig nicht mehr mit Argumenten, sondern mittels moralischer Verdächtigung, Diffamierungskampagnen und Schauprozessen. Wer, von der Faschismuskeule getroffen, als »Nazi« oder auch als »Sexist« erfolgreich verunglimpft wird, gleicht einem moralisch und intellektuell Aussätzigen. Man umgibt ihn mit einer Mauer des Totschweigens. Er bekommt keine Gelegenheit, seinen Standpunkt darzustellen. Er wird nicht mehr zu Diskussionsrunden eingeladen. Diese von Medien, in der Politik und zum Teil auch durch die sogenannte Rechtsprechung festgelegte geistig-sozial-politische Aussätzigkeit kann sich bis zur Vogelfreiheit steigern, während die politisch korrekten Inquisitoren vollste Freiheit für ihr Spiel genießen.

Inzwischen sind die Wurzeln und Motive der Political-Correctness-Kampagne in Deutschland vor aller Augen, wenn auch in der Öffentlichkeit noch immer viel zuwenig bekannt. Es handelt sich zunächst einmal um die Gegenoffensive der extremen Linken, der Antifa- und Autonomen-Gruppen aus der alten Bundesrepublik im Verein mit der PDS, der SED-Nachfolgepartei, gegen die gehaßte deutsche Einheit. Der überraschende Zusammenbruch der »DDR« und die Implosion der Sowjetunion 1989/91 hatten ihnen für kurze Zeit die Sprache verschlagen. Das galt auch für die Mehrheit der Grünen und nicht geringe Teile der SPD. 1992 war der Schock so weit abgeklungen, daß man darangehen konnte, die alten Positionen zurückzuerobern, die kurze Zeit verlorene geistige und mediale Hegemonie wiederzugewinnen, wenn nun auch im Rahmen der deutschen staatlichen Einheit. Es war letztlich die klassische marxistisch-leninistische Strategie und Taktik, die nach jeder Niederlage durch Umgruppierung der Kräfte wieder zur Gegenoffensive aufzurufen und anzutreten versteht. Sie begann bereits, mitten im Zusammenbruch des SED-Staates, mit einer Massenkundgebung der PDS/SED am 4. Januar 1990 vor dem angeblich von Nazis geschändeten sowjetischen Siegesdenkmal in Berlin-Treptow, als Gregor Gysi die Parole ausgab: »Unser Land ist in Gefahr, und zwar von rechts! Wir müssen diese Gefahr bannen. Wie wollen wir denn demokratisch wählen, wenn hier die Neonazis alle Freiräume besetzen?« Daß die Beschmierung des Denkmals eine Provokation interessierter Kräfte war zwecks Herstellung einer »Einheitsfront gegen rechts«, muß als sicher angenommen werden. Und im Licht dieser großangelegten und langfristig konzipierten »Gegenoffensive« gewinnen auch die ab 1992 vor allem in der einstigen »DDR« erfolgenden Brandanschläge gegen Asylbewerber-Unterkünfte ihren Stellenwert, so daß man an der Frage: Cui bono? Wem konnte und sollte es nützen? nicht einfach vorbeigehen kann. Rasch wurden die alten Begriffe wie Faschismus und Antifaschismus der Lage entsprechend neu aufpoliert, wurden neue Feindbegriffe und

Feindbilder in die Auseinandersetzung geworfen wie Rassismus, Fremdenfeindschaft, Geschichtsrevisionismus etc. Dieser Offensive geht es um nichts anderes als um den Versuch, die neue gesamtdeutsche Republik mit ihren enormen Schwierigkeiten im Einheitsprozeß und in der gesamtwirtschaftlichen Lage unter dem Ruf »Der Feind steht rechts!« nach links zu kippen, unsere freiheitlich-demokratische zu einer »antifaschistischen« Ordnung umzufunktionieren, wobei das Muster der sowjetischen Besatzungszone von 1945 mitsamt ihrer antifaschistisch-demokratischen Ursprungslüge der späteren »DDR« aus vielen Köpfen auch heute noch nicht vertrieben zu sein scheint.

Diese politischen und ideologischen Kräfte auf der Suche nach einer »neuen Mehrheit« links von der Mitte stehen im Bund mit nicht unerheblichen Teilen der medialen Kommandohöhen, besonders des Fernsehens, denen es um die Befestigung und Erweiterung ihrer politisch-kulturellen Hegemonie geht und die ebenfalls entschieden auf die neue Mehrheit hinarbeiten. Sie alle wollen uns Deutsche und die Welt glauben machen, das drängendste Problem unserer Tage sei die Renaissance, wenn nicht gar die unmittelbar bevorstehende »Machtergreifung« einer extremen Rechten in Deutschland. Mit allen Mitteln medialer Indoktrination soll die Bevölkerung gezwungen werden, wie das Kaninchen auf die angeblich vor den Toren stehende »faschistische Gefahr« zu starren. Dabei beanspruchen diese medialen Kommandohöhen das Recht zu definieren, was denn nun »faschistisch« sei. Sie benützen dazu bedenkenlos den klassischen Faschismus-Begriff des Marxismus-Leninismus und der Komintern der dreißiger Jahre, der damals wie heute eine ideale politisch-semantische Waffe darstellt, alle jene, die der eigenen Machtergreifung widerstreben, als »faschistisch« zu denunzieren. Waren es einst die Gegner der kommunistischen Machteroberung bis zur Mehrheit der Sozialdemokratie, so kann man heute mit gleicher Unbedenklichkeit die ganze Hälfte des politischen Spektrums

»rechts« von der Mitte mit nicht schlechten Erfolgsaussichten der Faschismuskeule zu unterwerfen versuchen. Es ist eine alte leninistische Strategie und Taktik, die Gegenseite von ihrem »rechten Rand« her aufzurollen und von hier aus bis zur Mitte vorzustoßen. Dazu werden dann »fließende Übergänge« konstruiert, um schließlich die gesamte Hälfte des politischen Spektrums bis zur Mitte als »faschistisch« oder zumindest »profaschistisch« abzustempeln. Deshalb ist es ja kein Zufall, daß man heute bei den linken Kampagnen bewußt nicht mehr zwischen »rechtsextrem« einerseits und konservativ, patriotisch und »rechts« unterscheidet, sondern alles in einen Topf wirft (bis hin zu Aktionen wie »Rock gegen Rechts« etc.). Und auf ebendiesen Trick fällt die rechte Mitte auch prompt herein, indem sie das Spiel des Gegners spielt und sich immer wieder angestrengt als »antifaschistisch zuverlässig« erweisen möchte, mit dem Ergebnis, daß sie damit ihre geborenen und zuverlässigsten Anhänger – Vertriebene, entschiedene Christen, Konservative, Patrioten, Mittelstand und Landwirtschaft – von sich stößt und einen »sozialdemokratischen Grauschleier« überzieht, so daß sich eine wachsende Zahl von Wählern fragt, weshalb man diese ängstlichen und nur noch taktierenden bürgerlichen Parteien überhaupt noch wählen soll, und schließlich in die Wahlenthaltung flüchtet. Während die Linke auf eine breite Bündnispolitik setzt von den Sozialdemokraten über die Grünen und im Zweifelsfall auch bis zu den Kommunisten und Linksextremen, verfolgt das bürgerliche Lager eine ängstliche Abgrenzungspolitik nach der dümmlichen Parole »Rechts von uns darf es keine relevante politische Kraft geben«. Und eben um dies zu verhindern, bedient man sich dann selbst der Faschismuskeule, auch gegenüber der eigenen Anhängerschaft, zum Zweck des Machterhalts, wie man meint, in Wirklichkeit aber mit dem Ergebnis des schrittweisen eigenen Machtverfalls. Der Linken und der Political-Correctness-Kampagne ist es gelungen, mit dem Propaganda- und Diffamierungsmechanismus des »Antifaschismus« die Gegenseite immer wieder zu verunsichern und in die Defensive zu treiben, da man hier noch immer nicht erkannt hat, daß die feindliche Offensive gegen »Faschismus und Rechtsextremismus« sich in Wahrheit gar nicht gegen diese letztlichen Phantome richtet, sondern gegen die bürgerliche »Mitte« selbst.

Die schon seit Jahren anhaltende Political-Correctness-Kampagne trägt also ihre Früchte, indem sie die Machtverhältnisse im politischen Spektrum verändert und darüber hinaus das öffentliche und geistige Klima unserer Republik. Sie trug wesentlich dazu bei, daß die natürliche Normalisierung des geistigen, kulturellen und politischen Lebens, die von der Wiederherstellung der deutschen Einheit erwartet werden konnte, nicht durchdrang und von einer erneuten verstärkten Linksdrift im vereinten Land überrollt wurde. Es gelang ihr, über bestimmte Begriffe und Problembereiche Tabus zu verhängen und zu dekretieren, was überhaupt noch öffentlich erörtert, ja gedacht werden darf. So soll etwa die gesamte Ausländer-, Einwanderungs- und Asylpolitik nur unter linken Perspektiven diskutiert werden. Tatbestände wie die rasant steigende Ausländerkriminalität, das Schlepperunwesen oder ähnliches werden unter dem Einfluß der Wortführer der PC unter das Tabu gestellt, daß ihre freimütige Erörterung faschistische und rassistische Gesinnung verraten würde. Die PC versucht im Lande die Meinung zu verbreiten, der Rechtsextremismus sei nach Zahl und Einfluß deutlich stärker als der Linksextremismus, obwohl die Verfassungsschutzberichte das Gegenteil nachweisen und die Rechtsextremisten weder in den Medien noch in der Öffentlichkeit jenen Rückhalt finden, den der Linksextremismus genießt. Es wächst unter der Schubkraft der Political Correctness das Ungleichgewicht zwischen links und rechts in Deutschland, nicht nur in den Medien und in der Politik, sondern auch bis hin zur Rechtsprechung, etwa bei der Verfolgung von Brandanschlägen. Während zum Beispiel der »Schwarze Block« von etwa 8000 gewaltbereiten Antifa und Autonomen mit dem Privileg polizeilicher »Deeskalationsstrategie« die Möglichkeit findet, in Göttingen oder Hannover zeitweise rechtsfreie Räume und bürgerkriegsähnliche Verhältnisse zu schaffen, treffen im Verhältnis dazu eher harmlose »rechtslastige« Organisationen wie die Wiking-Jugend auf harte Verbotsdurchsetzung.

Schon der sogenannte »Historikerstreit« vor zehn Jahren hatte, als erste Kostprobe der Political Correctness, gezeigt, wie man sich auf der Linken den Umgang mit der Geschichte, besonders mit der Zeitgeschichte unseres Jahrhunderts, vorstellte. Joachim Fest hat damals in Verteidigung Ernst Noltes gegen die wütenden Attacken Jürgen Habermas' die hier geübten »Rituale einer falschen Unterwürfigkeit« kritisiert, die »jede Position, die sich die Freiheit des Fragens bewahrt, unter moralischen Verdacht« stellt und damit jede wirklich kritische Geschichtsbetrachtung und Wissenschaft unmöglich macht. Und Günter Zehm machte damals in der WELT (24.11.1986) darauf aufmerksam, daß das »Nachkriegsdogma der sogenannten Kollektivschuld«, die man auf die kommenden Generationen übertragen möchte, weil ja die alte »Schuldgeneration« wegstirbt, den damit verbundenen »Neurotisierungseffekt« bewußt einkalkuliert und anstrebt: »Ewiges Schuldbewußtsein macht neurotisch, und Neurosen münden oft in Selbstzerstörungswut. So hofft man über den Umweg deutschen Selbsthasses doch noch endlich zum großen Kladderadatsch zu kommen, in dem man die traditionellen Lebensverhältnisse verbrennen und endlich der ›wahre Sozialismus‹ entstehen kann.« Der Political Correctness ist in der Tat daran gelegen, deutsche Schuldgefühle im Blick auf die NS-Vergangenheit immer wieder neu zu entfachen und für ihr letztliches Ziel, die totale Politik- und Geschichtsunfähigkeit der Deutschen, zu instrumentalisieren. Dabei verwendet sie tiefenpsychologische Strategien: Durch moralisierende Betroffenheitsrituale sollen sich »die Guten« psychologisch entlasten und zugleich ihr Aggressionspotential gegen »die Bösen« mobilisieren. Aus dem Bestreben, moralisch auf der richtigen Seite zu stehen, entsteht ein Konformitätsdruck und die Totalmoralisierung von Politik und Geschichte, die nur noch »gut und böse« unterscheidet, so daß die Bemühung um die Erkenntnis des jeweils Wahren und Falschen im öffentlichen und auch im wissenschaftlichen Diskurs als letztlich überflüssig erscheint. Im ethisch tief zweifelhaften Anspruch, selbst natürlich auf der Seite des Guten zu stehen, vollendet sich »der Sieg der Gesinnung über die Urteilskraft« (Hermann Lübbe), weshalb hochkomplexe Probleme wie »Frieden«, »Kriegsschuld«, »soziale Gerechtigkeit« etc. nicht mehr differenziert und argumentativ bearbeitet werden können und sollen. Das Ergebnis ist die intellektuelle und moralische Nivellierung der öffentlichen Debatte, wie wir sie seit Jahren in Deutschland erleben, der »moralisch bewehrte Befehl« (Herbert Kremp), nicht mehr die sachliche Untersuchung und Beurteilung, etwa im Blick auf das Kriegsende 1945. Es entsteht und wird bewußt formiert eine Einheitsmeinung zu wesentlichen geschichtlichen und politischen Fragen. Aber »politisch korrektes Denken«, zumal wenn es sich auch in der Wissenschaft durchsetzen will, ist per se nicht mehr Denken (Heiner Müller), sondern eben Gesinnungsdruck. Dann urteilen z. B. Richter, welche zeitgeschichtlichen Feststellungen und Hypothesen »erwiesenermaßen unwahr« seien, und nicht die Historiker. Hier werden dann nicht nur die Früchte der Aufklärung verspielt, hier wird auch die »offene Gesellschaft«, die freiheitlich-pluralistische Ordnung zerstört. Aus Geschichtswissenschaft wird Geschichtspolitik, der politische Kampf um Machtgewinn und Machtverlust in moralischer und pseudowissenschaftlicher Verkleidung. Leicht wird dann selbst der Verfassungsschutz zu einem Instrument der politischen Gesinnungskontrolle, nicht selten unter dem Druck der Medien und ihrer totalitären Methoden des Rufmords, des Ausschlusses aus der öffentlichen Diskussion. Eine politische Justiz, wie sie bei uns wieder begonnen hat, erweist aber der Gemeinschaft, die sie angeblich vor Unwahrheit schützen will, einen Bärendienst: »Denn erst das Verbot einer freien Diskussion läßt die gerichtlich geschützte Meinung fragwürdig werden« (Gerard Radnitzky).

Einer der ersten, die das Wesen und die Mechanismen dieses neuen »Tugendterrors« begriffen und offengelegt haben, war Dieter Zimmer, sogar in der Wochenzeitung DIE ZEIT. Er habe bald nach der Wiedervereinigung »das diffuse Erbe der lange meinungsbeherrschenden Linken mit ihren (durch die Einheit) frustrierten Hoffnungen« übernommen. Zimmer stellte eine Liste seiner Tabus und Denkschablonen zusammen: »daß die deutsche Vereinigung eine große Kalamität darstellt; daß ›national‹ und ›nationalistisch‹ Synonyme sind; daß ›Betroffene‹ allemal und von vornherein mehr recht haben als ›irgendwelche Experten‹; daß Kernenergie sowieso böse ist, daß Abtreibung erlaubt und auf Krankenschein möglich sein muß; daß an Kriminalität, Drogensucht und anderen sozialen Übeln allein ›die Gesellschaft‹ schuld ist (also die anonymen anderen); daß alleinige Ursache für Not und Armut in der Dritten Welt die fortgesetzte Ausbeutung durch die reichen Industriestaaten ist …« Im November 1994 hielt dann Martin Walser anläßlich der Verleihung des Dolf-Sternberger-Preises in Heidelberg seinen Vortrag »Über freie und unfreie Rede«, der ein ganzes Arsenal an Wahrheiten und Argumenten gegen diese »öffentliche Verurteilungskultur« mit ihren »Gewissensprüfungen« durch »straflüsterne Moralgiganten« enthielt und im Februar 1995 auch als SPIEGEL-Essay erschien. Walser: »Wie das, was ich hier zu sagen versuche, durch selektives Zitieren wieder zu einem rechtsextremen Horrortext gemacht wird, das ahne ich nicht einmal. Schnitt und Montage nach Goebbels' Art.« In diesem Klima der »liberalen Erlediger« und ihrer Reizklischees samt der »Macht des Fernsehens über die Schläfrigen«, angesichts dieser »Zeigefingerbemühungen der Herbeter, Abfrager, Insgewissenredner« und ihrer »politisch-moralischen Lynchstimmung« im »Correctness-Rausch« soll auch das Gewissen des einzelnen standardisiert werden – ein zuverlässiges Indiz totalitären Denkens und Verhaltens. Am 23. Dezember 1994 erschien in der FRANKFURTER ALLGEMEINEN ZEITUNG Eckart Fuhrs Leitartikel »Systematische Verlogenheit«, der die Political Correctness und ihre Wirkungen ebenfalls treffend kennzeichnete: »Das politische Klima in Deutschland ist stickig geworden. Unentwegt verteidigen ideologische Kammerjäger und Gesinnungsgouvernanten Demokratie und Liberalität in der Bundesrepublik Deutschland – ausschließlich gegen ›rechts‹, versteht sich. ›Linke‹ Kritik am demokratischen Staat müssen selbstbewußte Demokraten natürlich ›aushalten‹.«

Unterdessen sind mehrere Bücher erschienen, die die Political-Correctness-Kampagne in Deutschland kritisch durchleuchten, darunter Klaus Rainer Röhls DEUTSCHES PHRASENLEXIKON: LEHRBUCH DER POLITISCHEN KORREKTHEIT FÜR ANFÄNGER UND FORTGESCHRITTENE (1995) und Klaus J. Groths DIE DIKTATUR DER GUTEN, in dem die eng gewordenen Grenzen der Meinungsfreiheit abgeschritten werden. Michael Behrens und Robert von Rimscha veröffentlichten das Buch POLITISCHE KORREKTHEIT IN DEUTSCHLAND, in dem sie mit dem Versuch der linken Intelligenzja in Deutschland abrechnen, als Reaktion auf den großen Umbruch von 1989/91 eine neue verbindliche »Zivil-Religion« und Vulgärideologie in Deutschland durchzusetzen, im Namen der »wahren Demokratie«, also in Fortsetzung des totalitären Denkens dieses Jahrhunderts, Ausdruck nicht zuletzt eines Rückzugs auf einen neuen deutschen Sonderweg diesmal linker Provenienz, der dem Land das geistige Rüstzeug verweigert, das es zur Bewältigung seiner Zukunft benötigt.

Nun legt Claus Nordbruch ein intensiv recherchiertes Buch vor, das die Meinungsfreiheit in der Bundesrepublik Deutschland und ihre allmähliche Einengung untersucht.

Als in Südafrika lebender Auslandsdeutscher verfügt er nicht nur über geographische, sondern auch über die nötige geistige Distanz zu seinem Thema, die ihm ein von persönlichen Verflechtungen und Interessen freies, geistig unabhängiges Urteil ermöglicht. Der Autor greift bis zu den Anfängen der Medienpolitik in der Nachkriegszeit ab 1945 zurück, beginnend mit den Verboten und Lizenzen der Besatzungsmächte. Unverblümt macht er auf die Problematik der damaligen »Erziehung zur Demokratie mit undemokratischen Mitteln« aufmerksam und durchleuchtet den »Sumpfboden des Opportunismus« (Kurt Ziesel), aus dem manche späteren Größen der deutschen Medienlandschaft hervorgingen. Zeitgeschichtliches Neuland betritt er zum Beispiel mit seiner Analyse der 1954 gegründeten »Bundesprüfstelle für jugendgefährdendes Schrifttum« (BPjS), die sich unter dem Etikett des »Jugendschutzes« schrittweise und im Schatten der öffentlichen Aufmerksamkeit zu einem »selbsternannten Vormund« und »inquisitorischen Zensurapparat« entwickelte, dem es weniger um jugendgefährdende Schriften geht (an jedem Bahnhofskiosk ist zu sehen, wie »strikt« zum Beispiel gegen Pornographie heute in Deutschland vorgegangen wird) als »vielmehr um das Meinungskartell und gewisse politische und wirtschaftliche Interessengruppen gefährdende Schriften«. Hatte man bisher vor allem das Jahr 1968 als Geburtsdatum der neuen »antifaschistischen« Bewegung im Auge, so macht Nordbruch auch auf einen anderen Vorgang aufmerksam, der bei uns bis jetzt nur wenig Beachtung fand, weil er mit dem früh um Herbert Wehner errichteten Tabu zusammenhängt. Als Wehner, damals Vorsitzender der stärksten Regierungsfraktion im Deutschen Bundestag, Ende des Jahres 1977 von einer Polenreise zurückkehrte, richtete er sogleich eine parlamentarische Anfrage an die Bundesregierung, was sie gegen die »faschistische Propaganda« zu unternehmen gedenke. So kam, vom kommunistisch beherrschten Polen angestoßen und von Wehner getreulich aufgenommen, in der Bundesrepublik erneut der »antifaschistische« Stein ins Rollen. Die damalige Familienministerin Antje Huber (SPD) begann eine Sichtung des umfangreichen Schriftenmaterials über das Dritte Reich und bediente sich zu dessen Verbot der genannten Bundesprüfstelle. Der Extremismusforscher Eckard Jesse hat bestätigt, daß die Zeit gegen Ende der siebziger Jahre für die Arbeit der Bundesprüfstelle »als ein ›turning point‹ gelten« kann, der ein »entschieden schärferes Vorgehen gegenüber rechtsextremistischer Literatur« einleitete und auf die genannte Initiative Wehners nach seiner Polenreise zurückging. Entsprechend ausweichend und nichtssagend war die Antwort der Regierung auf eine parlamentarische Anfrage des CSU-Abgeordneten Lorenz Niegel, ob künftig auch kommunistisches Propagandamaterial indiziert werden würde.

Die Kampagnen der politischen Korrektheit bilden also nur die vorläufig letzte Phase einer Entwicklung, die in der früheren Bundesrepublik Deutschland bereits seit der ausgehenden Ära Konrad Adenauers eingesetzt hatte, mit der Absicht, den Kollektivschuldvorwurf gegen die »faschistische« Vergangenheit der Deutschen zu einer entschieden »antifaschistischen« Umgestaltung der 1949 ins Leben getretenen freiheitlich-antitotalitären Grundordnung zu nutzen. Und in diesem strategischen Kalkül spielte auch die Erhaltung der deutschen Teilung bei »Annäherung« der beiden Teilstaaten unter dem gemeinsamen Nenner der »antifaschistischen Demokratie« eine zentrale Rolle.

Inzwischen hat die Political Correctness, zunächst ein Vorgang in Medien und Medienpolitik, auch auf die Rechtspflege durchgeschlagen. In Deutschland gibt es faktisch wieder politische Justiz und richterliche Politik. Das Urteil des Bundesverfassungsgerichts von 1995, das hinsichtlich der Soldaten die Meinungsfreiheit (Artikel 5 des Grundgesetzes) weit vor den Persönlichkeits- und Ehrenschutz und vor die Fundamentalnorm des Artikels 1 unserer Verfassung rückte, kommt einem Dammbruch gleich, dessen Geröllmassen unseren Rechtsstaat unter sich begraben könnten. Nicht nur die wissenschaftliche Forschungsfreiheit ist heute in Deutschland in Gefahr. Die Monopolisierung des Wahrheitsanspruchs durch Meinungslenkung oder gar durch Strafgesetzbestimmungen muß die Freiheitlichkeit und Rechtsstaatlichkeit unserer Gesellschaft im Mark treffen. Auch nimmt die Gefahr zu, daß sich Institutionen und Personen der Politik im Besitz absoluter politischer, historischer und ethischer Gewißheit wähnen. Claus Nordbruch belegt mit einer Fülle von Beispielen, wie weit wir schon auf dem Weg in einen neuen »antifaschistischen« Gesinnungsstaat vorangekommen sind, wie Diffamierung Argumente ersetzt und sich die Unterdrückung von Meinungen außerhalb eines bestimmten Bogens linker oder doch linksliberaler Dogmen und scheinbarer Selbstverständlichkeiten in den letzten Jahren tintenfleckartig ausgebreitet hat. Das, was Elisabeth Noelle-Neumann schon vor Jahren als die Wirkungsweise einer »Schweigespirale« in der Gesellschaft untersucht hat, findet heute in Deutschland tagtäglich statt, beruht sie doch auf der Neigung der Menschen, die soziale Absonderung und Isolation mehr zu fürchten als den Irrtum (Alexis de Tocqueville). Ohne diesen gesellschaftlichen und sozialpsychologischen Mechanismus wäre schon Hitlers Machtergreifung und die Befestigung seiner Diktatur in wenig mehr als eineinhalb Jahren (zwischen dem 30. Januar 1933 und dem Sommer 1934) nicht möglich gewesen.

Der unvoreingenommene Leser wird sich über das vom Autor ausgebreitete umfangreiche Material selbst ein Urteil bilden. Die Entwicklung, die der Autor schildert, läßt sich wohl kaum von den – unbestrittenen – Notwendigkeiten des Schutzes einer wehrhaften Demokratie gegen ihre Feinde rechtfertigen, um so weniger, als der demokratische Staat selbst in einem eigenartigen Sog steht, der ihn besonders gegen den Linksextremismus immer wehrloser werden läßt. In einer Art vorauseilendem Gehorsam gegenüber dem Willen einflußreicher medialer Kommandohöhen richtet sich heute eine bestimmte Spielart des Geistes und der Politik Metternichs und der Heiligen Allianz seit 1819 besonders gegen »rechts«, das heißt faktisch gegen die gesamte »rechte« Hälfte des politischen und Wählerspektrums. Und zugleich erleben wir, wie dünn die Decke unserer freiheitlichen Demokratie im heutigen Deutschland immer noch ist, wie stark obrigkeitsstaatliche Traditionen fortwirken mit allen ihren Erscheinungsformen von Konformismus und Feigheit, der Anpassung an Mächtige oder an Mehrheiten. Die berühmt-berüchtigte Karikatur der »Schere im Kopf« stammt immerhin aus den Jahren des deutschen Biedermeiers vor 1848. Sie hat seit einer Reihe von Jahren im wiedervereinigten Deutschland wieder an Aussagekraft gewonnen.

Es ist höchste Zeit, sich diesen neototalitären Tendenzen in Deutschland mit Bürgermut entgegenzustellen. Claus Nordbruchs Absicht ist letztlich ein Plädoyer für den freiheitlich-demokratischen Rechtsstaat. Die Leser seines Buchs können sich nicht abermals darauf berufen, nichts gewußt zu haben. Es ist an ihnen, an der Mehrheit der freien Bürger, den von den Strategen der Political Correctness begonnenen Systemwechsel von der freiheitlich-antitotalitären zur »antifaschistischen« Demokratie unseligen, noch jungen Angedenkens zu stoppen. Der Spuk der PC wäre, bei Lichte besehen, leicht zu beenden, wenn man begreifen würde, daß unser Land deshalb »unter einem Mangel an gründlicher Analyse, tiefgründiger und offener Diskussion über die Zeichen der Zeit leidet« (Alois Glück, CSU-Fraktionsvorsitzender im Bayerischen Landtag), weil interessierte Kräfte ebendiese gründliche Analyse und offene Diskussion wie der Teufel das Weihwasser fürchten. Eben deshalb muß und wird eine freie Bürgergesellschaft diese Analyse und Diskussion erzwingen.

Anmerkungen

1 Vgl. Elisabeth Noelle-Neumann: Kein Schutz, keine Gleichheit vor dem Gesetz, keine Gerechtigkeit. – o. O. 1995, Tabelle 1 und A2.

2 Karl-Hermann Flach: Keine Freiheit ohne Pressefreiheit. – In: Ottheinrich Hestermann (Hrsg.): Presse und Pressewesen. [Veränd. u. bibliogr. erg. Ausg.] – Stuttgart: Reclam 1993. S. 11.

3 Vgl. Frank Thomas Hoefer: Pressepolitik und Polizeistaat Metternichs. Die Überwachung von Presse und politischer Öffentlichkeit in Deutschland und den Nachbarstaaten durch das Mainzer Informationsbüro (1833–1848). – München: Saur 1983. S. 82.

4 Hans J. Schütz: Verbotene Bücher. Eine Geschichte der Zensur von Homer bis Henry Miller. – München: Beck 1990. S. 120.

5 H. H. Houben: Jungdeutscher Sturm und Drang. Ergebnisse und Studien. – Leipzig 1911. S. 63. – Zitiert nach: Dieter Breuer: Geschichte der literarischen Zensur in Deutschland. – Heidelberg: Quelle und Meyer 1982. S. 156.

6 Ulla Otto: Die literarische Zensur als Problem der Soziologie der Politik. – Stuttgart: Enke 1968. S. 25.

7 Ibid., S. 25.

8 Hans J. Schütz: op. cit., S. 17f.

9 Ibid, S. 37.

10 Papst Paul III., zitiert nach Hans J. Schütz: op. cit., S. 21.

11 Vgl. Hans J. Schütz: op. cit., S. 22.

12 Deutsche Bischofskonferenz (Hrsg.): Katholischer Erwachsenen-Katechismus. Zweiter Band. Leben aus dem Glauben. – Freiburg, Basel, Wien: Herder 1995. S. 463.

13 Vgl. Franz Schneider: Pressefreiheit und politische Öffentlichkeit. – In: POLITICA, H 36, 1965. S. 17.

14 Vgl. Wilhelm Bauer: Die öffentliche Meinung in der Weltgeschichte. – Potsdam: o. V. 1930. S. 133.

15 Vgl. Friedrich Sachse: Die Anfänge der Bücherzensur in Deutschland. – Leipzig: o. V. 1870. S. 27.

[16] Vgl. Hans J. Schütz: op. cit., S. 43.

[17] Ibid., S. 48.

[18] Ibid., S. 20.

[19] Vgl. Friedrich Sachse: op. cit., S. 43.

[20] Vgl. ibid., S. 37ff.

[21] Verordnung des Reichspräsidenten zum Schutz des deutschen Volkes vom 4.2.1933 (RGBl I, S. 35ff.); Verordnung des Reichspräsidenten zum Schutz von Volk und Staat vom 28.2.1933 (RGBl I, S. 83ff.)

[22] Vgl. Volker Dahm: Das jüdische Buch im Dritten Reich. – München: o. V. 1993, S. 18ff.

[23] Kurt Ziesel: Der deutsche Selbstmord. Diktatur der Meinungsmacher. 3. Aufl. – Sonderausgabe o. O. 1965, S. 27.
Ziesel war sich bewußt, daß allein schon dieser positive Hinweis auf das Schriftleitergesetz ihn in der Bundesrepublik Deutschland der Gefahr aussetzte, damit als Restaurateur nazistischer Prinzipien diffamiert zu werden.

[24] Vgl. Heinz Pentzlin: Hitlers Propaganda. Ihre Macht, ihre Grenzen, ihr Ende. – In: Gerd-Klaus Kaltenbrunner (Hrsg.): Weltkrieg der Propagandisten. Verdummung durch Wort, Bild und Werbung. – München: Herder 1985. S. 79f.

[25] Walter Schmitt-Glaeser: Mißbrauch und Verwirkung von Grundrechten im politischen Meinungskampf. Eine Untersuchung über die Verfassungsschutzbestimmung des Art. 18 GG und ihr Verhältnis zum einfachen Recht, insbesondere zum politischen Strafrecht. – Bad Homburg [et. al.]: Gehlen 1968. S. 29.

[26] Theodor Eschenburg: Zur politischen Praxis in der Bundesrepublik. Kritische Betrachtungen 1957–1961, München, S. 164.

[27] Vgl. ALLGEMEINE JÜDISCHE WOCHENZEITUNG v. 3.2.1984, S. 6.

[28] DIE WELT v. 16.3.1994. – Zitiert nach: DAS FREIE FORUM. Mitteilungsblatt der Gesellschaft für freie Publizistik, H 4/1994, S. 1.

[29] R. Wassermann in DIE WELT v. 28.4.1994. – Zitiert nach: DAS FREIE FORUM. op. cit., S. 1.

[30] Vgl. Hermann von Mangoldt & Friedrich Klein: Das Bonner Grundgesetz. Bd I. 2., neubearb. u. verm. Aufl. – Berlin, Frankfurt/M.: Vahlen 1966. S. 238.

[31] BVerfGE 33, 1 (14)

[32] Albert Bleckmann: Staatsrecht II – die Grundrechte. 3., erw. Aufl. – Köln [et. al.]: Heymanns 1989, S. 671.

[33] Vgl. BVerfGE 65, 1 (41) und BVerfGE 71 (162) (179).

[34] Karl Egbert Wenzel: Das Recht der Wort- und Bildberichterstattung. Handbuch des Äußerungsrechts. 4., völlig neubearb. u. wesentlich erw. Aufl. – Köln: Schmidt 1994. S. 13.

[35] Vgl. ibid., S. 14.

[36] Vgl. Dietrich Merklinghaus: Das Grundrecht der Meinungsfreiheit und seine Bedeutung für das Arbeitsrecht. Masch. Diss. – München: Ludwig-Maximilians-Universität 1969. S. 3.

[37] Vgl. FRANKFURTER ALLGEMEINE ZEITUNG v. 17.2.1981, S. 6.

[38] Vgl. Gilbert-Hanno Gornig: Äußerungsfreiheit und Informationsfreiheit als Menschenrechte. – Berlin: Duncker & Humblot 1988, S. 142.

[39] Karl-Heinz Seifert & Dieter Hömig (Hrsg.): Grundgesetz für die Bundesrepublik Deutschland. – Baden-Baden: Nomos 1982, S. 65.

[40] Vgl. Manfred Lepa: Der Inhalt der Grundrechte. 6., neubearb. Aufl. – Bonn: Bundesanzeiger 1990. S. 117.

[41] Albert Bleckmann: op. cit., S. 668.

[42] MDHS Art. 5 Rdnr. 91ff.

[43] BVerfGE 27 (83).

[44] Karl Egbert Wenzel: op. cit., S. 21.

[45] Peter Gädeke: Informationsfreiheit. – In: Peter Schiwy & Walter J. Schütz (Hrsg.): Medienrecht. Lexikon für Wissenschaft und Praxis. 2. Aufl. – Neuwied, Frankfurt/M.: Luchterhand 1990. S. 140f.

[46] Vgl. Wolfgang Hoffmann-Riem: Massenmedien. – In: Ernst Benda, Werner Maihofer, Hans-Jochen Vogel (Hrsg.): Handbuch des Verfassungsrechts der Bundesrepublik Deutschland. – Berlin, New York: de Gruyter 1983, S. 403f.

[47] Vgl. M. Lepa: op. cit., S. 118.

[48] Albert Bleckmann; op. cit., S. 681.

[49] BVerfGE 20, 162 (174).

[50] Gilbert-Hanno Gornig: op. cit., S. 117.

[51] Deutsche Bischofskonferenz (Hrsg): op. cit., S. 453.

[52] Ibid., S. 454.

[53] Hans D. Jarass: Die Freiheit der Massenmedien. Zur staatlichen Einwirkung auf Presse, Rundfunk, Film und andere Medien. – Baden-Baden: Nomos 1978. S. 186.

[54] Vgl. Nathalie Sarraute: Werden wir richtig informiert? – In: Leonhard Reinisch (Hrsg.): Werden wir richtig informiert? Massenmedien und Publikum. – München: Ehrenwirth o. J. S. 31.

[55] BVerfGE 10, 118ff. (121).
[56] BVerfGE 20, 162ff. (174).
[57] Vgl. Gilbert-Hanno Gornig: op. cit., S. 119.
[58] Wilmont Haacke & Harmut Visbeck: Institutionen der Meinungsbildung. Freiheitsgarantien des Bürgers – Mächte der Öffentlichkeit. – In: Niedersächsische Landeszentrale für Politische Bildung (Hrsg.): Die Freiheit der Meinungsbildung und -äußerung. Untersuchungen zu Artikel 5,1 des Grundgesetzes für die Bundesrepublik Deutschland. – Bückeburg: Grimm 1967, S. 79.
[59] Karl-Heinz Seifert & Dieter Hömig (Hrsg.): op. cit., S. 68.
[60] Vgl. Peter Gädeke: op. cit., S. 241.
[61] Vgl. Manfred Lepa: op. cit., S. 128f.
[62] Vgl. BVerfGE 31 (327).
[63] Vgl. BVerfGE 48 (271) (278).
[64] Theodor Eschenburg: Werden wir richtig informiert? – In: Leonhard Reinisch (Hrsg.): op. cit., S. 84.
[65] Wolfgang Hoffmann-Riem: op. cit., S. 426.
[66] Hans J. Schütz: op. cit., S. 191f.
[67] Wolfgang Hoffmann-Riem: op. cit., S. 427.
[68] Hermann von Mangoldt & Friedrich Klein: op. cit., S. 246.
[69] Roman Herzog – In: MDHS, Art. 5 I, II, Rdnr. 298.
[70] Wolfgang Hoffmann-Riem: op. cit., S. 426.
[71] Hermann von Mangoldt & Friedrich Klein, S. 247.
[72] Vgl. Gilbert-Hanno Gornig: op. cit., S. 187f.
[73] Vgl. Rolf Groß: Presserecht. Einführung in Grundzüge und Schwerpunkte des deutschen Presserechts. 2. Aufl. – Wiesbaden: Deutsche Fachschriften 1987. S. 60.
[74] Gilbert-Hanno Gornig: op. cit., S. 189. (Hervorhebung von mir, C. N.)
[75] Willi Thiele: Pressefreiheit. Theorie und Wirklichkeit. – Berlin: Colloquium 1964. S. 25.
[76] Vgl. u. a. BVerfGE 73 (118) (166); Manfred Lepa: op. cit., S. 130; Karl-Heinz Seifert & Dieter Hömig (Hrsg.): op. cit., S. 70; Ulla Fölsing: Zensur. – In: Peter Schiwy & Walter J. Schütz (Hrsg.): op. cit., 406f.; Karl Egbert Wenzel: op. cit., S. 27.; Bruno Schmidt-Bleibtreu & Franz Klein: Kommentar zum Grundgesetz. 7. Aufl. – Neuwied, Frankfurt/M.: Luchterhand 1990, S. 204.
[77] Vgl. Christos Patunas: Die politische Meinungsfreiheit der Lehrer. – München: VVF 1988. S. 20.; vgl. auch Gerhard Leibholz, Hans-

Justus Rinck & Dieter Hesselberger: Grundgesetz für die Bundesrepublik Deutschland. Kommentar an Hand der Rechtsprechung des Bundesverfassungsgerichts. – 7. Aufl. – Köln: Schmidt 1993. Rdnr. 672.

[78] Vgl. Helmut K. J. Ridder: Meinungsfreiheit. – In: Franz L. Neumann, Hans Carl Nipperdey & Ulrich Scheuner (Hrsg.): Die Grundrechte. Handbuch der Theorie und Praxis der Grundrechte. – Berlin: Duncker & Humblot 1954, S. 284.

[79] Ibid., S. 285. Vgl. auch Hermann von Mangoldt & Friedrich Klein: op. cit., S. 250.

[80] Dieter Hesselberger: Das Grundgesetz. Kommentar für die politische Bildung. 9. Aufl. – Bonn: Bundeszentrale für Politische Bildung 1995, S. 92.

[81] Bruno Schmidt-Bleibtreu & Franz Klein: op. cit., S. 205.

[82] Vgl. Karl-Heinz Seifert & Dieter Hömig (Hrsg.): S. 73.

[83] Vgl. Karl Egbert Wenzel: op. cit., S. 78.

[84] BVerfGE 35, 79 (112).

[85] BVerwGE 23, 112 (120).

[86] Vgl. Manfred Lepa: op. cit., S. 138.

[87] Vgl. BVerfGE 5 (146).

[88] Hermann von Mangoldt & Friedrich Klein: op. cit., S. 264.

[89] Ulla Otto: op. cit., S. 102.

[90] Vgl. Hans J. Schütz: op. cit., S. 15.

[91] Andreas Molau: Droht eine neue Zensur? – In: NATION EUROPA, Juni 1995, S. 12.

[92] K. Volter (u. a.): Denkschrift. Betreff »Unsichtbare Zensur und geistige Freiheit« . An alle Bundestagsabgeordneten. – Stuttgart: o. V. 1959, S. 28.

[93] Hermann Meyn: Zensur im Internet? – In: JOURNALIST. Das deutsche Medienmagazin, Feb. 1996, S. 9.

[94] Vgl. Bruno Schmidt-Bleibtreu & Franz Klein: op. cit., S. 203.

[95] Hermann von Mangoldt & Friedrich Klein: op. cit., S. 249.

[96] Dieter Breuer: op. cit., S. 239.

[97] Hans J. Schütz: op. cit., S. 24.

[98] Dieter Breuer: op. cit., S. 239.

[99] Hans J. Schütz: op. cit., S. 182.

[100] Kurt Ziesel: Die Pressefreiheit in der Demokratie. Eine kritische Untersuchung. – München: Lehmann 1962. S. 88.

[101] Dieter Breuer: op. cit., S. 239.

[102] Vgl. Bundesprüfstelle für jugendgefährdende Schriften (Hrsg.): Die Bundesprüfstelle für jugendgefährdende Schriften informiert. – Bonn: o. V. 1995. S. 27.

[103] Ibid., S. 11.

[104] DIE ZEIT v. 23.9.1988.

[105] Wilmont Haacke & Hartmut Visbeck: op. cit., S. 96.

[106] Vgl. das Vorwort in: Birgit Dankert & Lothar Zechlin (Hrsg.): Literatur vor dem Richter. Beiträge zur Literaturfreiheit und Zensur. – Baden-Baden 1988.

[107] Bundesprüfstelle für jugendgefährdende Schriften (Hrsg.): op. cit., S. 17.

[108] Brief von Rudolf Stefen an Eckhard Jesse v. 27.9.1989, S. 2. – Zitiert nach: Eckhard Jesse: Streitbare Demokratie und »Vergangenheitsbewältigung«. – In: Bundesamt für Verfassungsschutz (Hrsg.): Verfassungsschutz in der Demokratie. Beiträge aus Wissenschaft und Praxis. – Köln [et. al.]: Heymanns 1990, S. 281.

[109] Eckhard Jesse: op. cit., S. 275.

[110] Ibid., S. 276.

[111] Peter O. Chotjewitz: Die »Sympathisanten«. – In: Ingeborg Drewitz & Konrad Eilers (Hrsg.): op. cit., S. 52.

[112] BVerfGE 5, 85 (141).

[113] DER STERN v. 21.9.1995, S. 200.

[114] Vgl. Heike Becker: Die legalisierte Filmzensur. Das Verbringungsgesetz von 1961. – In: Unsere Medien – Unsere Republik. Mediengeschichte als Geschichte der Bundesrepublik Deutschland. H 4, März 1990, S. 40.

[115] Heinz Brüdigam: Der Schoß ist noch fruchtbar. Neonazistische, militaristische, nationalistische Literatur und Publizistik in der Bundesrepublik. 2. neubearb. Aufl.- Frankfurt/M. 1965. S. 286 ff.

[116] BVerfGE 7, 198 (208).

[117] Gode Hartmann: Meinungsfreiheit – ein Grundrecht der Affirmation? – In: Joachim Perels (Hrsg.): Grundrechte als Fundament der Demokratie. – Frankfurt/M.: Suhrkamp 1979, S. 105.

[118] Gerhard Leibholz, Hans-Justus Rinck, Dieter Hesselberger: op. cit., Rdnr. 71.

[119] Frede Castberg: Freedom of Speech in the West. A Comparative Study of Public Law in France, the United States and Germany. – Oslo: Universitety; London: Allen & Unwin 1960. S. 386.

[120] Vgl. Gode Hartmann: op. cit., S. 106f.

[121] BVerfGE 2 (1) 73.

[122] »Parteien, die nach ihren Zielen oder nach dem Verhalten ihrer Anhänger darauf ausgehen, die freiheitliche demokratische Grundordnung zu beeinträchtigen oder zu beseitigen oder den Bestand der Bundesrepublik Deutschland zu gefährden, sind verfassungswidrig. Über die Frage der Verfassungswidrigkeit entscheidet das Bundesverfassungsgericht.« Was die Verfassungswidrigkeit einer Partei nach sich zieht, ist vom BVerfG in den Verbotsurteilen betreffend die SRP und die KPD näher bestimmt worden: Auflösung der Partei, Verbot von Ersatzorganisationen, Verlust sämtlicher Parlamentssitze, Pfändung des Vermögens.

[123] Vgl. Gode Hartmann: op. cit., S. 107.

[124] Vgl. Frede Castberg: op. cit., S. 388.

[125] Ibid., S. 390.

[126] Ibid., S. 390. Mit »Justizstaat« ist gemeint, »daß die Rolle der Justiz gegenüber früheren Zeiten durch das Grundgesetz verstärkt worden ist«. (Gode Hartmann: op. cit., S. 102.) In Deutschland werden politische Auseinandersetzungen viel stärker als in anderen Ländern über das Recht geführt. Und zwar in dem Sinne, daß Recht als Ersatz für das Versagen von Politik vorgezogen wird. Uwe Wesel spricht in diesem Zusammenhang treffend von einem Rechts-Radikalismus besonderer Art. (Vgl. Uwe Wesel: Wieviel Unwahrheit erträgt ein Land? – in: DIE ZEIT v. 15.3.1996, S. 6.)

[127] Vgl. Jürgen Seifert: Die SPIEGEL-Affäre. – In: Georg M. Hafner, & Edmund Jacoby (Hrsg.): Die Skandale der Republik. – Hamburg: Hoffmann & Campe 1990, S. 74.

[128] NEUE ZÜRCHER ZEITUNG v. 29.10.1962. – Zitiert nach: Kurt Ziesel: Der deutsche Selbstmord, op. cit., S. 165.

[129] DIE WELTWOCHE v. 2.11.1962. – Zitiert nach Kurt Ziesel: Der deutsche Selbstmord, op. cit., S. 166.

[130] F. Fletcher zitiert nach K. Ziesel: Der deutsche Selbstmord, op. cit., S. 168.

[131] Vgl. Jürgen Seifert: Eine zackig-deutsche Staatsaktion. Der politische Hintergrund der SPIEGEL-Affäre. – In: Unsere Medien – Unsere Republik. Mediengeschichte als Geschichte der Bundesrepublik Deutschland. H 4, März 1990, S. 3.

[132] F. J. Strauß, zitiert nach Jürgen Seifert: Die SPIEGEL-Affäre. op. cit., S. 77.

[133] BVerfGE 20, 162ff. (174)

[134] Vgl. Udo Barnahl: Hornberger Schießen mit Folgen. op. cit., S. 14.

[135] Karl-Hermann Flach in der FRANKFURTER RUNDSCHAU v. 29.10.1992. – Zitiert nach: Jürgen Seifert: Die SPIEGEL-Affäre. op. cit., S. 81.

[136] Heiner Geißler, zitiert nach Bernhard Steidle (Hrsg.): Lexikon der Skandale. Sündenregister deutscher Politiker. – München: FZ 1988, S. 74.

[137] Walter Schmitt-Glaeser: op. cit., S. 148.

[138] Ibid., S. 70.

[139] Erhard Denninger: Der Schutz der Verfassung. – In: Ernst Benda, Werner Maihofer, Hans-Jochen Vogel (Hrsg.): Handbuch des Verfassungsrechts der Bundesrepublik Deutschland. – Berlin, New York: de Gruyter 1983, S. 1314.

[140] Ulrich Klug: § 88a StGB – Ein Übergriff des Gesetzgebers. Juristisches für Nichtjuristen. – In: Ingeborg Drewitz & Wolfhart Eilers (Hrsg.): Mut zur Meinung. Gegen die zensierte Freiheit. Eine Sammlung von Veröffentlichungen zum Thema Zensur und Selbstzensur. – Frankfurt/M.: Fischer 1980, S. 35.

[141] Vgl. Bundesamt für Verfassungsschutz (Hrsg.): Bundesamt für Verfassungsschutz. Aufgaben, Befugnisse, Grenzen. – Bonn: o. V. 1992, S. 17ff.

[142] Wolf-Dieter Narr: Radikalenerlaß/Berufsverbote. – In: Georg M. Hafner & Edmund Jacoby (Hrsg.): op. cit., S. 112f.

[143] *Eine* Definition der freiheitlichen demokratischen Grundordnung bietet der Verfassungsschutz an. Demnach ist sie u. a. nach folgenden Kriterien bestimmt: der Unabhängigkeit der Gerichte, dem Ausschluß jeder Gewalt- und Willkürherrschaft und den im Grundgesetz konkretisierten Menschenrechten. (Vgl. Bundesamt für Verfassungsschutz [Hrsg.]: Bundesamt für Verfasssungsschutz. op. cit., S. 11.)

[144] Wolf-Dieter Narr: op. cit., S. 114.

[145] Ingeborg Drewitz: Nachdenken über Verstörungen. Nach Verabschiedung der 14. Strafrechtsreform. – In: Ingeborg Drewitz & Wolfhart Eilers (Hrsg.): op. cit., S. 27.

[146] Ulrich Klug: op. cit., S. 37.

[147] Arnulf Rapsch: Das Berufsverbot gegen Journalisten. Zum Verhältnis von strafrechtlicher Untersagung der Berufsausübung und verfassungsrechtlicher Verwirkung der Pressefreiheit.

Masch. Diss. – Münster: Westfälische Wilhelms-Universität 1978, S. 33.

[148] Ibid., S. 34.

[149] Ibid., S. 44f.

[150] Ibid., S. 46f.

[151] Erhard Denninger: op. cit., S. 1319.

[152] Vgl. Klaus Damann: Von den Gefahren der wehrhaften Demokratie. – In: Uwe-Jens Heuer & Gerhard Riege (Hrsg.): Neues Deutschland – Neue Verfassung?! – Bonn: Pahl-Rugenstein 1992, S. 35.

[153] Vgl. den Neuentwurf einer deutschen Verfassung durch die PDS/LL. – In: Uwe-Jens Heuer & Gerhard Riege (Hrsg.): op. cit., S. 96.

[154] Udo Branahl: Prangerwirkung und Resozialisierungsschutz. Das Lebach-Urteil des Bundesverfassungsgerichts. – In: Unsere Medien – Unsere Republik. Mediengeschichte als Geschichte der Bundesrepublik Deutschland. H 6, Sep. 1990, S. 17.

[155] Vgl. hierzu auch: Claus Nordbruch: Heinrich Böll – seine Staats- und Gesellschaftskritik in seinem Prosawerk der sechziger und siebziger Jahre. – Frankfurt/M.: R. G. Fischer 1994. Hier werden insbesondere die kultur-politischen und zeitgeschichtlichen Umstände dieser Zeit beschrieben.

[156] Vgl. Hans J. Schütz: op. cit., S. 195.

[157] Luise Rinser: Geschichte einer bundesdeutschen Hexe. – In: Ingeborg Drewitz & Wolfhart Eilers (Hrsg.): op. cit., S. 179.

[158] Martin Gregor-Dellin: Am Scheideweg. Zur Absetzung eines Böll-Interviews im Bayerischen Rundfunk. – In: Ingeborg Drewitz & Wolfhart Eilers (Hrsg.): op. cit., S. 113.

[159] Ingeborg Drewitz: op. cit., S. 28.

[160] Eckhard Jesse: op. cit., S. 280.

[161] Mommsen schreibt Propyläen-Band über NS-Zeit. – in: DIE WELT, 24.7.1996, S. 10.

[162] Klaus Wagenbach: Der Traum vom Kollektiv: 1970–1973. – In: Klaus Wagenbach (Hrsg.): Wieso Bücher? Wie und mit welchen Absichten überlebt man gute Bücher, Zimmerbrände und deutsche Umgebung? Oder: Anstiften von Denken und Laune! – Berlin: Wagenbach 1994. S. 75.

[163] Klaus Wagenbach: Zensur von außen und innen: 1974–1978. – In: Klaus Wagenbach (Hrsg.): Wieso Bücher? op. cit., S. 83f.

[164] Ibid, S. 87.

[165] Vgl. Michael Haller: Recherchieren. Ein Handbuch für Journalisten. 4., überarb. Aufl. – München: Ölschläger 1991, S. 50.

[166] Und derartige gibt es zuhauf. Im Februar 1988 beispielsweise kaufte DER SPIEGEL ein angebliches Beweisstück, das eine völkerrechtsverletzende Schuld Kurt Waldheims während des Zweiten Weltkrieges belegen sollte. Und offenbar im Eifer des Gefechts gegen Waldheim, bemerkten die übereiligen Redakteure nicht, einer Fälschung aufgesessen zu sein. In ihrer Blindheit widmeten sie Waldheim sogar das Titelblatt (Heft 5/1988) und bliesen zur Diffamierungskampagne gegen den damaligen UN-Präsidenten. Das angeblich authentische Dokument, ein von Leutnant Waldheim unterschriebenes Telegramm, erwies sich aufgrund eines vom STERN in Auftrag gegebenen Gutachtens als plumpe Fälschung eines dubiosen Geschäftemachers in Zagreb.

[167] Rolf Kosiek: Historikerstreit und Geschichtsrevision. 2., erw. Aufl. – Tübingen: Grabert 1988, S. 71.

[168] Michael Behrens & Robert von Rimscha; »Politische Korrektheit« in Deutschland. Eine Gefahr für die Demokratie. – 2., erw. u. durchges. Aufl. – Bonn: Bouvier 1995, S. 24.

[169] Günter Zehm in DIE WELT v. 24.11.1986. – Zitiert nach: Rolf Kosiek: op. cit., S. 136f.

[170] Zitiert nach: DAS FREIE FORUM, 1/1995, S. 8.

[171] STUTTGARTER ZEITUNG v. 24.4.1995.

[172] Vgl. Lutz Tillmanns: Zwischen staatlichen Eingriffen und Selbstkritik. – In: Deutscher Presserat (Hrsg.): Jahrbuch 1994. – Bonn: 1995, S. 14.

[173] Linke Zeitschrift »radikal« zerschlagen. – In: SÜDDEUTSCHE ZEITUNG v. 28.11.1996, S. 5.

[174] Zitiert nach: Michael Behrens & Robert von Rimscha: op. cit., S. 101.

[175] Vgl. DAS FREIE FORUM, H 1/95, S. 11f.

[176] Eckhard Jesse: op. cit., S. 290.

[177] Henryk M. Broder: Die nützlichen Idioten. [Rezension zu Michael Wolffsohns »Die Deutschland-Akte«]. – In: DER SPIEGEL v. 25.9.1995, S. 83ff.

[178] Eckhard Jesse: op. cit., S. 289.

[179] Ibid., S. 289. Wir greifen an dieser Stelle Jesses Hinweis in seiner Fußnote 143 gern auf: Der Fall Stäglich ist in wesentlichen Teilen

dokumentiert in dem Werk von Stäglichs Verleger: Wigbert Grabert (Hrsg.): Geschichtsbetrachtung als Wagnis. Eine Dokumentation. – Tübingen: Grabert 1984.

180 Herbert Kempa in einem Leserbrief in DIE WELT v. 4.11.1994, S. 7.

181 Vgl. Bundesprüfstelle für jugendgefährdende Schriften informiert (Hrsg.): op. cit., S. 21.

182 Human Rights Watch: Human Rights Watch World Report 1995. Events of 1994. – New York [et. al.] 1995. S. 209.

183 Zitiert nach: NATION EUROPA, H 5/1996, S. 36.

184 Zitiert nach: JUNGE FREIHEIT v. 16.12.1994, S. 16.

185 Vgl. Max Güdes: Die Verwirrung unseres Staatsschutzrechtes. – In: Max Güdes (u. a.): Zur Verfassung unserer Demokratie, 1978. S. 28.

186 Vgl. hierzu auch: Claus Nordbruch: Über die Pflicht. Eine Analyse des Werkes von Siegfried Lenz. – Hildesheim: Olms 1996. Vor allem das vierte Kapitel und hier besonders S. 156–160.

187 Vgl. BVerwG 1 B 49.84.

188 Vgl. Stellungnahme der Bundesrepublik Deutschland gegenüber dem Sonderberichterstatter zum Recht auf freie Meinungsäußerung. (Stand 11.9.1994), S. 21f.

189 Dr. Ludwig (Stiftung für ehemalige politische Häftlinge) in einem Brief an den Autor v. 29.2.1996, S. 1.

190 Roman Herzog in: Maunz [et al.], Rdnr. 65.

191 Harald Neubauer: Meinungsmanipulation ohne Ende? – In: NATION EUROPA, April 1995, S. 46.

192 Vgl. ibid., S. 46f.

193 Michael Behrens & Robert von Rimscha: op. cit., S. 121.

194 Vgl. Rolf Groß: op. cit., S. 76.

195 Vgl. ibid., S. 78.

196 Vgl. ibid., S. 80.

197 Vgl. Helmut H. Diederichs: Konzentrationstendenzen in der deutschen Tagespresse. – In: Ottheinrich Hestermann (Hrsg.): op. cit., S. 74.

198 Vgl. Kurt Koszyk: Das Ende der Vielfalt. Monopolisierungs-Tendenzen auf dem Pressemarkt. – In: Unser Medien – Unsere Republik, H 5, Juni 1990, S. 18.

199 Vgl. Ulrike Kaiser (Referentin für Öffentlichkeitsarbeit der Redaktion des JOURNALIST) in einem Brief an den Autor v. 22.3.1996, S. 1f.

[200] Alexandra Bartschat (Deutscher Journalisten-Verband) in einem Brief an den Autor v. 1.2.1996, S. 1f.

[201] Klaus J. Groth: Die Diktatur der Guten. Political Correctness. – München: Herbig 1996, S. 68.

[202] Günter Rohrmoser: Die Schlachten von gestern im Kopf. – In: RHEINISCHER MERKUR v. 12.5.1995, S. 19.

[203] Vgl. Rolf Groß: op. cit., S. 71.

[204] Eric F. Sidler: Mein geliebtes Deutschland. Kritische Reflexionen eines Gastarbeiters. 2. Aufl. – Frankfurt/M.: Barker 1996, S. 151.

[205] Vgl. Hermann Boventer: Vorsicht vor bissigen Hunden. – In: RHEINISCHER MERKUR v. 28.5.1993, S. 17.

[206] Vgl. Bundesamt für Verfassungsschutz (Hrsg.): op. cit., S. 34.

[207] Vgl. Kuno Kruse & Sabine Rückert: Gegendarstellung. – In: DIE ZEIT v. 6.5.1994, S. 12.

[208] Interessant dürften an dieser Stelle Vergleichsmöglichkeiten zu den Arbeitsauffassungen anderer Länder sein. Wir wollen aus diesem Grunde den Ehrenkodex für die österreichische Presse niemandem vorenthalten. Fassen wir die fünf Grundsätze zusammen:

- »Gewissenhaftigkeit und Korrektheit in Recherche und Bericht als oberste Verpflichtung des Journalisten;
- Unzulässigkeit einer Einflußnahme Außenstehender auf Inhalt und Form der Information; Verbot der Geschenkannahme;
- Verpflichtung zur Abwägung zwischen öffentlichen Informationsinteressen und Interessen eines Betroffenen bei Berichten über die Intimsphäre; Verpflichtung zur Abkürzung des Familiennamens bei einer Berichterstattung über jugendliche Straftäter
- Verbot persönlicher Diffamierungen, Verunglimpfungen und Verspottungen, wobei die Unzulässigkeit von Pauschalverdächtigungen und Pauschalverunglimpfungen sowie jeder Diskriminierung aus rassischen, religiösen, nationalen oder sonstigen Beweggründen besonders unterstrichen wird
- Unzulässigkeit von Veröffentlichungen, die ›mit der Angst spekulieren, um daraus ein Geschäft zu machen‹.«

(Walter Berka, Das Recht der Massenmedien. Ein Lehr- und Handbuch für Studium und Praxis. – Wien [et. al.]: Böhlau 1989, S. 48.)

[209] Kurt Ziesel: Die Pressefreiheit in der Demokratie. op. cit., S. 82f.

[210] Vgl. Schuß ins Knie. – In: DER SPIEGEL H 41/1979, S. 135.

[211] Die Medien müssen Fehler aufdecken. – In: ABENDZEITUNG v. 15.10.1993, S. 7.
Ohne einen Enthüllungsjournalismus wären bis heute viele Skandale und Affären nicht aufgedeckt worden. Zu diesen journalistischen Erfolgen zählt ohne Zweifel beispielsweise die Aufdeckung der Telephonabhör-Affäre durch die ZEIT; den Streit um den Atomminengürtel entlang der Zonengrenze löste damals die FRANKFURTER ALLGEMEINE ZEITUNG; DER SPIEGEL bewirkte, daß Skepsis gegenüber der Arbeit und Person des damaligen Verteidigungsministers zur allgemeinen Haltung wurde. Dank recherchierender und enthüllender Journalisten konnten Skandale wie Flick, Neue Heimat, Barzel, Barschel, Parteispende, Engholm, Steuerhinterziehung und natürlich Lafontaine nicht länger unter den Tisch gekehrt werden. Es würde deshalb der Wirklichkeit und Wahrhaftigkeit widersprechen, unterschlüge man auch spektakuläre Erfolge journalistischer Arbeit in Deutschland.

[212] Hunde an die Leine. – In: DER SPIEGEL v. 4.7.1994, S. 104.

[213] Vgl. Lutz Tillmanns: op. cit., S. 15.

[214] Hunde an die Leine. op. cit., S. 104.

[215] Kurt Ziesel: Die Pressefreiheit in der Demokratie. op. cit., S. 51.

[216] Vgl. Wilmont Haacke: op. cit., S. 80.

[217] Vgl. Wolfgang Hoffmann-Riem: op. cit., S. 406.

[218] Heinz Scholl: Die Scheindemokratie. – Euskirchen: Verlag für zeitgenössische Dokumentation 1975, S. 44.

[219] Wilmont Haacke: op. cit., S. 88.

[220] Bruno Schmidt-Bleibtreu & Franz Klein: op. cit., S. 201.

[221] Der Ehrenvorsitzende der CDU/CSU, Alfred Dregger, in einem Brief an den Autor v. 5.3.1996, S. 1.

[222] Michael Haller gibt in seiner Einführung zum methodischen Recherchieren die Regel: »Es sollten möglichst alle (Personen, Gruppen, Lager, Parteien), die mit den Geschehnissen direkt zu tun haben oder hatten, befragt werden.« (Michael Haller: op. cit., S. 30.)

[223] Eric F. Sidler: op. cit., S. 32.

[224] Medienrechtler wollen Journalisten disziplinieren. – In: DER SPIEGEL v. 8.10.1990, S. 116.

[225] Gisela Marx: Eine Zensur findet nicht statt. Vom Anspruch und Elend des Fernseh-Journalismus. – Reinbek: Rowohlt 1988. S. 52.

[226] Wolfgang Schäuble im Vorwort zu: Bundesamt für Verfassungsschutz (Hrsg.): Verfassungsschutz in der Demokratie. Beiträge aus Wissenschaft und Praxis. – Köln [et. al.]: Heymanns 1990. S. V.

[227] Vgl. Manfred Kanther im Vorwort zu: Bundesministerium des Innern (Hrsg.): Verfassungsschutzbericht 1993. – Bonn 1994, S. 3. Vgl. auch ibid., Bundesministerium des Innern (Hrsg.): Verfassungsschutzbericht 1994. – Bonn 1995, S. 3.

[228] Vgl. ibid., S. 3.

[229] Bundesministerium des Innern (Hrsg.): Verfassungsschutzbericht 1993. op. cit., S. 13.

[230] Ibid., S. 14.

[231] Ibid., S. 27.

[232] Apropos »PDS«: Gerhard Detlefs macht darauf aufmerksam, daß sich die SED, die u. a. die DKP mit einigen zig Millionen Mark unterstützt hatte, »aus ebenso rein opportunistischen wie dekorativen Gründen in PDS, dem Anagramm der SPD, umgetauft hat«. (Gerhard Detlefs: Die Pervertierung der Meinungsfreiheit. Der Schleichweg in die Gesinnungsdiktatur. – Tübingen: Hohenrain 1995, S. 50.)

[233] Der DKP angeschlossen bzw. ihr nahestehend und von der DKP beeinflußt bzw. infiltriert sind u. a. die »Deutsche Friedensunion« (DFU), die »Vereinigung der Verfolgten des Nazi-Regimes/Bund der Antifaschisten« (VVN/BdA), die »Deutsche Friedensgesellschaft/Vereinigte Kriegsgegner« (DFG/VK), die »Demokratische Fraueninitiative« (DFI), die »Naturfreundejugend Deutschlands« (NFJD), der »Regionalausschuß der Christlichen Friedenskonferenz«, der »Presseausschuß Demokratische Initiative« (PDI) und das »Komitee für Frieden, Abrüstung und Zusammenarbeit« (KFAZ). Für unsere Studie interessant ist die »Arbeitsgemeinschaft sozialistischer und demokratischer Verleger«, der rund 20 Verlage und doppelt so viele »collectiv-Buchhandlungen« angehören. Unter diesen finden sich u. a. der Verlag Marxistische Blätter, der Plambeck Verlag, Pahl-Rugenstein Verlag, Röderberg Verlag, Weltkreis Verlag und Brücke Verlag. In allen Organisationen arbeiten immer auch Nichtkommunisten mit, deren Einfluß meist gering und nur selten spürbar sei und die in der Regel lediglich als demokratisches Feigenblatt dienen würden. (Peter Meier-Bergfeld: Die Bündnispolitik der Deutschen Kommunistischen Partei. – In: Bundesministerium des Innern [Hrsg.]:

Verfassungsschutz und Rechtsstaat. Beiträge aus Wissenschaft und Praxis. – Köln [et. al.]: Heymanns 1981. S. 275.)

[234] Bundesministerium des Innern (Hrsg.): Verfassungsschutzbericht 1993. op. cit., S. 76f.

[235] Ibid., S. 77.

[236] Ibid., S. 96.

[237] Ibid., S. 97f.

[238] Ibid., S. 98.

[239] Dieter Breuer: op. cit., S. 254.

[240] Vgl. Gerhard Boeden: Vierzig Jahre Verfassungsschutz. – In: Bundesamt für Verfassungsschutz (Hrsg.): Verfassungsschutz in der Demokratie. Beiträge aus Wissenschaft und Praxis. – Köln [et. al.]: Heymanns 1990., S. 12.

[241] Friedrich Karl Fromme: op. cit., S. 192.

[242] Ibid., S. 197.

[243] UNABHÄNGIGE NACHRICHTEN, H 11/79, S. 12.

[244] Friedrich Karl Fromme: op. cit., S. 197.

[245] Vgl. Bernhard Steidle: op. cit., S. 228.

[246] Human Rights Watch: Human Rights Watch World Report 1994. Events of 1993. – New York [et. al.] 1994. S. 218.

[247] Human Rights Watch: Human Rights Watch World Report 1995. op. cit., S. 209.

[248] Human Rights Watch: Human Rights Watch World Report 1996. Events of 1995. – New York [et. al.] 1996. S. 219.

[249] Human Rights Watch: Germany for Germans. Xenophobia and Racist Violence in Germany. – New York: Human Rights Watch 1995, S. 70.

[250] Hans Albert Glaser in DIE ZEIT v. 23.9.1988.

[251] Wolfram Schütte in FRANKFURTER RUNDSCHAU v. 30.8.1976.

[252] Vgl. Hans J. Schütz: op. cit., S. 199.

[253] Vgl. Hans J. Schütz, op. cit.. Schütz dokumentiert auf S. 200 eine kleine Liste von Beschlagnahmen und Durchsuchungen mit Daten und Ort.

[254] Klaus Damman: op. cit., S. 34.

[255] Otto Graf Lambsdorff: Deutschlands neue Denkverbote. – In: FRANKFURTER ALLGEMEINE ZEITUNG v. 2.8.1995, S. 10.

[256] Gerhard Boeden: op. cit., S. 3.

[257] Eckhard Jesse: op. cit., S. 259.

[258] Helmut Schmidt im Geleitwort zu: Bundesministerium des

Innern (Hrsg.): Verfassungsschutz und Rechtsstaat. op. cit., S. V.

259 Gerhart Rudolf Baum im Vorwort zu: Bundesministerium des Innern (Hrsg.): Verfassungsschutz und Rechtsstaat. op. cit., S. VII.

260 DER SPIEGEL v. 12.2.1996, S. 18.

261 Joachim Wagner: Verfassungsschutz und Öffentlichkeit. – In: Bundesamt für Verfassungsschutz (Hrsg.): Verfassungsschutz in der Demokratie. op. cit., S. 206.

262 Ibid., S. 206.

263 Zitiert nach Klaus J. Groth: op. cit., S. 88.

264 Philipp Jenninger: Die Opfer wissen, was der November 1938 für sie zu bedeuten hatte. – In: FRANKFURTER ALLGEMEINE ZEITUNG v. 11.11.1988.

265 Vgl. Michael Behrens & Robert von Rimscha: op. cit., S. 30.

266 Gerhard Detlefs: op. cit., S. 84.

267 Michael Behrens & Robert von Rimscha: op. cit., S. 132.

268 Harry M. Bracken: Freedom of Speech. Words Are Not Deeds. – Westport, Connecticut; London: Praeger 1994. S. 94.

269 Ein Lügengespinst. – In: DER SPIEGEL, H 28/1994, S. 162.

270 Klaus J. Groth: op. cit., S. 9.

271 Mathias Matussek, zitiert nach Klaus J. Groth: op. cit., S. 13.

272 Zitiert nach: NATION EUROPA, Februar 1996, S. 10.

273 Hans-Adolf Jacobsen in einem Telefaxschreiben an den Autor v. 11.2.1996, S. 1.

274 Gerd-Klaus Kaltenbrunner (Hrsg.): op. cit., S. 9.

275 Steffen Heitmann: Dieses Scham- und Schuldsyndrom ist unaufrichtig. – In: RHEINISCHER MERKUR v. 5.5.1995, S. 32.

276 Vgl. Wilmont Haacke & Hartmut Visbeck: op. cit., S. 48.

277 Vgl. Verlautbarung der Pressestelle des Bundesverfassungsgerichts Nr. 45/1995, S. 2.

278 Der Redakteur der KÖLNER ZEITSCHRIFT FÜR SOZIOLOGIE UND SOZIALPSYCHOLOGIE, Heine von Alemann, in einem Telefaxschreiben an den Autor v. 29.4.1996, S. 1.

279 Der Regierungsdirektor an der Bayerischen Staatskanzlei, Zimmerer, in einem Brief an den Autor v. 22.3.1996, S. 2f.

280 Eine entsprechende demoskopische Untersuchung wurde im November 1994 vom Institut Allensbach durchgeführt.

281 Hans-Dietrich Genscher, zitiert nach: Michael Behrens & Robert von Rimscha: op. cit., S. 141.

[282] Vgl. Martin Walser: Über Deutschland reden. – Frankfurt/M.: Suhrkamp 1988, S. 90.

[283] Rolf Kosiek: op. cit., S. 108.

[284] Erfahrungen eines dreifachen Deserteurs. Helmut Fitz im Gespräch mit Gerhard Zwerenz. – In: FRANKFURTER RUNDSCHAU v. 14.8.1990. S. 8.

[285] Wolfgang Bittner an den Autor in einem Schreiben v. 5.3.1996, S. 1.

[286] Abu Hussain: Meinungsfreiheit oder Massenbeleidigung. »Die Satanischen Verse« Symbol der westlichen Literatur? Eine kritische Analyse aus der Perspektive der betroffenen Muslime. – Innsbruck: Inn 1989. S. 25.

[287] Vgl. ibid., S. 28.

[288] Ibid., S. 41.

[289] Ibid., S. 42.

[290] Martin Rethmeier in einem Schreiben an den Autor vom 21.2.1997, S. 1.

[291] Hans-Gerd Jaschke, zitiert nach: Klaus J. Groth: op. cit., S. 53.

[292] Zitiert nach: Petra Wernicke: Was Deutschen droht, die »falschen« Geburtstag haben. – In: NATION EUROPA, H 3/96, S. 6.

[293] Gerhard Glogowski, zitiert nach: Klaus J. Groth: op. cit., S. 46.

[294] Klaus J. Groth: op. cit., S. 44.

[295] Codename Schneewittchen. – In: DER SPIEGEL v. 25.9.1995, S. 104f.

[296] Nach Fertigstellung des Manuskripts zu vorliegendem Buch, zeichnete es sich im August 1997 doch ab, daß die Scientology Church – obgleich aus anderen Gründen – künftig durch den Verfassungsschutz überwacht werden wird.

[297] Wolfgang Wippermann: Von Rassinier bis Leuchter. Zur Genese und Funktion der Auschwitzlüge. – In: SLEIPNIR. Zeitschrift für Kultur, Geschichte und Politik. H 6/1995, S. 24ff.

[298] Annelie Buntenbach: Rechts und Ordnung. – In: WEIBBLICK. Informationsblatt von Frauen für Frauen, H. 21, 4/1995, S. 9.

[299] Zitiert nach NATION EUROPA, H 11–12/1995, S. 34.

[300] Zitiert nach Michael Behrens & Robert von Rimscha: op. cit., S. 122.

[301] Roland Bubik: Linker Terror gegen die JF. – In: JUNGE FREIHEIT v. 9.12.1994, S. 4.

[302] U. a. setzten ihren Namen unter die Proklamation: Rainer Zitelmann, Klaus Rainer Röhl, Alfred Mechtersheimer, Alfred Dreg-

ger, Heinrich Lummer, Peter Gauweiler, Alexander von Stahl, Friedrich Zimmermann und Hans Apel, der auf Drängen seiner Partei zwei Tage später seine Unterschrift allerdings wieder zurückzog. Schließlich könne man nicht mit Vertretern der »Neuen Rechten«, hierbei sind Vertreter nationalliberal-konservativer Denkrichtungen gemeint, gemeinsame Sache machen.

303 Vgl. Klaus J. Groth: op. cit., S. 113.

304 Martin Walser: Über Deutschland reden. op. cit., S. 87.

305 Jürgen Seifert: Der Lauschangriff als Erhebung personenbezogener Daten. – In: Harald Hohmann (Hrsg.): Freiheitssicherung durch Datenschutz. – Frankfurt/M.: Suhrkamp 1987. S. 261.

306 Ibid., S. 263.

307 Bundesamt für Verfassungsschutz (Hrsg.): Bundesamt für Verfassungsschutz. op. cit., S. 3.

308 Eggert Schwan: Auf dem Weg zum Überwachungsstaat? Plädoyer für eine rechtsstaatliche Datenverarbeitung der Polizei. – In: Harald Hohmann: op. cit., S. 282.

309 Horst Herold, zitiert in: Eggert Schwan: op. cit., S. 277.

310 Montesquieu, zitiert in: Kurt Sontheimer: Die Idee der Freiheit – ihre Entfaltung und Verkümmerung. – In: Uwe Schultz (Hrsg.): Freiheit, die sie meinen. 17 Beispiele. – Frankfurt/M: Fischer 1967. S. 11.

311 H. Riehl-Heyse: Dum-Dum-Geschosse aus der Schreibmaschine. – In: SÜDDEUTSCHE ZEITUNG v. 6./7./8. Juni 1992, Feuilleton-Beilage.

312 Vgl. Wolfgang Steinke: Technik als Unterstützung von Kraftfahrzeugfahndung. – In: KRIMINALISTIK. Zeitschrift für die gesamte kriminalistische Wissenschaft und Praxis, H 2/1978, S. 56.

313 Lothar Bossle: Die Erdrückung des Gleichgewichts in der Gewaltenteilung durch die Macht der Medien und die Renaissance des Positivismus im Verfassungsdenken. Vortrag gehalten am 20. September 1995 im Hotel Königshof in Bonn auf einer Veranstaltung des Instituts für Demokratieforschung. – [Masch. Manus.] S. 3.

314 Der Chefredakteur des WESTFALEN-BLATT, Rolf Dressler, in einem Brief an den Autor v. 5.3.1996, S. 1.

315 Kirchenkanzlei der Evangelischen Kirche in Deutschland (Hrsg.): Die Menschrechte im ökumenischen Gespräch. – Gütersloh: Mohn 1979, S. 47.

[316] Hans Doderer: Die Jagd auf das freie Wort. – In: DIE ZEIT v. 15.1.1993, S. 74.

[317] Vgl. Martin Walser: Über Deutschland reden, op. cit., S. 86.

[318] Vgl. Theodor Eschenburg: Werden wir richtig informiert? op. cit., S. 84f.

[319] Der ehemalige Generalbundesanwalt Kurt Rebmann in einem Schreiben an den Autor, v. 5.2.1996, S. 1.

[320] Ulla Fölsing: op. cit., S. 409.

[321] Der Intendant des Westdeutschen Rundfunks, Fritz Pleitgen, in einem Schreiben an den Autor v. 16.4.1996, S. 2.

[322] Gode Hartmann: op. cit., S. 109.

[323] Zitiert nach Petra Wernicke: Zensur und Willkür. – In: NATION EUROPA, Mai 1996, S. 17.

[324] Ulla Otto: op. cit., S. 123.

[325] Michael Kienzle & Dirk Mende: Zensur in der BRD, o. O. u. o. V. 1980.

[326] Martin Walser: Über freie und unfreie Rede. – In: DER SPIEGEL v. 7.11.1994, S. 130.

[327] Michael Oelmann & Dieter Stein: Die korrekte Nation. – In: JUNGE FREIHEIT v. 19.4.1996, S. 1.

[328] Siehe: BÖRSENBLATT DES DEUTSCHEN BUCHHANDELS v. 19.10.1979.

[329] Vgl. Ingeborg Drewitz & Wolfhart Eilers (Hrsg.): op. cit., S. 11. [Vorwort]

[330] Martin Pfeiffer (Hrsg.): Auftrag Grundgesetz. Wirklichkeit und Perspektiven. – Stuttgart: Quell 1989. S. 146f.

[331] Gode Hartmann: op. cit., S. 96.

[332] Ibid., S. 111.

[333] Vgl. Wolfgang Bittner: Zwanzig Thesen zum heutigen Kulturbetrieb. – In: KULTUR & KUNST, H 1/1994, S. 4.

[334] Der Parteivorstand der PDS, André Brie, in einem Brief an den Autor v. 1.2.1996, S. 1.

Abkürzungsverzeichnis

ANS	Aktionsfront Nationaler Sozialisten
APO	Außerparlamentarische Opposition
Art.	Artikel
BfV	Bundesamt für Verfassungsschutz
BND	Bundesnachrichtendienst
BPjS	Bundesprüfstelle für jugendgefährdende Schriften
BRD	Bundesrepublik Deutschland
BVerfG	Bundesverfassungsgericht
BVerGE	Entscheidungen des Bundesverfassungsgerichts
BVerwG	Bundesverwaltungsgericht
BVerwGE	Entscheidungen des Bundesverwaltungsgerichts
CDU	Christlich-Demokratische Union
CSU	Christlich-Soziale Union
DA	Deutsche Alternative
DDR	Deutsche Demokratische Republik
DKP	Deutsche Kommunistische Partei
DVU	Deutsche Volksunion
EMRK	Europäische Menschenrechtskonvention
FAP	Freiheitliche Deutsche Arbeiterpartei
FDJ	Freie Deutsche Jugend
FDP	Freie Demokratische Partei
FPÖ	Freiheitliche Partei Österreichs
FS	Fernsehen
FSK	Freiwillige Selbstkontrolle des Films
Gestapo	Geheime Staatspolizei

GG	Grundgesetz
HRW	Human Rights Watch
KPD	Kommunistische Partei Deutschlands
KSZE	Konferenz über Sicherheit und Zusammenarbeit in Europa (Helsinki 1975)
MAD	Militärischer Abschirmdienst
MLPD	Marxistisch-Leninistische Partei Deutschlands
MfS	Ministerium für Staatssicherheit
NF	Nationalistische Front
NL	Nationale Liste
NPD	Nationaldemokratische Partei Deutschlands
NSDAP	Nationalsozialistische Deutsche Arbeiterpartei
PDS	Partei des Demokratischen Sozialismus
RAF	Rote Armee Fraktion
Rdnr.	Randnummer
REP	Die Republikaner
SBZ	Sowjetische Besatzungszone
SED	Sozialistische Einheitspartei Deutschlands
SPD	Sozialdemokratische Partei Deutschlands
SRP	Sozialistische Reichspartei
VSP	Vereinigte Sozialistische Partei
VVN	Verfolgte des Naziregimes
WSG	Wehrsportgruppe Hoffmann

Personenregister

A
Abendroth, Wolfgang 84
Adenauer, Konrad 132
Ahlers, Conrad 91
Allen, Bruce 247
Anaxagoras 23
Andersch, Alfred 72
Auersperg, Anton Graf von 20

B
Baader, Andreas 108
Balde, Jakob 29
Baum, Gerhart Rudolf 177, 248
Baumann, Bommi 109
Becher, Johannes R. 32
Beck, Volker 138
Becker, Hans Detlev 91
Benoist, Alain de 246
Biermann, Wolf 110
Boccaccio, Giovanni 26
Bodin, Jean 26
Boeden, Gerhard 171
Böhme, Jacob 29
Böll, Heinrich 19, 108 f.
Boventer, Hermann 152
Brandt, Willy 100, 204
Breuer, Dieter 70
Bronnen, Arnolt 34
Bruno, Giordano 28
Buback, Siegfried 95
Büchner, Georg 20, 30
Buntenbach, Annelie 138
Butz, Arthur R. Prof. 111, 221

C
Calvin, Johannes 28
Castberg, Frede 88
Chi Huang Ti 23
Chotjewitz, Peter O. 81, 110
Contzen, Adam 29
Cranmer, Thomas 26

D
Damman, Klaus 175
Danker, Birgit 79
Dante, Alighieri 26
Deckert, Günter 129
Deist, Wilhelm 137
Diokletian 24
Diwald, Hellmut 111
Drechsel, Sammy 34
Drewitz, Ingeborg 101, 249
Duerr, Hans Peter 188 f.
Duve, Freimut 120

E
Ebert, Friedrich 74
Ehmke, Horst 95
Eilers, Wolfhart 249

Einstein, Carl 32
Erasmus, Desiderius von Rotterdam 26
Eschenburg, Theodor 39, 55, 237

F

Feinaug, Johannes 29
Feldmann, Olaf 208
Fest, Joachim 121
Filbinger, Hans 255
Flach, Karl Herrmann 95
Franz, Georg 140
Fricke, Marianne 242
Fried, Erich 110
Friedrich II. von Preußen 29

G

Gauss, Ernst 142
Geißler, Heiner 96
Genet, Jean 83
Genscher, Hans-Dietrich 201
Glogowski, Gerhard 216
Goebbels, Dr. Joseph 33
Goethe, Johann Wolfgang von 29, 36
Gornig, Gilbert-Hanno 45
Graml, Hermann 140
Grass, Günter 83
Gregor-Dellin, Martin 109
Grillparzer, Franz 20
Groß, Rolf 150
Grosz, George 32
Groth, Klaus J. 226, 263
Güdes, Max 136
Gutzkow, Karl (Carl) 21, 30

H

Habermas, Jürgen 120 f., 125, 260
Haffner, Sebastian 39
Haider, Jörg 246
Haller, Michael 117
Harlan, Veit 85
Harsdörffer, Georg Philipp 29
Hartmann, Gode 85
Hasek, Jaroslav 32
Hasenclever, Walter 31 f.
Hauptmann, Gerhart 31
Hegemann, Werner 32
Heidemann, Gerd 117
Heine, Heinrich 21
Heitmann, Steffen 183 f., 197, 233, 255
Hensel, Karitas 208
Herold, Horst 229
Herrgott, Johann 29
Herzog, Roman 57, 184
Hess, Heinrich Ludwig von 29
Heydte, Friedrich August Freiherr von der 91
Hillgruber, Andreas 119
Hoffmann, Joachim 137, 138, 139, 233
Hoffmann-Riem, Wolfgang 50, 56 f.
Hoggan, David 220
Höhn, Charlotte 185 f., 233
Holtei, Karl von 30
Honecker, Erich 90
Huber, Antje 80, 265
Hubmayer, Balthasar 29
Huß, Johannes 25 f.

I

Innozenz VIII., Papst 25
Irving, David 116 ff., 122, 233, 246

J
Jäckel, Eberhard 116
Jacob, Joachim 232
Jacobsen, Hans-Adolf 194
Jaschke, Hans-Gerd 213
Jenninger, Philipp 181 f., 233, 255
Jesse, Eckhard 80, 265
Joseph II. von Österreich 29
Josephus, Flavius 26
Jüllich, Hellmuth 177

K
Kaltenbrunner, Gerd-Klaus 195
Kanther, Manfred 166
Karl. V., Kaiser 28
Kern, Erich 83
Kienzle, Michael 242
Kiesbauer, Arabella 193
Kleist, Heinrich von 29
Klinger, Friedrich Maximilian 30
Klug, Ulrich 88, 99, 101
Knigge, Adolph Freiherr von 29
Koch, Peter 118
Konfuzius 23
Kopp, Detlev 209 f.
Kosiek, Rolf 204
Kraus, Karl 32
Kuhlmann, Quirin 29
Kujau, Konrad 117 f.

L
Lafontaine, Oskar 155 ff.
Lambsdorff, Otto Graf 175
Lask, Berta 32
Laube, Heinrich 21
Lessing, Gotthold Ephraim 29
Lummer, Heinrich 208
Lüth, Erich 85

M
Machiavelli, Nicolò 26
Mann, Heinrich 83
Mann, Klaus 83
Marquardt, Angela 222
Martin, Alfred 91
Marx, Gisela 163
Marx, Karl 66, 147
Masereel, Franz 32
Mayer, Arno 116
Max Joseph von Bayern 29
Mechtersheimer, Alfred 225
Meier, Horst 136
Meinhof, Ulrike 112, 114
Melanchthon 26
Mende, Dirk 242
Menzel, Josef Joachim 44
Messerschmidt, Manfred 137
Metternich, Klemens Fürst von 19, 22, 30, 237
Miller, Henry 83, 116
Monssen-Engberding, Elke 67
Montaigne, Michel de 26
Mundt, Theodor 21

N
Nachmann, Werner 165
Nestroy, Johann 20
Neubauer, Harald 147
Neven Du Mont, Reinhold 208
Niegel, Lorenz 81, 265
Niemann, Viktor 129
Nipperdey, Thomas 120
Noelle-Neumann, Elisabeth 266
Nolte, Ernst 119 ff., 124 f., 236, 260

O
Ockham, William von 26
Oeller, Helmut 109

Oster, Achim 92
Ovidius, Naso Publius 26

P
Panizza, Oskar 31
Paul IV., Papst 27
Pieche, Lothar 164
Protagoras 23

R
Rabelais, François 26
Rapsch, Arnulf 102 f.
Rebmann, Kurt 237
Rethmeier, Martin 211 f.
Reuter, Christian 29
Richter, Hans Werner 73
Ridder, Helmut 59
Rieger, Jürgen 247
Riehl-Heyse, Herbert 231
Riester, Christian 129
Rinser, Luise 109 f.
Rössel, Uwe-Jens 82
Rousseau, Jean Jacques 43
Rudel, Hans-Ulrich 84
Rushdie, Salman 206

S
Sachs, Hans 29
Sacks, John 129
Savonarola, Girolamo 25 f.
Scheffler, Johann 29
Schickel, Alfred 247
Schiller, Friedrich 29
Schimmel, Annemarie 247
Schmid, Carlo 39
Schmidt, Felix 118
Schmidt, Helmut 91, 95, 176
Schmidt, Ulla 193
Schmidt-Jortzig, Edzard 136
Schmitt-Glaeser, Walter 97
Schubart, Christian Friedrich Daniel 29
Schultze-Rohn, Gerd 201
Schütz, Klaus 45, 97
Schwenckfeld, Kaspar 29
Seligmann, Rafael 226
Servet, Philipp Michael 26, 28
Singer, Peter 245
Skorzerny, Otto 84
Sontheimer, Kurt 115
Soratoi, Erwin 126
Stäglich, Wilhelm 133 f., 145, 233
Stefen, Rudolf 80 f.
Steidle, Bernhard 172
Sternheim, Carl 31
Stoiber, Edmund 199
Strauß, Franz Josef 90, 92, 94, 95
Strauß, Herbert 124
Stürmer, Michael 119
Sudermann, Hermann 31
Swainton, John 159

T
Thiele, Willi 58
Thoma, Ludwig 31
Tucholsky, Kurt 32
Tyndale, William 26

V
Vogel, Wolfgang 29
Vogt, Dorothea 106
Voltaire, Arouet de 16, 225

W
Wagenbach, Klaus 112 ff., 126, 145, 223

Wagner, Joachim 179
Walendy, Udo 139, 140, 145, 233
Wallraff, Günter 110
Walser, Martin 11, 236, 244, 262
Wassermann, Rudolf 39
Wedekind, Frank 31
Wehner, Herbert 80, 91, 264 f.
Weißmann, Karlheinz 111
Weizsäcker, Richard von 99, 233, 255
Werthebach, Eckart 236
Wienbarg, Ludolph 21
Willms, Bernhard 122
Wippermann, Wolfgang 220 f.
Wörner, Manfred 245
Wyclif, John 24

Z

Zechlin, Lothar 79
Ziel, Alwin 222
Ziesel, Kurt 34, 71, 159, 264
Zimmer, Dieter E. 195, 262
Zwerenz, Gerhard 116, 205
Zwingli, Ulrich 26 f.

Sachregister

A
Allgemeine Erklärung der Menschenrechte 36
Alliierter Kontrollrat 71
Anerkennung der Alleinkriegsschuld 39
Appell der 100 145

B
Berufsverbote 102 f. 105 f.
BPjS 76 f. 80, 135, 140 ff.
Bücherrevisionsämter 20
Bundesamt für Verfassungsschutz 98
Bundesprüfstelle für jugendgefährdende Schriften (BPjS) 67, 75, 79, 264
Bundesverfassungsgericht (BVerfG) 41, 108, 141, 199
Bundesverwaltungsgericht (BVerwG) 88, 140

D
Direktive JCS 1067 70

F
Forschung 60 f.
Frankfurter Dokumente 38
Freiwillige Selbstkontrolle des Films (FSK) 77
Friends of Freedom of Speech 250

G
Gesetz gegen die gemeingefährlichen Bestrebungen der Sozialdemokratie 30
Gesetz über die Verbreitung jugendgefährdender Schriften 64
Gesetz zur Bewahrung der Jugend vor Schund- und Schmutzliteratur 32

I
Index librorum prohibitum 27
Informationsfreiheit 51 f., 130, 251
Inquisition 26, 222
Internationaler Pakt über bürgerliche und politische Rechte 37

K
Konvention des Europarates zum Schutz der Menschenrechte und Grundfreiheiten 37
Konzil von Nicäa 24
Konzil zu Konstanz 25
KSZE-Schlußakte 38
Kunst 60

L
Lehre 60, 62

M
Mainzer Informationsbureau 19, 22
Meinung 41 f., 48 f., 104, 175, 249, 252
Meinungsäußerung 45, 85
Meinungs(äußerungs)freiheit 15 f., 26, 32 f., 35 f., 40, 44, 57, 68 f., 86, 96, 136, 225, 234, 238
Meinungsbildung 42, 45
Meinungsfreiheit 12 ff., 23, 29, 33, 44, 46 f., 52, 59 f., 69, 74, 115, 139, 145, 149, 157, 162, 199, 209, 225, 243, 245, 250 ff., 263

O
Öffentliche Meinung 43, 54, 147, 240

P
Parlamentarischer Rat 38 f.
Political Correctness 26, 126, 150, 188, 189 f., 194, 197, 254, 260, 263, 265
Pressefreiheit 27, 53 f., 150 f., 153
Preußische Akademie der Künste 33

R
Radikalenerlaß 99 f., 102, 105 f., 112
Reichsschrifttumskammer 34
Reichstag zu Augsburg 28

S
Schmutz- und Schundliteratur 32
Schund- und Schmutzgesetz 64
Sibyllinische Schriften 24

V
Verfassungsschutz 99 f., 152, 164, 167, 171, 175, 177, 179, 215, 228, 236, 261
Volksverhetzung 81

W
Wissenschaft 60 f.

Z
Zensur 25, 29 ff., 33, 46, 55 ff, 65, 70, 76, 130, 187, 211, 238 f., 242 f.
Zensurbeschluß 21

Literaturverzeichnis

Avenarius, Hermann: Die Rechtsordnung der Bundesrepublik Deutschland. Eine Einführung. – Bonn: Bundeszentrale für Politische Bildung 1995.

Barendt, Eric: Freedom of Speech. – Oxford: Clarendon 1985.

Bauer, Wilhelm: Die öffentliche Meinung in der Weltgeschichte. – Potsdam: o. V. 1930.

Becker, Heike: Die legalisierte Filmzensur. Das Verbringungsgesetz von 1961. – In: Unsere Medien – Unsere Republik. Mediengeschichte als Geschichte der Bundesrepublik Deutschland. H 4, März 1990. S. 39-40.

Behrens, Michael & Rimscha, Robert von: »Politische Korrektheit« in Deutschland. Eine Gefahr für die Demokratie. – 2., erw. u. durchges. Aufl. – Bonn: Bouvier 1995.

Bei der Recherche sind Tricks und unlautere Methoden untersagt. – In: FRANKFURTER RUNDSCHAU v. 26.3.1990, S. 10.

Beisel, Daniel: Die Strafbarkeit der Auschwitzlüge. – In: NEUE JURISTISCHE WOCHENSCHRIFT, H 15/1995, S. 997–1001.

Beleidigung von Bundeswehrsoldaten. Die Mehrheit der Deutschen empfindet den Ausspruch »Soldaten sind Mörder« als Verunglimpfung. – In: ALLENSBACHER BERICHTE, H 1/1995, S. 1–5.

Benda, Ernst; Maihofer, Werner; Vogel, Hans-Jochen (Hrsg.): Handbuch des Verfassungsrechts der Bundesrepublik Deutschland. – Berlin, New York: de Gruyter 1983.

Berka, Walter: Das Recht der Massenmedien. Ein Lehr- und Handbuch für Studium und Praxis. – Wien [et. al.]: Böhlau 1989

Bittner, Wolfgang: Zwanzig Thesen zum heutigen Kulturbetrieb. – In: KULTUR & KUNST, H 1/1994, S. 4–5.

Bleckmann, Albert : Staatsrecht II – Die Grundrechte. 3., erw. Aufl. – Köln [et. al.]: Heymanns 1989.

Boeden, Gerhard: Vierzig Jahre Verfassungsschutz. – In: *Bundesamt für Verfassungsschutz* (Hrsg.): Verfassungsschutz in der Demo-

kratie. Beiträge aus Wissenschaft und Praxis. – Köln [et. al.]: Heymanns 1990, S. 1–25.
Bonder, Michael: Political Correctness: ein Gespenst geht um die Welt. – Frankfurt/M.: Eichborn 1995.
Bossle, Lothar: Die Erdrückung des Gleichgewichts in der Gewaltenteilung durch die Macht der Medien und die Renaissance des Positivismus im Verfassungsdenken. Vortrag gehalten am 20. September 1995 im Hotel Königshof in Bonn auf einer Veranstaltung des Instituts für Demokratieforschung. – [Masch. Manus.] S. 3–7.
Boventer, Hermann: Vorsicht vor bissigen Hunden. – In: RHEINISCHER MERKUR v. 28.5.1993, S. 17.
Bracken, Harry M., Freedom of Speech. Words Are Not Deeds. – Westport, Connecticut; London: Praeger 1994.
Branahl, Udo: Hornberger Schießen mit Folgen. Die SPIEGEL-Affäre. – In: Unsere Medien – Unsere Republik. Mediengeschichte als Geschichte der Bundesrepublik Deutschland. H 4, März 1990. S. 12–14.
ders.: Prangerwirkung und Resozialisierungsschutz. Das Lebach-Urteil des Bundesverfassungsgerichts. – In: Unsere Medien – Unsere Republik. Mediengeschichte als Geschichte der Bundesrepublik Deutschland. H 6, Sep. 1990, S. 17.
Broder, Henryk M.: Die nützlichen Idioten. [Rezension zu Michael Wolffsohns Die Deutschland-Akte]. – In: DER SPIEGEL v. 25.9.1995. S. 83–90.
Brüdigam, Heinz: Der Schoß ist noch fruchtbar. Neonazistische, militaristische, nationalistische Literatur und Publizistik in der Bundesrepublik. 2. neubearb. Aufl. – Frankfurt/M. 1965.
Bubik, Roland: Demokraten im Rückzug. – In: JUNGE FREIHEIT v. 16.12.1994, S. 14.
ders.: Linker Terror gegen die JF. – In: JUNGE FREIHEIT v. 9.12.1994, S. 4.
Buchwald, Manfred: Die Sensation als Droge. Die »Hitler-Tagebücher« . – In: *Hafner, Georg M. & Jacoby, Edmund* (Hrsg.): Die Skandale der Republik. – Hamburg: Hoffmann & Campe 1990. S. 228–231.
Bundesamt für Verfassungsschutz (Hrsg.): Bundesamt für Verfassungsschutz. Aufgaben, Befugnisse, Grenzen. – Bonn 1992.
dass.: Verfassungsschutz in der Demokratie. Beiträge aus Wissenschaft und Praxis. – Köln [et. al.]: Heymanns 1990.

Bundesministerium des Innern (Hrsg.): Verfassungsschutzbericht 1993. – Bonn 1994.

dass.: Verfassungsschutzbericht 1994. – Bonn 1995.

dass.: Verfassungsschutz und Rechtsstaat. Beiträge aus Wissenschaft und Praxis. Köln [et. al.] Heymanns 1981.

Bundesprüfstelle für jugendgefährdende Schriften (Hrsg.): Die Bundesprüfstelle für jugendgefährdende Schriften informiert. – Bonn 1995.

Bundesverfassungsgericht: Kammerbeschluß. – In: NEUE JURISTISCHE WOCHENSCHRIFT, H 45/1994, S. 2943–2944. [Soldaten sind Mörder]

dass.: Kammerbeschlüsse. – In: NEUE JURISTISCHE WOCHENSCHRIFT, H 14/1993, S. 916–917. [Strafrechtliche Bewertung der Leugnung der Judenvernichtung]

dass.: Senatsentscheidungen. – In: NEUE JURISTISCHE WOCHENSCHRIFT, H 38/1995, S. 2477–2483. [Kruzifix]

dass.: – In: NEUE JURISTISCHE WOCHENSCHRIFT, H 50/1995, S. 3303–3310. [Ehrenschutz und Meinungsfreiheit]

Buntenbach, Annelie: Rechts und Ordnung. – In: WEIBBLICK. Informationsblatt von Frauen für Frauen., H 21, 4/1995, S. 9–10.

Castberg, Frede: Freedom of Speech in the West. A Comparative Study of Public Law in France, the United States and Germany. – Oslo: Universitety; London: Allen & Unwin 1960.

Chotjewitz, Peter, O.: Die »Sympathisanten«. – In: *Drewitz, Ingeborg & Eilers, Wolfhart* (Hrsg.): Mut zur Meinung. Gegen die zensierte Freiheit. Eine Sammlung von Veröffentlichungen zum Thema Zensur und Selbstzensur. – Frankfurt/M.: Fischer 1980, S. 49–60.

Codename Schneewittchen. – In: DER SPIEGEL v. 25.9.1995, S. 104f.

Czermak, Gerhard: Der Kruzifix-Beschluß des Bundesverfassungsgerichts, seine Ursachen und seine Bedeutung. – In: NEUE JURISTISCHE WOCHENSCHRIFT, H 51/1995, S. 3348–3353.

Dahm, Volker: Das jüdische Buch im Dritten Reich. – München: o. V. 1993.

Damann, Klaus: Von den Gefahren der wehrhaften Demokratie. – In: *Uwe-Jens Heuer & Gerhard Riege* (Hrsg.): Neues Deutschland – Neue Verfassung?! – Bonn: Pahl-Rugenstein 1992. S. 34–36.

Dankert, Birgit & Zechlin, Lothar (Hrsg.): Literatur vor dem Richter. Beiträge zur Literaturfreiheit und Zensur. – Baden-Baden 1988.

Denninger, Erhard: Der Schutz der Verfassung. – In: *Benda, Ernst; Maihofer, Werner; Vogel, Hans-Jochen* (Hrsg.): Handbuch des Verfassungsrechts der Bundesrepublik Deutschland. – Berlin, New York: de Gruyter 1983, S. 1293–1327.

ders.: Freiheit der Meinung?. – In: *Pfeiffer, Martin* (Hrsg.): Auftrag Grundgesetz. Wirklichkeit und Perspektiven. – Stuttgart: Quell 1989. S. 142–151.

Der Verdacht. – In: FRANKFURTER ALLGEMEINE ZEITUNG v. 18.4.1996, S. 40.

Detlefs, Gerhard: Die Pervertierung der Meinungsfreiheit. Der Schleichweg in die Gesinnungsdiktatur. – Tübingen: Hohenrain 1995.

Deutsche Bischofskonferenz (Hrsg.): Katholischer Erwachsenen-Katechismus. Zweiter Band. Leben aus dem Glauben. – Freiburg, Basel, Wien: Herder 1995.

Deutscher Presserat (Hrsg.): Jahrbuch 1994. – Bonn: o. V. 1995.

ders.: Publizistische Grundsätze (Pressekodex), Richtlinien für die publizistische Arbeit nach den Empfehlungen des Deutschen Presserats, Beschwerdeordnung. – o. O. u. J. [ca. 1994].

Diederichs, Helmut H.: Konzentrationstendenzen in der deutschen Tagespresse. – In: *Hestermann, Ottheinrich* (Hrsg.): Presse und Pressewesen. [Veränd. u. bibliogr. erg. Ausg.] – Stuttgart: Reclam 1993. S. 73–78.

Die Freiheit ist heute in Deutschland wieder in Gefahr. Gespräch mit Lothar Pieche. – In: ECKARTBOTE. Monatsschrift für deutsche Kultur. H 6/1995, S. 10.

Die Medien müssen Fehler aufdecken. – In: ABENDZEITUNG v. 15.10.1993, S. 7.

Ditzel, Alfred; Gintzel, Kurt; Kniesel, Michael: Demonstrations- und Versammlungsfreiheitrecht. 11. völlig überarb. u. erw. Aufl. – Köln [et. al.]: Heymanns 1994.

Doderer, Hans: Die Jagd auf das freie Wort. – In: DIE ZEIT v. 15.1.1993, S. 74.

Dräger, Michael: Die unheimliche Macht der Richter in den roten Roben. – In: NEUE THÜRINGER ZEITUNG v. Sep./Okt. 1995 S. 2.

ders.: *Drewitz, Ingeborg:* Nachdenken über Verstörungen. Nach Verabschiedung der 14. Strafrechtsreform. – In: *Drewitz, Ingeborg & Eilers, Wolfhart* (Hrsg.): Mut zur Meinung. Gegen die zensierte Freiheit. Eine Sammlung von Veröffentlichungen zum

Thema Zensur und Selbstzensur. – Frankfurt/M.: Fischer 1980. S. 27–34.

Drewitz, Ingeborg & Eilers, Wolfhart (Hrsg.): Mut zur Meinung. Gegen die zensierte Freiheit. Eine Sammlung von Veröffentlichungen zum Thema Zensur und Selbstzensur. – Frankfurt/M.: Fischer 1980.

Dürr, Wolf-Dieter: Radikalenerlaß/Berufsverbote. – In: *Hafner, Georg M. & Jacoby, Edmund* (Hrsg.): Die Skandale der Republik. – Hamburg: Hoffmann & Campe 1990. S. 112–118.

Eibicht, Rolf-Josef (Hrsg.): Unterdrückung und Verfolgung Deutscher Patrioten. Gesinnungsdiktatur in Deutschland? – Viöl: Hutten 1997.

Enzensberger, Hans Magnus: ›Spiegel‹-Sprache und ›Spiegel‹-Story. – In: *Hestermann, Ottheinrich* (Hrsg.): Presse und Pressewesen. [Veränd. u. bibliogr. erg. Ausg.] – Stuttgart: Reclam 1993. S. 123–127.

Erfahrungen eines dreifachen Deserteurs. Helmut Fitz im Gespräch mit Gerhard Zwerenz. – In: FRANKFURTER RUNDSCHAU v. 14.8.1990. S. 8.

Eschenburg, Theodor: Werden wir richtig informiert? – In: *Reinisch, Leonhard* (Hrsg.): Werden wird richtig informiert? Massenmedien und Publikum. – München: Ehrenwirth o. J. S. 71–86.

ders.: Zur politischen Praxis in der Bundesrepublik. Kritische Betrachtungen 1957–1961. – München: o. V. o. J.

Europäischer Gerichtshof für Menschenrechte (Hrsg.): Judgement in the Case of Vogt v. Germany. Presseerklärung v. 26.9.1995. S. 1–7.

Facius, Gernot: Ethik als Zaumzeug für lästige Journalisten? – In: RHEINISCHER MERKUR v. 1.7.1988.

Flach, Karl-Hermann: Gefährdung der Pressefreiheit. – In: *Hestermann, Ottheinrich* (Hrsg.): Presse und Pressewesen. [Veränd. u. bibliogr. erg. Ausg.] – Stuttgart: Reclam 1993. S. 91–93.

ders.: Keine Freiheit ohne Pressefreiheit. – In: *Hestermann, Ottheinrich* (Hrsg.): Presse und Pressewesen. [Veränd. u. bibliogr. erg. Ausg.] – Stuttgart: Reclam 1993. S. 11–12.

ders.: Von der Pflicht der Presse zur Information. – In: *Hestermann, Ottheinrich* (Hrsg.): Presse und Pressewesen. [Veränd. u. bibliogr. erg. Ausg.] – Stuttgart: Reclam 1993. S. 20–23.

Fölsing, Ulla: Zensur. – In: *Schiwy*, Peter & *Schütz*, Walter J. (Hrsg.):

Medienrecht: Lexikon für Wissenschaft und Praxis. 2. Aufl. – Neuwied; Frankfurt/M.: Luchterhand 1990. S. 406–410.

Forschungsfreiheit gefährdet. – In: FRANKFURTER ALLGEMEINE ZEITUNG v. 27.3.1996.

Gädeke, Peter, Informationsfreiheit. – In: *Schiwy, Peter & Schütz, Walter J.* (Hrsg.): Medienrecht: Lexikon für Wissenschaft und Praxis. 2. Aufl. – Neuwied; Frankfurt/M.: Luchterhand 1990. S. 139–141.

ders.: Pressefreiheit. – In: *Schiwy, Peter & Schütz, Walter J.* (Hrsg.): Medienrecht: Lexikon für Wissenschaft und Praxis. 2. Aufl. – Neuwied; Frankfurt/M.: Luchterhand 1990, S. 234–242.

Gewalttätige Übergriffe gegen Meinungsäußerungen. – In: DER SPIEGEL v. 31.1.1994, S. 114–115.

Gornig, Gilbert-Hanno, Äußerungsfreiheit und Informationsfreiheit als Menschenrechte. – Berlin: Duncker & Humblot 1988.

Gregor-Dellin, Martin: Am Scheideweg. Zur Absetzung eines Böll-Interviews im Bayerischen Rundfunk. – In: *Drewitz, Ingeborg & Eilers, Wolfhart* (Hrsg.): Mut zur Meinung. Gegen die zensierte Freiheit. Eine Sammlung von Veröffentlichungen zum Thema Zensur und Selbstzensur. – Frankfurt/M.: Fischer 1980, S. 112–114.

Grimm, Dieter: Die Meinungsfreiheit in der Rechtsprechung des Bundesverfassungsgerichts. – In: NEUE JURISTISCHE WOCHENZEITUNG v. 5.7.1995, S. 1697–1705.

Grolle, Joist: Berufsverbote – und kein Ende? [Oldenburger Universitätsreden Nr. 15.] – Oldenburg: Universität Oldenburg 1988.

Groß, Rolf: Presserecht. Einführung in Grundzüge und Schwerpunkte des deutschen Presserechts. 2. Aufl. – Wiesbaden: Deutsche Fachschriften 1987.

Groth, Klaus J.: Die Diktatur der Guten. Political Correctness. – München: Herbig 1996.

Güdes, Max: Die Verwirrung unseres Staatsschutzrechtes. – In: *Güdes, Max* [et. al.]: Zur Verfassung unserer Demokratie, o. O. u. o. V. 1978.

Güdes, Max [et. al.]: Zur Verfassung unserer Demokratie. – o. O. u. o. V. 1978.

Haacke, Wilmont: Zur Funktion der Presse im demokratischen Staat. – In: *Hestermann, Ottheinrich* (Hrsg.): Presse und Pressewesen. [Veränd. u. bibliogr. erg. Ausg.] – Stuttgart: Reclam 1993, S. 12–14.

ders. & Visbeck, Hartmut: Institutionen der Meinungsbildung. Freiheitsgarantien des Bürgers – Mächte der Öffentlichkeit. – In: *Niedersächsische Landeszentrale für Politische Bildung* (Hrsg.): Die Freiheit der Meinungsbildung und -äußerung. Untersuchungen zu Artikel 5,1 des Grundgesetzes für die Bundesrepublik Deutschland. – Bückeburg: Grimm 1967, S. 45–103.

Hafner, Georg M. & Jacoby, Edmund (Hrsg.): Die Skandale der Republik. – Hamburg: Hoffmann & Campe 1990.

Haller, Michael: Recherchieren. Ein Handbuch für Journalisten. 4., überarb. Aufl. – München: Ölschläger 1991.

Hartmann, Gode: Meinungsfreiheit – ein Grundrecht der Affirmation? – In: *Perels, Joachim* (Hrsg.): Grundrechte als Fundament der Demokratie. – Frankfurt/M.: Suhrkamp 1979. S. 96–122.

Hatzenbichler, Jürgen: PC, die neue Zensur. – In: NATION EUROPA, H 7/8/1994, S. 5–9.

Heitmann, Steffen: Dieses Scham- und Schuldsyndrom ist unaufrichtig. – In: RHEINISCHER MERKUR v. 5.5.1995, S. 32.

Henschel, Johann Friedrich: Die Kunstfreiheit in der Rechtsprechung des BVerfG. – In: NEUE JURISTISCHE WOCHENSCHRIFT v. 8.8.1990, S. 1937–1944.

Hesselberger, Dieter: Das Grundgesetz. Kommentar für die politische Bildung. 9. Aufl. – Bonn: Bundeszentrale für Politische Bildung 1995.

Hestermann, Ottheinrich (Hrsg.): Presse und Pressewesen. [Veränd. u. bibliogr. erg. Ausg.] – Stuttgart: Reclam 1993.

Heuer, Uwe-Jens & Riege, Gerhard (Hrsg.): Neues Deutschland – Neue Verfassung?!. – Bonn: Pahl-Rugenstein 1992.

Heyse-Riehl, Herbert: Dum-Dum-Geschosse aus der Schreibmaschine. – In: SÜDDEUTSCHE ZEITUNG v. 6./7./8. Juni 1992 [Feuilleton-Beilage].

Hoefer, Frank Thomas: Pressepolitik und Polizeistaat Metternichs. Die Überwachung von Presse und politischer Öffentlichkeit in Deutschland und den Nachbarstaaten durch das Mainzer Informationsbüro (1833–1848). – München: Saur 1983.

Hoffmann-Riem, Wolfgang: Massenmedien. – In: *Benda, Ernst; Maihofer, Werner; Vogel, Hans-Jochen* (Hrsg.): Handbuch des Verfassungsrechts der Bundesrepublik Deutschland. – Berlin, New York: de Gruyter 1983, S. 389–469.

Hohmann, Harald (Hrsg.): Freiheitssicherung durch Datenschutz. – Frankfurt/M.: Suhrkamp 1987.

Huff, Martin: Vorrang der Presse- und Meinungsfreiheit vor dem Schutz der Persönlichkeit. – In: FRANKFURTER ALLGEMEINE ZEITUNG v. 2.5.1995.

Human Rights Watch (Hrsg.): Germany for Germans. Xenophobia and Racist Violence in Germany. – New York: Human Rights Watch 1995.

ders.: Human Rights Watch World Report 1994. Events of 1993. – New York: Human Rights Watch 1994.

ders.: Human Rights Watch World Report 1995. Events of 1994. – New York: Human Rights Watch 1995.

ders.: Human Rights Watch World Report 1996. Events of 1995. – New York: Human Rights Watch 1996.

Hunde an die Leine. – In: DER SPIEGEL v. 4.7.1994, S. 102–111.

Hussain, Abu: Meinungsfreiheit oder Massenbeleidigung. »Die Satanischen Verse« Symbol der westlichen Literatur? Eine kritische Analyse aus der Perspektive der betroffenen Muslime. – Innsbruck: Inn 1989.

Huster, Stefan: Das Verbot der »Auschwitzlüge«, die Meinungsfreiheit und das Bundesverfassungsgericht. – In: NEUE JURISTISCHE WOCHENSCHRIFT, H 8/1996, S. 487–491.

Isensee, Josef: Bildersturm durch Grundrechtsinterpretation. – In: ZEITSCHRIFT FÜR RECHTSPOLITIK, H 1/1996, S. 10–15.

ders.: Kunstfreiheit im Streit mit Persönlichkeitsschutz. [Druckfassung eines Referats, das der Verfasser unter dem Titel »Meinungsäußerung durch Kunst« vor dem Studentenkreis Presserecht und Pressefreiheit am 14.5.1993 in Dresden gehalten hat.] – In: ARCHIV FÜR PRESSERECHT, H 3/1993, S. 619–629.

Jarass, Hans D.: Die Freiheit der Massenmedien. Zur staatlichen Einwirkung auf Presse, Rundfunk, Film und andere Medien. – Baden-Baden: Nomos 1978.

Jenninger, Philipp: Die Opfer wissen, was der November 1938 für sie zu bedeuten hatte. – In: FRANKFURTER ALLGEMEINE ZEITUNG v. 11.11.1988.

Jesse, Eckhard: Streitbare Demokratie und »Vergangenheitsbewältigung« . – In: *Bundesamt für Verfassungsschutz* (Hrsg.): Verfassungsschutz in der Demokratie. Beiträge aus Wissenschaft und Praxis. – Köln [et. al.]: Heymanns 1990, S. 257–305.

Just, Dieter: Die Funktion des ›Spiegel‹ in der bundesrepublikanischen Gesellschaft. – In: *Hestermann, Ottheinrich* (Hrsg.): Presse und Pressewesen. [Veränd. u. bibliogr. erg. Ausg.] – Stuttgart: Reclam 1993. S. 128–132.

Kaltenbrunner, Gerd-Klaus (Hrsg.): Weltkrieg der Propagandisten. Verdummung durch Wort, Bild und Werbung. – München: Herder 1985.

Kern, Erich: Adolf Hitler und seine Bewegung. 2. Aufl. – Preußisch Oldendorf: Schütz 1970.

Kienzle, Michael & Mende, Dirk: Zensur in der BRD. – o. O. u. o. V. 1980.

Kirchenkanzlei der Evangelischen Kirche in Deutschland (Hrsg.): Die Menschenrechte im ökumenischen Gespräch. – Gütersloh: Mohn 1979.

Klug, Ulrich: § 88a StGB – Ein Übergriff des Gesetzgebers. Juristisches für Nichtjuristen. – In: *Drewitz, Ingeborg & Eilers, Wolfhart* (Hrsg.): Mut zur Meinung. Gegen die zensierte Freiheit. Eine Sammlung von Veröffentlichungen zum Thema Zensur und Selbstzensur. – Frankfurt/M.: Fischer 1980. S. 35–48.

Köcher, Renate: Hüter oder Herrscher? Die öffentliche Wahrnehmung des Bundesverfassungsgerichts verändert sich. – Allensbach: Institut für Demoskopie Allensbach 1995.

Kosiek, Rolf: Historikerstreit und Geschichtsrevision. 2., erw. Aufl. – Tübingen: Grabert 1988.

Koszyk, Kurt: Das Ende der Vielfalt. Monopolisierungs-Tendenzen auf dem Pressemarkt. – In: Unsere Medien – Unsere Republik, H 5, Juni 1990, S. 17–19.

Kröter, Thomas: Political Correctness: Vom linken Wahn zur rechten Wirklichkeit. – In: BLÄTTER FÜR DEUTSCHE UND INTERNATIONALE POLITIK, H 11/1996, S. 1367–1374.

Kruse, Kuno & Rückert, Sabine: Gegendarstellung. – In: DIE ZEIT v. 6.5.1994, S. 11–15.

Lackner, Karl (Hrsg.): Strafgesetzbuch mit Erläuterungen. [Erl. v. Karl Lackner u. Kristian Kühl]. 21. neubearb. Aufl. – München: Beck 1995.

Lambsdorff, Otto Graf: Deutschlands neue Denkverbote. – In: FRANKFURTER ALLGEMEINE ZEITUNG v. 2.8.1995, S. 10.

Leibholz, Gerhard; Rinck, Hans-Justus; Hesselberger, Dieter: Grundgesetz für die Bundesrepublik Deutschland. Kommentar an Hand der Rechtsprechung des Bundesverfassungsgerichts. – 7. Aufl. – Köln: Schmidt 1993.

Lepa, Manfred: Der Inhalt der Grundrechte. 6., neubearb. Aufl. – Bonn: Bundesanzeiger 1990.

Leuschner, Markus: Die Verlockung zur Inquisition. – In: DAS OSTPREUSSENBLATT v. 16.3.1996, S. 3.

ders.: Ehrabschneider im Bundestag. – In: DEUTSCHER OSTDIENST v. 8.3.1996.

Liedtke, Rüdiger: Wem gehört die Republik? Die Konzerne und ihre Verflechtungen. Namen, Zahlen, Fakten. 2. Aufl. – Frankfurt/M.: Eichborn 1991.

Link, Christoph: Stat Crux – In: NEUE JURISTISCHE WOCHENSCHRIFT, H 51/1995, S. 3353–3357.

Linke Zeitschrift »radikal« zerschlagen. – In: SÜDDEUTSCHE ZEITUNG v. 28.11.1996, S. 5.

Mangoldt, Hermann von & Klein, Friedrich: Das Bonner Grundgesetz 2., neubearb. u. verm. Aufl. – Berlin, Frankfurt/M.: Vahlen 1966.

Marx, Gisela: Eine Zensur findet nicht statt. Vom Anspruch und Elend des Fernseh-Journalismus. – Reinbek: Rowohlt 1988.

Marx, Karl: Zensur. – In: *Marx, Karl & Engels, Friedrich:* Pressefreiheit und Zensur. [Herausgegeben und eingeleitet von Iring Fetscher]. – Frankfurt/M.: Europäische Verlagsanstalt; Wien: Europa 1969. S. 182–183.

ders. & Engels, Friedrich: Pressefreiheit und Zensur. [Herausgegeben und eingeleitet von Iring Fetscher] – Frankfurt/M.: Europäische Verlagsanstalt; Wien: Europa 1969.

Maunz, Theodor; Dürig, Günter; Herzog, Roman (u. a.): Grundgesetz. Kommentar. Bd. I. Art. 1–12. – München: Beck 1993.

Medienrechtler wollen Journalisten disziplinieren. – In: DER SPIEGEL v. 8.10.1990, S. 114–118.

Merklinghaus, Dietrich: Das Grundrecht der Meinungsfreiheit und seine Bedeutung für das Arbeitsrecht. Masch. Diss. – München: Ludwig-Maximilians-Universität 1969.

Meyn, Hermann: Zensur im Internet? – In: JOURNALIST. Das deutsche Medienmagazin. Nr. 2, Feb. 1996. S. 9.

Molau, Andreas: Droht eine neue Zensur? – In: NATION EUROPA, Juni 1995, S. 9–13.

Mommsen schreibt Propyläen-Band über NS-Zeit. – In: DIE WELT v. 24.7.1996, S. 10.

Narr, Wolf-Dieter: Radikalenerlaß/Berufsverbote. – In: *Hafner,*

Georg M. & Jacoby, Edmund (Hrsg.): Die Skandale der Republik. – Hamburg: Hoffmann & Campe 1990.
Neubauer, Harald: Meinungsmanipulation ohne Ende? – In: NATION EUROPA, April 1995, S. 46–50.
Neumann, Franz L.; Nipperdey, Hans Carl; Scheuner, Ulrich (Hrsg.): Die Grundrechte. Handbuch der Theorie und Praxis der Grundrechte. – Berlin: Duncker & Humblot 1954.
Niedersächsische Landeszentrale für Politische Bildung (Hrsg.): Die Freiheit der Meinungsbildung und -äußerung. Untersuchungen zu Artikel 5, 1 des Grundgesetzes für die Bundesrepublik Deutschland. – Bückeburg: Grimm 1967.
Noelle-Neumann, Elisabeth: Kein Schutz, keine Gleichheit vor dem Gesetz, keine Gerechtigkeit. [Eine Dokumentation des Beitrags in der FRANKFURTER ALLGEMEINEN ZEITUNG v. 8.3.1995, S. 5.] – Allensbach: Institut für Demoskopie 1995.
Nolte, Ernst: Die Deutschen und ihre Vergangenheiten. – Berlin: Propyläen 1995.
Nordbruch, Claus: Heinrich Böll: seine Staats- und Gesellschaftskritik in seinem Prosawerk der sechziger und siebziger Jahre. – Frankfurt/M.: R. G. Fischer 1994.
ders.: Über die Pflicht. Eine Analyse des Werkes von Siegfried Lenz. – Hildesheim: Olms 1996.
Nowottny, Friedrich: Information und Verantwortung. Gespräche, Reden, Schriften. 1985 bis 1995. – Bremen: Temmen 1995.
Oelmann, Michael & Stein, Dieter: Die korrekte Nation. – In: JUNGE FREIHEIT v. 19.4.1996, S. 1.
Orwell, George: Nineteen Eighty-Four. – London: Longman 1992.
Otto, Ulla: Die literarische Zensur als Problem der Soziologie der Politik. – Stuttgart: Enke 1968.
Patriotenverfolgung. DG-Aktuell. Eine Sonderausgabe von »Deutsche Geschichte«. – Berg: VGB 1997.
Patunas, Christos: Die politische Meinungsfreiheit der Lehrer. – München: VVF 1988.
Pentzlin, Heinz: Hitlers Propaganda. Ihre Macht, ihre Grenzen, ihr Ende. – In: *Kaltenbrunner, Gerd-Klaus* (Hrsg.): Weltkrieg der Propagandisten. Verdummung durch Wort, Bild und Werbung. – München: Herder 1985. S. 55–86.
Perels, Joachim (Hrsg.): Grundrechte als Fundament der Demokratie. – Frankfurt/M.: Suhrkamp 1979.

Pfeiffer, Martin (Hrsg.): Auftrag Grundgesetz. Wirklichkeit und Perspektiven. – Stuttgart: Quell 1989.

Presse- und Informationsamt der Bundesregierung (Hrsg.): Erinnerung, Trauer und Versöhnung. Ansprachen und Erklärungen zum vierzigsten Jahrestag des Kriegsendes. – Bonn: Schriftenreihe Berichte und Dokumentationen der Bundesregierung 1985.

Privatfeldzug. Kein Ende der Bücherbeschlagnahme. – In: FRANKFURTER ALLGEMEINE ZEITUNG v. 24.4.1996, S. 39.

Radnitzky, Gerard: Die »Politische Korrektheit« gefährdet die Meinungsfreiheit. Totalitäre Tendenzen im Rechtsstaat. – In: *Schrenck-Notzing, Regina von* (Hrsg.): Freiheit braucht Mut. – München: Kronos 1997, S. 125–176.

Rapsch, Arnulf: Das Berufsverbot gegen Journalisten. Zum Verhältnis von strafrechtlicher Untersagung der Berufsausübung und verfassungsrechtlicher Verwirkung der Pressefreiheit. Masch. Diss. – Münster: Westfälische Wilhelms-Universität 1978.

Reinisch, Leonhard (Hrsg.): Werden wird richtig informiert? Massenmedien und Publikum. – München: Ehrenwirth o. J.

Ridder, Helmut K. J.: Meinungsfreiheit. – In: *Neumann, Franz L.; Nipperdey, Hans Carl; Scheuner, Ulrich* (Hrsg.): Die Grundrechte. Handbuch der Theorie und Praxis der Grundrechte. – Berlin: Duncker & Humblot 1954. S. 243–290.

Riehl-Heyse, H.: Dum-Dum-Geschosse aus der Schreibmaschine. – In: SÜDDEUTSCHE ZEITUNG v. 6./7./8. Juni 1992, Feuilleton-Beilage.

Rinser, Luise: Geschichte einer bundesdeutschen Hexe. – In: *Drewitz, Ingeborg & Eilers, Wolfhart* (Hrsg.): Mut zur Meinung. Gegen die zensierte Freiheit. Eine Sammlung von Veröffentlichungen zum Thema Zensur und Selbstzensur. – Frankfurt/M.: Fischer 1980, S. 176–181.

Rogosch, Joachim: Dialektik. – In: SCHWÄBISCHE ZEITUNG v. 3.4.1996.

Rohrmoser, Günter: Die Schlachten von gestern im Kopf. – In: RHEINISCHER MERKUR v. 12.5.1995, S. 19.

Rossen, Helge: Freie Meinungsbildung durch den Rundfunk. – Baden-Baden: Nomos 1988.

Sachse, Friedrich: Die Anfänge der Bücherzensur in Deutschland. – Leipzig: o. V. 1870.

Sarraute, Nathalie: Werden wir richtig informiert? – In: *Reinisch, Leonhard* (Hrsg.): Werden wir richtig informiert? Massenmedien und Publikum. – München: Ehrenwirth o. J., S. 29–47.

Schiwy, Peter & Schütz, Walter J. (Hrsg.): Medienrecht: Lexikon für Wissenschaft und Praxis. 2. Aufl. – Neuwied, Frankfurt/M.: Luchterhand 1990.

Schmidt-Bleibtreu, Bruno & Klein, Franz: Kommentar zum Grundgesetz. 7. Aufl. – Neuwied, Frankfurt/M.: Luchterhand 1990.

Schmitt-Glaeser, Walter: Mißbrauch und Verwirkung von Grundrechten im politischen Meinungskampf. Eine Untersuchung über die Verfassungsschutzbestimmung des Art. 18 GG und ihr Verhältnis zum einfachen Recht, insbesondere zum politischen Strafrecht. – Bad Homburg [et. al.]: Gehlen 1968.

Schmitz, Thomas: Übungen im Öffentlichen Recht für Anfänger. 1. Hausarbeit. [Übungen für Studenten des Juristischen Seminars an der Universität zu Göttingen]. Ca. 1995.

Schneider, Franz: Pressefreiheit und politische Öffentlichkeit. – In: POLITICA, H 36, 1965. S. 17.

Scholl, Heinz: Die Scheindemokratie. – Euskirchen: Verlag für zeitgenössische Dokumentation 1975.

Schrenck-Notzing, Regina von (Hrsg.): Freiheit braucht Mut. – München: Kronos 1997.

Schütz, Hans J.: Verbotene Bücher. Eine Geschichte der Zensur von Homer bis Henry Miller. – München: Beck 1990.

Schuh, Hans: Deutscher Ethikwall. – In: DIE ZEIT v. 12.4.1996.

Schultz, Uwe (Hrsg.): Freiheit, die sie meinen. 17 Beispiele. – Frankfurt/M.: S. Fischer 1967.

Schuß ins Knie. – In: DER SPIEGEL H 41/1979, S. 135–136.

Schwab, Jürgen: Die Meinungsdiktatur. Wie »demokratische« Zensoren die Freiheit beschneiden. – Coburg: Nation Europa 1997.

Schwan, Eggert: Auf dem Weg zum Überwachungsstaat? Plädoyer für eine rechtsstaatliche Datenverarbeitung der Polizei. – In: *Hohmann*, Harald (Hrsg.): Freiheitssicherung durch Datenschutz. – Frankfurt/M.: Suhrkamp 1987.

Seifert, Jürgen: Der Lauschangriff als Erhebung personenbezogener Daten. – In: *Hohmann, Harald* (Hrsg.): Freiheitssicherung durch Datenschutz. – Frankfurt/M.: Suhrkamp 1987.

ders.: Die Spiegel-Affäre. – In: *Hafner, Georg M. & Jacoby, Edmund* (Hrsg.): Die Skandale der Republik. – Hamburg: Hoffmann & Campe 1990. S. 70–84.

ders.: Eine zackig-deutsche Staatsaktion. Der politische Hintergrund der SPIEGEL-Affäre. – In: Unsere Medien – Unsere Republik. Mediengeschichte als Geschichte der Bundesrepublik Deutschland. H 4, März 1990. S. 2–4.

Seifert, Karl-Heinz & Hömig, Dieter (Hrsg.): Grundgesetz für die Bundesrepublik Deutschland. – Baden-Baden: Nomos 1982.

Sidler, Eric F.: Mein geliebtes Deutschland. Kritische Reflexionen eines Gastarbeiters. 2. Aufl. – Frankfurt/M.: Barker 1996.

Sontheimer, Kurt: Die Idee der Freiheit – ihre Entfaltung und Verkümmerung. – In: *Schultz, Uwe* (Hrsg.): Freiheit, die sie meinen. 17 Beispiele. – Frankfurt/M.: S. Fischer 1967. S. 8–23.

Staps, Rose: Bekenntnisfreiheit – ein Unterfall der Meinungsfreiheit? – Kehl, Straßburg, Arlington: Engel 1990.

Starck, Christian: Verfassungsrecht in Fällen. Entscheidungen des Bundesverfassungsgerichts. Bd. 2. Meinungs- und Pressefreiheit. – Baden-Baden: Nomos 1968.

Steidle, Bernhard (Hrsg.): Lexikon der Skandale. Sündenregister deutscher Politiker. – München: FZ 1988.

Steinke, Wolfgang: Technik als Unterstützung von Kraftfahrzeugfahndung. – KRIMINALISTIK. Zeitschrift für die gesamte kriminalistische Wissenschaft und Praxis, H 2/1978, S. 54–56.

Stellungnahme der Bundesrepublik Deutschland gegenüber dem Sonderberichterstatter [der Menschenrechtskommission der Vereinten Nationen] zum Recht auf freie Meinungsäußerung. – Masch. Manus. Stand v. 11.9.1994, S. 1–26.

Thiele, Willi: Pressefreiheit. Theorie und Wirklichkeit. – Berlin: Colloquium 1964.

Tillmanns, Lutz: Zwischen staatlichen Eingriffen und Selbstkritik. – In: Deutscher Presserat (Hrsg.): Jahrbuch 1994. – Bonn: 1995. S. 11–29.

Verlautbarung der Pressestelle des Bundesverfassungsgerichts Nr. 45/1995, S. 1–4.

Volter, K. (et. al.): Denkschrift. Betreff »Unsichtbare Zensur und geistige Freiheit« . An alle Bundestagsabgeordneten. – Stuttgart: o. V. 1959

Wagner, Joachim: Verfassungsschutz und Öffentlichkeit. – In: *Bundesamt für Verfassungsschutz* (Hrsg.): Verfassungsschutz in der Demokratie. Beiträge aus Wissenschaft und Praxis. – Köln [et. al.]: Heymanns 1990. S. 203–224.

Wagenbach, Klaus (Hrsg.): Der Traum vom Kollektiv: 1970–1973. – In: *Wagenbach, Klaus* (Hrsg.): Wieso Bücher? Wie und mit wel-

chen Absichten überlebt man gute Bücher, Zimmerbrände und deutsche Umgebung? Oder: Anstiften von Denken und Laune! – Berlin: Wagenbach 1994. S. 73–79.
ders.: Wieso Bücher? Wie und mit welchen Absichten überlebt man gute Bücher, Zimmerbrände und deutsche Umgebung? Oder: Anstiften von Denken und Laune! – Berlin: Wagenbach 1994.
ders.: Zensur von außen und innen: 1974–1978. – In: *Wagenbach, Klaus* (Hrsg.): Wieso Bücher? Wie und mit welchen Absichten überlebt man gute Bücher, Zimmerbrände und deutsche Umgebung? Oder: Anstiften von Denken und Laune! – Berlin: Wagenbach 1994. S. 83–89.
Walser, Martin: Deutsche Sorgen. – In: *Walser, Martin:* Vormittag eines Schriftstellers. – Frankfurt/M.: Suhrkamp 1996. S. 131–149.
ders.: Über Deutschland reden. – In: *Walser, Martin:* Über Deutschland reden. – Frankfurt/M.: Suhrkamp 1988. S. 76–100.
ders.: Über Deutschland reden. – Frankfurt/M.: Suhrkamp 1988.
ders.: Über freie und unfreie Rede. – In: DER SPIEGEL v. 7.11.1994. S. 130–138.
ders.: Vormittag eines Schriftstellers. – Frankfurt/M.: Suhrkamp 1996.
Was der zweite Weltkrieg an Blut und Gut kostete. – In: CANNSTATTER ZEITUNG v. 12.5.1956.
Weizsäcker, Richard von: Ansprache in der Gedenkstunde im Plenarsaal des Deutschen Bundestages am 8. Mai 1985. – In: *Presse- und Informationsamt der Bundesregierung* (Hrsg.): Erinnerung, Trauer und Versöhnung. Ansprachen und Erklärungen zum vierzigsten Jahrestag des Kriegsendes. – Bonn: Schriftenreihe Berichte und Dokumentationen der Bundesregierung 1985. S. 63–82.
Wenzel, Karl Egbert: Das Recht der Wort- und Bildberichterstattung. Handbuch des Äußerungsrechts. 4., völlig neubearb. und wesentlich erw. Aufl. – Köln: Schmidt 1994.
Wernicke, Petra: Was Deutschen droht, die »falschen« Geburtstag haben. – In: NATION EUROPA, März 96, S. 5–6.
dies.: Zensur und Willkür. – In: NATION EUROPA, Mai 1996 S. 17–19.
Wesel, Uwe: Wieviel Unwahrheit erträgt ein Land? – In: DIE ZEIT v. 15.3.1996, S. 6.
Wewetzer, Hartmut: Wissenschaftsfreiheit in Gefahr? – In: DER TAGESSPIEGEL v. 21.3.1996.

Wickert, Erwin: Unkorrekte Gedanken zu Political Correctness. – In: MEDIEN DIALOG, H 2/1996, S. 12–15.
Wippermann, Wolfgang: Die Wiederkehr der Propaganda. – In: FRANKFURTER RUNDSCHAU v. 31.10.1995.
ders.: Von Rassinier bis Leuchter. Zur Genese und Funktion der Auschwitzlüge. – In: SLEIPNIR. Zeitschrift für Kultur, Geschichte und Politik, H 6/1995, S. 24–26.
Wir stehen am Abgrund. DER SPIEGEL im Gespräch mit Kurt Beck. – In: DER SPIEGEL v. 13.3.1995, S. 30–34.
Ziesel, Kurt: Der deutsche Selbstmord. Diktatur der Meinungsmacher. 3. Aufl. – Sonderausgabe o. O. 1965.
ders.: Die Pressefreiheit in der Demokratie. Eine kritische Untersuchung. – München: Lehmann 1962.
Zikeli, Gerd: »Unheimlicher Patriot« oder unheimliches Kesseltreiben? – St. Gallen: Spescha 1980.
Zweites Deutsches Fernsehen (Hrsg.): Rechtsvorschriften für das ZDF. 6. überarb. Aufl. – o. O. u. V. 1995.